Kristin Scheerhorn

Digital Winner

Transformation für Sieger-Typen

Impressum

1. Auflage 2018

Umschlaggestaltung: Kristin Scheerhorn, Neu Wulmstorf

Inhalt

„Everyone's a winner, baby."
Hot Chocolate

„Du spinnst doch!"

Wie geht es dir?

Und wie geht's dir mit der Digitalen Revolution?

Seltsam, nicht wahr, wie die Stimmung nach der zweiten Frage kippt. Wohin kippt sie bei dir?

Nach unten oder nach oben?

Bei den meisten ist die Richtung klar. Weil sie beim Stichwort „Digitale Revolution" an das denken, was der Chef ihnen zum Thema aufgebrummt hat. Oder was die Konkurrenz schon alles digital transformiert hat. Oder was sie als Chef ihren Mitarbeitern, Experten, Startups, Startins oder Projektgruppen aufgebrummt haben – und was diese nicht, nicht schnell oder nicht erfolgreich oder transformativ genug umsetzen. Bei manchen ist nach der zweiten Frage die Stimmung im Keller. Ich erlebe das oft.

Denn ich komme viel herum, in vielen Unternehmen, auf allen Hierarchieebenen, in allen Branchen. Deshalb verraten es mir Menschen, wenn bei ihnen die Stimmung wegen der Digitalen Transformation depri ist. Sie sagen es mir. Und sie fragen. Wenn die Stimmung futsch ist, ist es meist die eine Frage. Errätst du sie?

Ja, natürlich: Och, müssen wir das überhaupt?

Ich beantworte diese Frage lieber nicht. Denn jede Antwort wäre falsch: „Nein – ihr müsst nicht digital transformieren!" Diese Antwort wollen viele hören. Das Problem: Selbst wenn es die Antwort ist, die sie hören wollen – sie hören sie nicht mehr lange. Höchstens noch drei, vier Jahre. Dann ist Ende Gelände. Denn wenn alle digitalisieren und bloß du nicht – kannst du dir selber ausrechnen. Leider ist auch die andere Antwort falsch.

Die andere Antwort ist: „Ja, ihr müsst digitalisieren!" Wer will das hören? „Müssen muss ich gar nichts, höchstens sterben", sagte mir der Geschäftsführer eines Mittelständlers. Er hat recht. Wer transformieren *muss*, sollte es bleiben lassen. Eine Muss-Transformation ist ebenso Ende Gelände wie überhaupt nicht zu digitalisieren – das Müssen dauert bloß länger, kostet mehr und ist für alle Betroffenen qualvoller. Also beantworte ich die Frage „Müssen wir das?“ nicht. Ich erzähle lieber was.

Ich erzähle, was technisch, smart, digital und virtuell heute alles möglich ist. Wie weit andere Unternehmen digital schon sind – weil ich viel herumkomme, sehe ich viel. Ich erzähle, was in der Branche vom jeweiligen Unternehmen, in dem ich zu Gast bin, die digitalen Spitzenreiter der Branche bereits auf die Beine gestellt und noch vorhaben. Danach schauen mich die Workshop-Teilnehmenden oder die Führungskräfte, die Angestellten, Arbeiter und auch die Coachees oft ungläubig an und sagen:

„Wie? Das gibt es bereits?
„Der Mitbewerber macht das schon?“
„Das hab ich noch gar nicht mitgekriegt!“
„Du spinnst ja, das ist doch Science Fiction!“
„Ja, das habe ich auch schon mal gesehen – aber im Kino.“

Wer auf diese Weise erstaunt, geschockt, gestresst, frustriert, überrascht oder verärgert reagiert, überzeugt sich selber besser als jede Antwort auf die Frage „Müssen wir digitalisieren?“. Wer auf die News, was digital alles schon möglich ist und auch schon gemacht wird, mit irgendeinem Affekt, einer Gefühlsregion, einer Emotion reagiert, für den und die ist die Hoffnung nicht verloren und ihm oder ihr wird klar: Ob wir müssen oder wollen oder nicht, spielt keine Rolle. Denn eins ist sicher: Es führt kein Weg daran vorbei. Das kommt. Und wenn wir nicht dabei sind, sind wir raus – als Unternehmen. Als Führungskräfte und Mitarbeitende halten sich viele noch ein Hintertürchen offen und sagen hinter vorgehaltener Hand:

„Ja, sicher. Dass das alles kommt, ist uns auch klar. Aber die konkrete Umsetzung ist doch eher was für die jungen Leute, die Computer-Nerds, die Startups und Visionäre. Aber doch nicht für uns.“

Höre ich oft. Dann bitte ich die Leute, ihre Smartphones, ihre Tablets und Notebooks aufzumachen. Ich frage auch, wer online shoppt, bei Facebook ist oder Youtube guckt oder sogar eigene

Clips hochlädt und wer bereits ein Smart Home hat oder die Heizung zu Hause übers Smartphone regelt. Und keine Hand bleibt unten. Das machen wir doch alle. Mehr oder weniger. Wir sind alle längst digital. Privat. Da fragt man sich doch:

Wenn wir alle bereits jetzt heftigst, oft und gerne digital unterwegs sind – privat! – warum sollten wir dann ausgerechnet beruflich nichts damit zu tun haben?

Das macht keinen Sinn. Das wird ganz sicher nicht der Fall sein. Wer das denkt, denkt sich ins Abseits. Beruflich. Sozial. Selbst familiär: Ein Ingenieur sah zufällig, wie seine Tochter am Handy eine App für die Remote Control eines Gadgets bediente, erkundigte sich danach und bekam zu hören: „Wie? Ihr habt diese Art der Steuerung noch nicht in deiner Firma? Macht ihr das noch mit Dampfrad und Steuerkette?" Der Ingenieur war peinlich berührt – dabei kann er nichts dafür.

Weil die ganze Welt, seine wichtigsten Mitbewerber, sogar seine eigene Tochter digitalisieren – bloß sein Unternehmen noch nicht. Weil fast alle Menschen inzwischen mit dem Smartphone leben, einkaufen, buchen, sharen, sich unterhalten (lassen) – bloß in seinem Unternehmen wird mit dem Smartphone lediglich telefoniert: kein Internet, keine Apps, keine digitalen oder Messenger-Dienste. Nichts von dem, was die Digitale Revolution ausmacht – während die Kunden des Unternehmens voll auf digital sind. Und das smarte Phone ist ja „nur" der Einstieg ins Digitale. Ein Smartphone, so smart es auch sein mag, ist noch nicht die große neue weite Welt des Digitalen. Wenn Menschen sehen, was in der digitalen Welt heutzutage möglich ist und gemacht wird und wie groß ihr eigener Rückstand bereits ist, wenn dieser Groschen fällt, kommen die nächsten Fragen:

- Ja wenn das so ist – wie verändert sich dann unsere Branche?
- Wie meine tägliche Arbeit?
- Habe ich dann überhaupt noch Arbeit oder hat mich eine Künstliche Intelligenz (KI), ein Roboter, ein Bot oder ein Algorithmus ersatzlos ersetzt?
- Wo und wie arbeite ich nach der Digitalen Revolution?
- Was muss ich können, um die nächsten fünf Jahren zu überleben?

Das sind grundlegende Fragen. Fragen, die an der eigenen Existenz rütteln. Während ich diese Zeilen schreibe, gibt das World Economic Forum bekannt, dass in den nächsten Jahren fünf Millionen Jobs wegen des Einsatzes von Künstlichen Intelligenzen, Bots und Robotern wegfallen. Fünf Millionen. Da erkennt dann auch der letzte, dass das Thema eben nicht nur für die Kiddies und die Digital Natives interessant ist, sondern uns alle im Sinne des Wortes betrifft. Und manche trifft es richtig hart. Wenn das klar wird, kommen die nächsten Fragen:

- Okay, ich sollte mich also ein wenig (besser) damit auskennen. Also was ist Coworking?
- Was ist Co-Creation?
- Design Thinking?
- User Experience?
- Sprint?
- Agile?
- New Pay, New Work?
- Fail Fast?
- Der Unterschied zwischen Big Data und Smart Data?
- Predictive Analytics?
- Was ist ein Bot?

Jene Führungskräfte, die erkannt haben, dass sie mitreden und vor allem mitführen können sollten, fragen:

- Wie führt man virtuelle Teams?
- Was ist Holacracy?
- Scrum?
- Wie führe ich diese jungen, kreativen Digital Natives, die so irre dynamisch sind, dass sie ständig Chaos anrichten?
- Wie führe ich unser Startup/Startin?
- Wie verbinde ich als Führungskraft die alte, analoge Welt mit der neuen, digitalen – ohne dass es zum Kampf der Welten kommt (der in vielen Unternehmen tobt und Millionen kostet)?
- Was ändert sich in der Führung wegen der Digitalisierung, den neuen technischen Möglichkeiten, aber auch wegen des Wertewandels in der Belegschaft?
- Was muss ich können, damit ich nicht zum alten Eisen gelegt werde?

Das fragst du dich auch? Dann machst du das richtig. Wer morgen noch arbeiten möchte, sollte sich das fragen. Deshalb werde ich das auch so oft gefragt, wenn ich unterwegs bin. Ich werde es gefragt, wenn ich in Unternehmen unterwegs bin, auf den Fluren, im Seminarsaal, auf dem Firmenparkplatz, in Meetings, beim Pausenkaffee. Ich werde es gefragt, weil ich seit Jahren Unternehmen, Führungskräften und ihren Mitarbeiterinnen und Mitarbeitern zur erfolgreichen Transformation verhelfe. Deshalb beantworte ich diese Fragen auch so oft.

Und deshalb höre ich in letzter Zeit häufig: „Könntest du deine Antworten bitte endlich als Buch herausgeben? Als Handbuch der Digitalen Transformation, für das man kein Zusatzstudium braucht und nicht mit eingepflanztem Mikrochip geboren sein muss? Damit du sozusagen auch dann bei uns sein kannst, wenn du nicht bei uns bist? Und damit du uns alle Fragen rund um die Transformation beantworten kannst?“ Mach ich.

Genau dafür hast du das Buch in der Hand. Für alle Antworten, alle Tipps, alle Lass-das-bloß-sein! der Digitalen Transformation. Wenn du damit durch bist

- sind deine Fragen zur Digitalen Transformation beantwortet.
- weißt du, wo's langgeht.
- weißt du, wie's geht.
- vermeidest du die üblichen Fehler.
- kannst du beim Thema mitreden und zwar kompetent.
- fallen dir viel Maßnahmen, Projekte und Piloten ein, die du gleich starten kannst.
- laufen deine laufenden Maßnahmen und Projekte schneller, leichter und besser, weil du weißt, wo das Gaspedal der Transformation sitzt.
- arbeiten deine Mitarbeiterinnen und Mitarbeiter besser mit, weil du sie (digital) besser führen kannst.
- bringst du in deinem Führungsbereich und deinem Unternehmen die Maßnahmen zur Transformation schneller, leichter und erfolgreicher über die Bühne.

Viele fühlen sich bereits jetzt, noch bevor die wirklich großen digitalen Veränderungen angebrochen sind, als Verlierer der Transformation. Das ist Unfug. Das muss nicht sein. Das wirst du ganz sicher nicht sein! Auch du, dein Unternehmen und deine

Mitarbeiterinnen und Mitarbeiter können und werden Digital Winner sein.

Versprochen.

"You can avoid reality.
But you cannot avoid the consequences
of avoiding reality."
Ayn Rand

1 Was ist ein Bot?

Das Ding macht jetzt deine Arbeit

Wer kauft bei euch in der Firma ein? Natürlich. Der Einkäufer, Buyer, Disponent. Ja? Nein.

Bei euch macht das vielleicht noch der Einkäufer. Doch in immer mehr Unternehmen macht das inzwischen der Buyer Bot. Davon hat jede/r schon mal gehört. Man/frau hat auch davon gehört, dass man dann arbeitslos sein könnte, wenn der Bot kommt. Selbst der eigene Chef hat das schon durchblicken lassen. Aber er hat meist nicht erklärt, was das überhaupt ist. Also werde ich oft gefragt:

Was ist ein Bot? Und warum klaut er meinen Job?

Das ist typisch für die Digitale Transformation: Das Internet ist voll davon, die Medien, Zeitschriften und Zeitungen schreiben ständig darüber, viele Bots sind bereits im Einsatz – doch die meisten von uns haben keine Ahnung, was das ist. Und schämen verschweigt, weil sie denken: „Bloß ich weiß das nicht. Und ich blamiere mich jetzt nicht, indem ich blöde Fragen stelle!" Ich verrate dir ein Geheimnis: Die wenigsten Leute wissen das. Selbst viele „Experten" nicht. Was sie nicht davon abhält, klug daher zu reden. Wenn du sie nicht verstehst, liegt das nicht an dir, sondern an ihnen. Also was ist ein Bot?

Es ist nicht das, was der Name suggeriert: Der Bot ist kein Roboter, wie wir ihn aus dem Kino oder von der Fertigungsstraße her kennen. Der Bot ist unsichtbar. Er ist einfach ein Programm auf einem Server. Wie Word, Excel oder Outlook – nicht ganz. Dein Word ist auf deinem PC – der Bot nicht. Dein Word macht auch nur etwas, wenn du etwas mit ihm machst. Der Bot dagegen macht selber was. Ganz alleine.

Er bestellt zum Beispiel jene 5.000 Schrauben der Größe M24, die früher die nette Kollegin im Einkauf für dich bestellt hat und die du selber bestellt hast, wenn du die nette Kollegin im Einkauf warst. Heute musst du keine Bestellungen mehr schreiben. Das macht der Bot für dich. Damit bist du frei für wichtigere Aufgaben zum Beispiel des Supply (Chain) Managements, des Supplier Relationship Managements, des Supplier Developments, des Risk Managements oder sogar der Digitalen Transformation – wenn dein Unternehmen dir diese Aufgaben anbietet. Und wenn du für diese Aufgaben qualifiziert bist. Wie vermeidest du also, dass dich demnächst ein Bot arbeitslos macht?

Indem du dich für jene anspruchsvolleren Aufgaben weiterbildest, für die der Bot dich in den nächsten Jahren freisetzen wird. Wann solltest du das tun? Dieses Jahr noch? Diesen Monat?

Nein: Gestern. Denn die Bots sind schon da. Sie beginnen bereits in vielen Branchen, Menschen zu ersetzen. So brutal hat dir das noch keiner gesagt? Natürlich nicht. Weil Medien, Regierungen und leider auch viele Führungskräfte Angst haben vor „zu viel" Ehrlichkeit und Offenheit. Diese Luxusangst möchte ich mir nicht leisten, weil mir wichtig ist, dass du auch nächstes Jahr noch einen Job hast, der dir Spaß macht und dich und deine Lieben ernähren kann.

Und trotzdem sagen immer noch viele: „Ach was Bots! Bis die kommen, bin ich in Rente." Das ist seniler Leichtsinn. Die Bots kommen nicht. Sie sind längst da. Wir merken das bloß nicht.

Du redest mit dem Bot – und merkst es nicht

Ich bestelle mal wieder was im Internet und bin mir – wie so oft – nicht ganz schlüssig wegen eines Produktmerkmals. Ist das jetzt so oder ganz anders? Also klicke ich auf der Bestellseite den Button „Chat" an und der freundliche Bildschirm sagt mir prompt: „Hallo! Ich bin Denis. Was kann ich für Sie tun?" Ich bin erleichtert.

Die lassen mich nicht hängen! Die sind für mich da! Genauer: Denis ist für mich da. Er scheint nett zu sein. Drückt sich höflich und doch präzise aus. Er kennt sich auch gut aus, merke ich nach der dritten Frage zum fraglichen Produkt. Kein Wunder, er sitzt ja auch in der Zentrale vom Online Shop und kennt seine Produkte in- und auswendig. Naheliegender Gedanke, aber: Denis sitzt nicht. Denis steht auch nicht.

Weil Programme weder sitzen noch stehen können. Denis ist kein Mensch, sondern ein Bot, eine Software. Aber das merke ich nicht nach drei, nicht nach fünf und nicht nach sieben Fragen. Weil Denis, der Bot, perfekt antwortet. Perfekt kompetent, perfekt formuliert. Eigentlich perfekter als das ein Mensch so schnell in den Chat reintippen könnte. Das ist einer der Gründe, warum sich Bots so rasend verbreiten: Sie können vieles besser als der Mensch. Und schneller. Und öfter.

Sie können 24 Stunden am Tag, sieben Tage die Woche arbeiten. Ohne Urlaubsgeld, ohne Überstundenzulage, ohne Krankentage, ohne Wochenenden. Sie sind immer gut gelaunt und immer kundenorientiert, liefern gleichbleibend hohe Qualität, werden nie pampig, sind nie genervt und gehen immer sofort ran, wenn ich Fragen habe – auch mitten in der Nacht. Mal ehrlich: Würdest du einen „Mitarbeiter“ mit diesen Fähigkeiten etwa nicht einstellen?

Jedes Unternehmen wäre dämlich, wenn es nicht massig viele dieser „Leute“ einstellen würde. Selbst manche Mitarbeiter, die durch Bots ersetzt werden (könnten), finden das nicht gänzlich schlecht: „Immer dieselben dummen Fragen von lästigen Kunden beantworten zu müssen, jeden Tag vom Jahr – da dreht man irgendwann doch durch!“, sagt eine Hotline-Mitarbeiterin. So viel Mentalhygiene, dass man dabei nicht meschugge würde, kann kein Mensch betreiben.

An dieser Stelle fragen mich die ganz Gewitzten: Schön und gut, der Bot kann das besser als der Mensch und ich merke noch nicht mal den Unterschied – aber gibt es nicht einen Trick, wie ich herausfinden kann, ob das ein echter Mensch ist, mit dem ich im Internet rede – oder ein künstlicher Bot? Ich freue mich, wenn das gefragt wird.

Denn wenn Menschen beginnen, die neue Technik austricksen zu wollen, ist das besser als Passivität, Lethargie und „Erst mal abwarten“. Alles Einstellungen, die immer noch wie ein Grippevirus grassieren und viele Millionen Menschen zu leichten Opfern der

Digitalisierung machen. Natürlich gibt es einen Trick, den Bot auffliegen zu lassen.

Entlarve den Bot

Denis selber gibt dir dazu die Steilvorlage. Wenn er dich fragt: „Hat Sie meine Antwort weitergebracht?“ und du antwortest: „Jupp!“ oder „Klaro!“ Das versteht jeder Mensch. Der Bot nicht. Was macht er stattdessen? Das System rödelt rum, sucht verzweifelt nach Lösungen und gibt schließlich aus: „Ich habe Sie leider nicht verstanden“ oder es passiert gar nichts. Keine Antwort, keine Reaktion. Denis hat sich aufgehängt. Kleiner Scherz. Der Scherz ist nötig, denn folgende Berufsgruppen werden demnächst durch Denis und Konsorten ersetzt:

Viele Jobs bei Banken und Versicherungen, in der Finanzwirtschaft, im Einkauf, in der Kommunalverwaltung, bei der Kundenbetreuung und Auftragsabwicklung, bei Hotlines und im Call Center, im Support, bei Service, Kunden- und Innendienst, an den Schnittstellen zwischen Abteilungen und zwischen Firmen und Kunden/Lieferanten, an Help Desks, in der Auftragsannahme, bei Informationsdienstleistern, an Fahrkarten- und Ticketschaltern … Die Liste wird mit jedem Tag länger, denn die Bots werden mit jedem Tag besser.

Wenn du in solchen oder ähnlichen Berufen arbeitest, mach dich jetzt schon mal schlau – oh: Du machst das ja bereits! Du liest dieses Buch, also machst du alles richtig. Je schlauer du dich machst, desto geringer wird das Risiko, dass ein Bot dich ersetzt. Und wenn du selber Vorgesetzte(r), Führungskraft, Chef bist, der Bots installieren lässt, die dann deine Mitarbeiter ersetzen?

Dann solltest du ebenfalls nicht warten, bis die Bots kommen und du Leute entlassen musst. Eine Kündigung ist schon in normalen Zeiten für jeden Vorgesetzten, der kein Psycho- oder Soziopath ist, eine schwere Belastung. Muss ein Vorgesetzter halbe und ganze Abteilungen kündigen, weil die Bots kommen, schläft er nachts nicht nur nicht mehr. Dann erlebt er bürgerkriegsähnliche Zustände an seinem Arbeitsplatz. Lässt sich das vermeiden?

Chef, lass deine Leute nicht im Regen stehen!

Im „Terminator" übernimmt die Künstliche Intelligenz „Skynet" die Weltherrschaft – und die Menschen wehren sich mit blutigen Aufständen. Ganz so heftig wird das nicht verlaufen, aber warte mal, bis ein Unternehmen die Hälfte seiner Call Center Agents oder seiner Innendienstmitarbeiter kündigen muss, weil die Bots das unterhalb Mindestlohn und viel besser und schneller erledigen. Genauer: Warte mal, bis du die ersten Mitarbeiter kündigen musst, weil die Bots kommen. Das gibt ganz sicher einen Aufstand. Es sei denn

- du informierst jetzt schon die potenziell Betroffenen über die Möglichkeit und den groben Zeitplan. „Das müssen die Leute jetzt noch nicht wissen!" ist keine Leadership Strategy, sondern das Pfeifen im Walde des kleinen Jungen, der sich vor dem großen bösen Wolf fürchtet. Was macht der Wolf, wenn er das Pfeifen hört? Er lacht sich schlapp und wetzt schon mal die Zähne ...
- du bietest ihnen Weiterbildungen an, mit denen sie sich für höhergestellte Aufgaben qualifizieren können.
- du kannst ihnen diese höhergestellten Aufgaben in Aussicht stellen, ernsthaft, ohne Schmäh.
- du legst ihnen interne Ausschreibungen für andere Jobs vor.
- du sagst ihnen, dass du sie auch in dieser kommenden, schweren Zeit nicht im Regen stehen lassen wirst.
- du nimmst ihnen den Puls: Wie ist die Stimmung? Wie die Verteilung von Optimisten, Pessimisten und Realisten? Wer benötigt dein besonderes Augenmerk?

Ja, das nennt man auch Change Management. Digitalisierung ist nicht bloß Technologie. Digitalisierung bezieht sich vor allem auf die Menschen. Werden die Menschen in der Transformation nicht kompetent geführt, wird der Werksschutz die Vorgesetzten nicht vor ihrem Zorn schützen können. Es sei denn, du fährst gerne im kugelsicheren Hummer zur Arbeit ...

Mitarbeiter frühzeitig, offen, ehrlich und mit Perspektiven für andere Jobs auf die Bots vorzubereiten, ist das eine, um das du dich jetzt kümmern solltest, wenn du Führungskraft bist. Das andere ist:

- Bitte warte nicht, bis deine Mitbewerber mit Hilfe von Bot-Bataillonen an dir vorbeiziehen. Dann kannst du nur noch verlieren. Den Rückstand holt keiner mehr auf.
- Stell lieber jetzt schon eine Projektgruppe zusammen.
- Diese soll analysieren und erfassen, welche einfachen, repetitiven und standardisierbaren Auskunfts-, Informations- und Beziehungspflegejobs du den Bots geben kannst.

Und immer dran denken: Das ist keine Science Fiction. Das wird von einigen heute schon gemacht. In etlichen Unternehmen läuft zum Beispiel die Krankmeldung nicht mehr über den Vorgesetzten und den Personalreferenten, sondern vollautomatisch über den Bot. Und zwar ganz bequem per Telefon. Wer sich was eingefangen oder ausgerenkt hat, ruft beim Bot an, meldet sich krank und der Bot informiert selbstständig die betreffende Abteilung und die Gehaltsabrechnung. Dafür muss kein Mensch auch nur einen Finger krumm machen – bis auf den Anrufer. Doch diese Arbeit hätte er ja ohnehin.

Trotzdem spart auch er Aufwand, weil er nicht warten muss, bis jemand Zuständiges am Telefon frei ist. Und weil er seine Krankmeldung auch nachts um drei durchgeben kann, am Wochenende oder wenn sein Vorgesetzter auf Dienstreise oder im Urlaub ist und seine Vertretung nicht erreichbar: Der Bot ist immer erreichbar. Rund um die Uhr. Außerdem ist er so gut wie anonym: Da meldet es sich leichter krank. Aus diesen vielen Gründen werden sich Bots nicht aufhalten lassen, selbst wenn wir das wollten. Und das wollen viele. Wenn nicht aufhalten, so doch aussitzen.

„Das sitzen wir aus!"

Dass der Bot kommt, heißt für viele noch lange nicht, dass sie ihn fähnchenschwenkend bejubeln werden. Ganz im Gegenteil. Viele sagen:

- „Das sitzen wir auch noch aus!"
- „Das kommt, wenn ich in Rente bin."

- „Wenn die Firma möchte, dass ich dann anspruchsvollere Aufgaben erledige, sollen die mich zur Weiterbildung schicken."
- „Wenn die Bots kommen, sollten die da oben sich mal überlegen, wie sie uns dahin bringen!"

Haben wir alle schon mal gedacht oder gesagt. Das sind ganz legitime, menschliche und verständliche Einstellungen. Wie sinnvoll sind sie?

„Das sitzen wir auch noch aus!"
Ich verstehe das. Niemand, der bei Verstand ist, will sich mit Neuem belasten. Wir alle haben mit der eigentlichen Arbeit schon genug zu tun. Der Stress ist groß genug. Die Bots kommen? Die Digitale Transformation kommt? Mag sein, aber dafür hab ich nicht auch noch Zeit. Also sitz ich das aus.

Auch wenn Chefs das nicht gerne hören/lesen: Das funktioniert bei vielem, was „von oben herab" kommt. Das Problem beim Bot und an der Digitalen Transformation ist: Beides kommt nicht „von oben herab", also vom Chef. Die Digitalisierung ist keine schlaue Idee der Firma, sondern der Welt. Sie ist kein lokaler Trend, sondern eine globale Bewegung. Eben eine Revolution und keine neue Maßnahme der Geschäftsleitung. Wenn dein Chef was sagt, kannst du das unter Umständen erfolgreich aussitzen (was ich nicht empfehle). Aber wenn die ganze Welt was sagt, und du sitzt das aus, rate mal, wer den Kürzeren zieht. Die Welt sicher nicht.

Bei dem mörderischen Kostendruck, unter dem fast alle Unternehmen leiden, haben sie auch keine andere Wahl: Sie müssen Bots anschaffen und ihnen die einfachen Kommunikationsaufgaben geben. Kein Unternehmen kann es sich leisten, darauf zu verzichten. Das sagt man dir bloß nicht! Das musst du dir selber zusammenreimen. Das kommt. Wer das aussitzen möchte, sitzt auf dem Schleudersitz.

„Das kommt, wenn ich in Rente bin."
Stimmt – wenn du in den nächsten zwei, drei Jahren in Rente gehst. Für alle anderen gilt: Die ersten Bots sind längst schon da. Also verlass dich lieber nicht auf die Rente.

„Wenn die Firma möchte, dass ich dann anspruchsvollere Aufgaben erledige, sollen die mich zur Weiterbildung schicken."

Schön, wenn dein Unternehmen das macht. Und wenn nicht? Viele Unternehmen kaufen Bots ein, installieren sie – und fertig. Die Bots kommen zum Eingang rein, die Mitarbeiter gehen zum Ausgang raus: Gekündigt. Es sei denn, sie können mehr als das, was sie bislang taten. Wenn dein Unternehmen dich weiterbildet, prima. Wenn nicht, bist du selber gefordert. Wer sollte es sonst für dich tun? Ich weiß, das klingt hart. Aber viele Experten machen dir vor, dass die digitale Zukunft ein Kindergeburtstag wird. Ich sage dir lieber die Wahrheit.

Und die Wahrheit ist: Dass du dich (wieder) selber um deine Kompetenzentwicklung kümmern solltest, ist ein Blessing in Disguise, eine gut getarnte Wohltat der schönen neuen Digitalwelt. Sie zwingt uns manchmal sanft, oft unsanft, wieder mehr Verantwortung für uns selber zu übernehmen und nicht alles an den Arbeitgeber oder an diverse Trainer zu delegieren. Selber was für sich und seine Fähigkeiten zu tun, macht mehr Mühe, zahlt sich aber auch aus und verleiht mehr Freiheit: Wer mehr kann, kann sich seinen Arbeitsplatz und seinen Arbeitstag viel stärker und weiter selbst gestalten. Und selber aussuchen. Und den Bots ein Schnippchen schlagen. Ich wünsche es dir.

„Was uns zu ‚Helden' macht,
ist nicht so sehr unsere Person
oder der Glaube an die ‚richtige' Sache,
sondern eher die Fähigkeit,
auch in scheinbar alternativlosen Szenarien
Handlungsmöglichkeiten zu erkennen;
dazu die Kunst, die richtigen Freunde und Netzwerk
zu finden sowie der Mut, den ersten Schritt zu wagen."
Natalie Knapp in der ZEIT (28.2.2013)

2 Wo wirst du arbeiten?

Home Office für alle!

Viele Unternehmen, respektive ihre Vorgesetzten leben noch in der Präsenzkultur: Der Chef kommt morgens rein und möchte die möglichst vollständig vorhandenen Köpfe seiner Lieben zählen. Das ist leicht veraltet.

Aufgrund der technischen Möglichkeiten kann man sich praktisch von überall her Remote Access, Zugang zum Netzwerk seines Unternehmens verschaffen. Technisch gesehen gibt es für viele Arbeitsplätze keine Veranlassung oder gar Notwendigkeit mehr, jeden Tag zur Arbeit zu gehen – ins Büro der Firma. Das hat weniger damit zu tun, dass Firmen gerne möchten, dass du es bei der Arbeit schön kuschelig hast und von Zuhause aus arbeitest.

Es hat mehr damit zu tun, dass Unternehmen damit einen Batzen Geld sparen. Sie können die Kosten für ihre Infrastruktur immens senken. Kommen weniger Angestellte zur Arbeit, müssen sie nicht mehr so viele Büros vorhalten, Kantinen und Parkplätze, müssen weniger Strom- und Wasserverbrauch bezahlen. Home Office lohnt sich – gerade fürs Unternehmen.

Das erkennen derzeit viele Unternehmen und schließen die Büros. Respektive: Das Unternehmen bietet dir an, dass du dir künftig dein Büro und deinen Schreibtisch mit einem Kollegen, einer Kollegin teilst: Zwei Arbeitsplätze zum Preis von einem! Für Unternehmen lohnt sich das. Nur zum Jour Fixe kommen alle zusammen. Doch sonst arbeitet man und frau im Home Office mit Tele-Arbeit. Das wollen doch schließlich alle!

Wirklich?

Lieber zur Arbeit

Morgens nicht mehr früh raus, nicht mehr nervig im Stau oder der miefigen S-Bahn stehen, nicht mehr ins kalte, trostlose Büro, sondern aus den eigenen, vertrauten, angenehmen vier Wänden heraus arbeiten, sechs Schritte zum Kühlschrank, vier zur Kaffeemaschine – traumhaft! Wer wollte das nicht?

Überraschend viele Menschen. Man hört und liest immer nur von jenen, die gerne Home Office machen würden, es aber nicht dürfen. Das bist du nicht? Dann bist du in guter Gesellschaft.

Rund ein Drittel der Angestellten möchte kein Home Office. Weil zu Hause die kleinen Kinder quäken oder ständig was zu tun ist, bei so viel Trubel kann doch keiner vernünftig arbeiten. Oder weil du dich in den eigenen vier Wänden schlecht motivieren und disziplinieren kannst? Das geht vielen so, dafür braucht sich niemand zu schämen. Viele haben nicht nur die Befürchtung, sondern die Gewissheit aus Erfahrung, dass sie im eigenen Heim alles andere machen würden als zu arbeiten. Sie können nur an einem Arbeitsplatz effektiv und effizient arbeiten, der in der Firma ist.

Oder vielleicht lehnst du das Home Office auch ab, weil du die Arbeit nicht mit nach Hause nehmen und dein Privatleben damit belasten möchtest. Hat die Arbeit erst mal zu Hause ein Zuhause gefunden, dann redet ihr vielleicht über nichts anderes mehr und deine Beziehung/Ehe, dein Privatleben geht den Bach runter. Auch deshalb, weil die KollegInnen und Vorgesetzten wie selbstverständlich sagen: „Ich kann dich ja noch heute Abend anrufen, du hast ja Home Office.“ Als ob Home Office gleichzusetzen wäre mit „Vogelfreier Angestellter, der auch noch nachts um eins aus dem Schlaf gerissen werden darf – weil er hat ja Home Office!“ Alles schon vorgekommen.

Was machst du?

Wenn du zu Hause produktiv arbeiten könntest und das schon lange möchtest, deine Firma diesbezüglich jedoch noch etwas altmodisch ist, ist jetzt der beste Zeitpunkt. Der beste Zeitpunkt, um beim eigenen Vorgesetzten und höheren Orts sanft, höflich, aber nachdrücklich und wiederholt darauf hinzuweisen, wie viel Geld die Firma damit sparen kann. Modellrechnungen unterstützen deine Argumentation. Umso mehr, je glaubhafter du darlegen kannst, dass du zu Hause – ohne smalltalkende und büroklatschende KollegInnen – produktiver wärst. Nützlich ist auch, wenn du nicht alleine diesen Wunsch vorträgst, sondern wenn möglichst viele deiner KollegInnen mitmachen.

Wenn du dagegen gerne im Büro in der Firma weiterarbeiten möchtest, aber Gefahr läufst, von der nächsten Home Office-Welle erfasst zu werden: Auch dagegen lässt sich was tun.

Du kannst frühzeitig herausfinden, welche Jobs künftig von zu Hause gemacht werden sollen/müssen – und intern zu einem der Jobs wechseln, die davon verschont werden oder mit einem aktuellen Job-Inhaber tauschen, der lieber zu Hause arbeiten würde. Du kannst eine Sonderregelung für dich verhandeln. Du kannst dich mit einem anderen Kollegen zusammentun und einen Schreibtisch teilen. Schlägt das alles fehl, kannst du dir immer noch zu Hause ein Büro einrichten, in welchem du halbwegs ungestört und von den Versuchungen des häuslichen Lebens unbehelligt arbeiten kannst. Oder du kannst das Unternehmen wechseln – wenn es dir das wert ist.

Das sind alles recht triviale Optionen? Das sind sie. Der Witz ist: Wenn die Welle rollt, sind viele Menschen starr vor Schreck und kommen nicht mehr auf die einfachsten Möglichkeiten, sich zu wehren und ihr Leben auch in der Welle weiter zu gestalten. Wenn die Welle rollt, fällt Denken schwer. Als warte nicht, bis die Welle rollt. Denk jetzt. Und handle.

Seltsamerweise könnte es sein, dass dein eigener Vorgesetzter noch heftiger gegen das Home Office ist als du.

Warum?

*"If your actions inspire others to dream more,
learn more, do more and become more,
you are a leader."*
John Quincy Adams

3 Wie führst du Menschen, die du nicht siehst?

„Wenn ich was von denen will, sind die nicht da!"

Grob gesagt könnte mindestens die Hälfte von allen Angestellten längst schon im Home Office arbeiten, wenn es nicht Vorgesetzte gäbe, die das nicht wollen.

Denn wenn sie die Leute, die sie führen, nicht mehr um sich haben, wie können sie sie dann führen? Die Angst vor Kontroll- und Statusverlust geht um: Wenn der König nicht von seinem Hofstaat umgeben ist, wie wissen dann die Untertanen, dass er der König ist? Außerdem: Im Home Office arbeiten die Leute doch nicht! Die liegen zu Hause faul auf dem Sofa, spielen mit den Kindern, surfen im Internet und daddeln am Smartphone, twittern, whatsappen, vloggen, youtuben und facebooken. Weiß doch jeder.

Das Problem ist: Wenn die Firmenleitung erkennt und beschließt, dass sie die Hälfte der Präsenz-Arbeitsplätze einsparen kann, ist es ihr egal, was der Vorgesetzte denkt. Dann macht sie das einfach. Weil es eine Menge Geld spart. Dann hast du ein Problem: Wie führst du Leute, die du nicht siehst? Vorgesetzte sagen mir oft entsetzt:

- „Wie kontrolliere ich die denn?"
- „Woher weiß ich, was die den lieben langen Tag so alles machen?"
- „Wenn ich dann was von denen will, sind sie womöglich nicht erreichbar!"
- „Wenn die Kinder mal krank sind, ist doch an sinnvolles Arbeiten zu Hause nicht zu denken!"

Die Vorbehalte sind da, sie sind weit verbreitet und zu einem gewissen Grad auch berechtigt. Bloß: Sie halten die nächste Home Office-Welle nicht auf. Als Führungskraft muss ich mich darauf einstellen. Ich muss und möchte auch Menschen führen können, die nicht da sind. Ohne direkten Zugriff.

Wie geht das?

Remote Leadership

Wenn mich Führungskräfte fragen, wie man indirekt führt, frage ich gerne zurück: Wozu brauchst du denn einen physisch anwesenden Mitarbeiter? Für ganz vieles.

Viele Vorgesetzte machen zum Beispiel gerne einen Morgenappell: Sie versammeln die ganze Truppe um sich und besprechen, was heute zu tun ist. Das ist sinnvoll und hat sich bewährt. Aber: Das verhindert kein Home Office. Denn so einen Appell kann man auch per Telko machen. Wird bereits vielerorts gemacht. Erfolgreich. Ohne Produktivitätsverluste.

Vielleicht ist das anfangs gewöhnungsbedürftig – aber auch daran gewöhnt man sich. Wo das läuft, wo die Anfangsschwierigkeiten überwunden sind, läuft es gut. Bei internationalen Unternehmen und virtuellen Teams ist das auch anders gar nicht mehr möglich, wenn die einzelnen KollegInnen über drei Kontinente und acht Länder verteilt sind. Daher weiß man auch:

Die Kontrolle wird nicht schwächer, bloß weil ich jemanden nicht sehe. Ein guter Mechaniker hört ein defektes Radlager – er muss es nicht auseinandernehmen, um zu sehen, dass da was knirscht. Führen heißt nicht zwingend Sehen. Hören reicht. Und reicht gut. Trotzdem sind viele Führungskräfte gegen das Home Office ihrer Mitarbeiter. Weil dahinter mehr steckt.

Es steckt zum Beispiel die Kontrollüberzeugung dahinter: Ich muss die Leute eng kontrollieren, damit sie nicht aus dem Ruder laufen und damit sie Performance bringen. Wenn ich sie eine halbe Woche nicht sehe, wer weiß dann schon, was die alles anstellen? Und ich bin am Ende dafür verantwortlich! Das beunruhigt verständlicherweise jeden gewissenhaften Vorgesetzten. Also wie verhindert man das?

Feedback-Führung

Helmut ist ein gestandener Manager, hat 17 Leute unter sich, acht von ihnen hat die Geschäftsleitung vor einigen Monaten ins Home Office geschickt und ihre Büros in eine lange benötigte Werkstatt für Sonderfertigung umgebaut. Nach zwei Monaten ruft mich Helmut an:

„Das geht so nicht! Die laufen aus dem Ruder! Die müssen wieder hierher ins Büro!"
„Wie, deine Firma baut ein neues Gebäude? Oder schließt die Sonderfertigung, damit ihr wieder einziehen könnt?"
„Hast ja recht, das wird nicht passieren. Aber wenn ich den Leuten zu Hause Aufgaben gebe, dann sind die am Stichtag oft nicht ganz fertig oder zu teuer geworden oder nicht das, was ich mir vorgestellt habe. Was kann man da machen?"

Feedback-Führung. Bei jenen drei MitarbeiterInnen, die bislang immer wunschgerecht am Stichtag ablieferten, braucht Helmut das nicht. Aber bei den anderen fünf. Also sagt er zum ersten Mitarbeiter:

„Wie lange brauchen Sie für diese Aufgabe?"
„Hm, so um die fünf, sechs Tage."
„Wie wäre es mit vier?"
„Ja, wird knapp, aber geht auch."
„Prima. Dann geben Sie mir bitte nach zwei Tagen Feedback. Sagen Sie mir, wie es läuft, was Sie schon geschafft haben und was noch ansteht. Wir stellen das gleich in den Terminkalender ein."

Wenn Helmut zur Halbzeit der Arbeitspakete Feedback bekommt, läuft nichts aus dem Ruder, weil er gegebenenfalls bei der „Halbzeit-Besprechung" Probleme erkennen und gegensteuern kann. Bei größeren Arbeitspaketen setzt er natürlich mehrere Zwischenbesprechungen an. Da Helmut ein Vorgesetzter alter Schule ist, reicht ihm das noch nicht. Er meint:

„Ja, gut, aber dann ist der Mitarbeiter immer noch zweimal zwei Tage unbeaufsichtigt! Da krieg ich Zahnweh bei!"

Auch dagegen ist ein Kontroll-Kraut gewachsen. Wenn es dir auch so geht, sag dem Mitarbeiter:

„Wenn vor Erreichen unseres Feedback-Termins Probleme auftauchen oder sich Verzögerungen oder Abweichungen abzeichnen, dann geben Sie mir das nötige Feedback bitte vor unserem Termin. Und zwar sofort, umgehend, noch in derselben Stunde, in der Sie die Abweichung erkennen. Dann bin ich Ihnen nicht böse. Wenn Sie dagegen länger warten, zögern, zaudern – dann kriegen wir beiden mächtig Ärger miteinander."

Auch das funktioniert – sofern Helmut tatsächlich nicht böse wird, wenn ein Mitarbeiter rechtzeitig „Im Keller brennt Licht!" meldet.

Seit Helmut mit Feedback führt, hat er die Kontrolle auch über seine Leute im Home Office – und erstaunlicherweise mehr Zeit. Denn als sie noch alle da waren, war er so mit Kontrollieren beschäftigt, dass er kaum Zeit für alles andere hatte. Jetzt hat er mehr Zeit für strategische Aufgaben. Das Home Office seiner MitarbeiterInnen entlastet und nutzt auch ihm. Jetzt sagt er sogar manchmal halb scherzhaft: „Das klappt so gut – ich glaub, ich schick die alle nach Hause!" Na, Helmut, nicht übertreiben.

"I knew that if I failed I wouldn't regret that, but I knew the one thing I might regret is not trying."
Jeff Bezos, Amazon

4 Was ist der legendäre Digital Spirit?

Wird's jetzt esoterisch?

Nein, keine Bange. Aber sicher hast du schon erlebt, wie ein Drittligist einen Bundesligisten aus dem DFB-Pokal kickt – und alle so: „Wow! Was für eine Leistung! Was für ein Kampfgeist! Was für ein Spirit!" Du kannst auch Einstellung, Belief, Attitüde oder Mindset dazu sagen – egal. Solange du weißt, dass für bestimmte Dinge im Leben die innere Einstellung erfolgsentscheidend ist. Zum Beispiel für einen Heiratsantrag. Oder dein nächstes Gehaltsgespräch. Oder eine Auf-Spitz-und-Knopf-Verhandlung. Wenn du da reingehst mit „Mal schau'n wie das läuft ..." kannst du dir auch gleich die Kugel geben. Das läuft nicht. Das wissen bloß viele nicht.

Viele gehen zum Beispiel an die Digitale Transformation mit der Einstellung heran: „Wir schaukeln auch dieses Projekt!" Eine häufige, aber fatale Einstellung. Und sehr kostspielig. Ein Projekt ist irgendwann zu Ende. Die Transformation ist es absehbar nicht. Trotzdem wird sie mit dieser Einstellung oft angepackt und geplant. Als Projekt. Mit einem terminierten Ende. Und nach diesem Ende ist dann wirklich Ende. Das Unternehmen geht den Bach runter, weil alle andern natürlich weiter transformieren.

Die Digitale Transformation ist kein Projekt, sondern eine Reise. Sie ist nicht wie ein Schnupfen irgendwann vorbei. Also sollte sie auch so geplant und angegangen werden. Der Digital Spirit sagt: Das ist jetzt so! Das bleibt jetzt so! Und deshalb machen wir das ab jetzt auch so! Dauerhaft. Digital.

Dass man ständig „dran" bleiben sollte, ist nicht das einzige Charakteristikum des Digital Spirit.

Die Reise ins Unbekannte

Die Digitale Transformation ist kein Projekt. Im Projekt weiß ich, was ich womit bis wann erreichen möchte.

Ich möchte zum Beispiel im nächsten Quartal 20 Prozent mehr Umsatz in Produktgruppe X und strebe das an mit Hilfe einer Marktoffensive aus Produktinnovation, Marktforschung und Marketing-Kampagne. In einem Projekt ist mir im Grunde alles bekannt: Ziel, Mittel, Methoden, Rahmenbedingungen.

Bei der Digitalen Transformation ist mir nichts oder wenig davon bekannt. Ich gehe auf eine Reise – ohne klares Ziel. Ich habe buchstäblich keine Ahnung, zu welchen komplett neuen Produkten, Services und Geschäftsmodellen mich die Digitalisierung führen wird. Ich weiß nicht, welche neuen Technologien ich dafür einsetzen kann. Ich gehe auf eine Reise, habe aber keine oder kaum Ahnung, wo sie mich hinführt und was mich erwartet. Ich weiß nur, dass ich los muss – weil derzeit alle aufbrechen. Oder zumindest jene, die überleben wollen. Ich weiß nicht wie im Projekt, dass ich von A nach B gehen muss. Ich weiß nur: Ich muss gehen. Niemand weiß, was dabei herauskommt.

Für manche klingt das wie ein Alptraum. Für andere wie die perfekte Reise: Nach Paris oder New York kann jeder reisen! Aber in unbekannte Gefilde, ins Nirgendwo, auf unerforschtes Terrain, nach Terra Incognita? Dahin, wo nie ein Mensch zuvor gewesen ist? Geile Sache! Genau das ist der Digital Spirit.

Wenn dir das zu enthusiastisch klingt, drücken wir das einmal wissenschaftlich aus: Menschen mit hoher Ambiguitätstoleranz und hohem Skalenwert bei „Offenheit“ (dem ersten Messkriterium im Modell der sogenannten Big 5, der wichtigsten Persönlichkeitseigenschaften), haben extrem hohe Erfolgschancen bei der Transformation. Und: Niemand wird damit geboren. Offenheit fürs Unbekannte ist so trainierbar wie Kopfrechnen. Nein: besser, leichter. Wenn man es tut: Trainieren. Am besten: Training on the Job. Digitale Transformation trainiert man am besten bei der Digitalen Transformation.

Eine Reise ohne Ziel – das macht manche nervös? Mag sein. Andererseits verleiht es die ultimative Freiheit: Wer nicht an Tag X um Y Uhr am Ort Z sein muss, kann völlig unbeschwert und total frei reisen. Das ist ein Erlebnis. Und sollte es sein. Deshalb sind viele Menschen so begeistert von der Digitalen Transformation: ultimative Freiheit! Niemand sagt dir: Das musst du jetzt bis Freitagnachmittag so und so machen! Weil niemand es weiß. Du kannst und darfst es selber herausfinden – wenn in deinem Unternehmen die Führungskräfte den Digital Spirit leben. Wenn nicht, schreiben sie dir weiter munter vor, was du wie bis wann zu tun hast – und die Transformation scheitert. Wie derzeit in vielen Unternehmen. Nicht weil es am Geld fehlt. Sondern am Spirit.

Damit haben wir zwei Elemente des Digital Spirit beisammen: dauerhafte Veränderungsbereitschaft und Freude am Unbekannten. Nehmen wir ein drittes Element auf.

What's your purpose?

Was ist das Höchste im Leben? Manche sagen: Erfolg. Erfolg ist schön, aber es gibt noch was Höheres. Denn Erfolg hat nachhaltig nur, wer einen Sinn und Zweck hat. Im Leben ist das der Lebenssinn, im Business der Business Purpose; bei Daimler zum Beispiel „Das Beste oder nichts". Wir können uns darüber streiten, ob Daimler seinen eigenen Zweck erfüllt. Aber dass man fast zwangsläufig Erfolg hat, wenn man diesen Zweck verfolgt – darüber lässt sich nur schwer streiten. Neulich war ich in einem Unternehmen, über das der Eigentümer sagt: „Wir machen die besten Spezialmaschinen zur Holzbearbeitung!"

Hört sich gut an. Aber was ist mit den ganzen Services, Anwendungen und digitalen Diensten rund um die Maschinen? Damit machen seine Konkurrenten jetzt schon wachsenden Umsatz. Und wer weiß, ob man in zehn Jahren noch Holz bearbeitet? Wo Holz doch bald auch mit dem 3D-Drucker ausgedruckt werden kann? Das heißt nicht, dass du deinen Laden jetzt zumachen kannst. Das heißt aber:

Überdenke deinen Business Purpose!

Ganz gleich, ob er nun explizit irgendwo steckt oder „nur" implizit in den Köpfen der Leute. Der Purpose hat dir in der Vergangenheit zum Erfolg verholfen. Aber jetzt? Limitiert, beschränkt, begrenzt er dich jetzt? Schränkt er dein Sichtfeld ein, so dass du neue

Businessmodelle, Produkte, Geschäftsfelder, Bedarfe, Services und Chancen nicht erkennst?

Der Maschinenbauer, den ich besuchte, nahm sich das zu Herzen – und eröffnete eine Online-Plattform, auf der sich seine Kunden über Spezialanwendungen austauschen können. Da kommt nicht viel Umsatz mit rein. Noch nicht. Doch das Potenzial für die Zukunft ist unerschöpflich.

Warum hat der Maschinenbauer so lange gewartet mit seiner Online-Plattform? Weil er seit 150 Jahren Aufträge abarbeitet. Das war sein Business Purpose. Sich gedanklich (!) komplett von den einlaufenden Aufträgen zu lösen und darüber nachzudenken, was seine Kunden denn noch brauchen könnten – außer Maschinen – war für ihn und sein Führungsteam eine ganz schöne Umstellung. Mit schönem Erfolg. Was nicht ohne Schmerzen abging.

Der Maschinenbauer sagt: „Es ist ganz schön hart, die Nachfrage zu bedienen und gleichzeitig die Zukunft vorzubereiten – das beißt sich im Alltag. Denn das eine bringt die Kohle rein und beschäftigt uns eigentlich schon total. Da hat man nicht auch noch viel Zeit für das andre. Das Tagesgeschäft behindert die Aktivitäten, die wichtig für unsere Zukunft sind." Ein klassischer Zielkonflikt, der im Moment in vielen Unternehmen herrscht. Aber: Zielkonflikte lassen sich lösen. Wie alle anderen Konflikte auch. Sobald man sie als solche erkennt, identifiziert, klassifiziert und behebt. Eine beliebte Konfliktlösung ist übrigens: Outsourcing!

Ach wirklich?

„Einer neuen Wahrheit ist nichts schädlicher als ein alter Irrtum."
Goethe

5 Finger weg vom Outsourcing!

Es gibt elegantere Arten von Selbstmord

Wer keine Zeit für eine Aufgabe hat, gibt sie nach draußen. Sollen andere sich drum kümmern. Schließlich bezahlt man sie dafür. Das funktioniert bei vielem. Bei der Digitalen Transformation nicht.

Denn damit machst du dich von anderen abhängig. Bei einer Aufgabe, die kein Projekt ist, sondern ex definitionem endlos (s.o. Kapitel 4) – und außerdem von strategischer Bedeutung. Das freut deinen Outsourcing-Nehmer: Endlos Aufträge! Massig Umsatz! Und das ganze Know-how bleibt draußen, beim Auftragnehmer, der den Auftraggeber bei der strategisch entscheidenden Digitalisierung in der Hand hat. Es gibt elegantere Arten für Selbstmord. „Aber wir haben selber keine Experten für sowas!", sagen viele Führungskräfte. Das ist ein Irrtum.

In jedem Unternehmen, in dem einzelne Führungskräfte diesem Irrtum aufsitzen, treffe ich auf Kompetenzträger, die neben dem Tagesgeschäft schon vorausdenken: für sich, auf Eigeninitiative, ohne dass man es ihnen hätte anweisen müssen. Die denken digital voraus! Erstens kriegen das viele Führungskräfte gar nicht mit (auch weil sie kaum Management by Walking Around machen). Und zweitens: Wenn sie es dann mitkriegen, kriegen sie einen Anfall des Invented-Here-Syndroms: „Unsere Leute sagen das? Die haben doch keine Ahnung von sowas!"

Also gibt man das Digitale nach draußen, gibt viel Geld dafür aus, dann kommt die Neuentwicklung von draußen wieder rein ins Unternehmen und dann will keiner was damit zu schaffen haben, weil das nicht den eigenen Stallgeruch hat, weil das nicht passt, weil das am Unternehmen vorbei entwickelt wurde – und dann geht man in Endloskorrekturschleifen. Anstatt das gleich die eigenen Leute machen zu lassen, die sich mit den Interna auskennen – das Digitale lernen sie sich an. Mit externer Unterstützung. Unterstützung, nicht Outsourcing. Gut, wer den Unterschied kennt. „Aber dafür fehlen uns die Leute!" Noch einmal: Unfug.

Kluge Köpfe finden sich immer

In jedem Unternehmen mit mehr als 30 Leuten hat es immer genügend Mitarbeitende, die bereits jetzt schon vorausdenken, von sich aus, digital-affin sind, die Extra-Meile gehen – lass sie gehen! Die sind bereit, die machen das schon, wo sind die denn? Das ist die Frage.

Weil viele Führungskräfte ihre eigenen Leute nicht gut genug kennen, kennen sie auch nicht die Digital Natives unter ihnen. Einfache Lösung: Häng das ans Schwarze Brett! Oder ins Intranet. Oder beides:

„We Want You! Wenn du gerne bei der Digitalen Transformation mitmachen, vorausdenken möchtest, drei Stunden die Woche reichen schon! Melde dich am besten sofort bei ... für unsere neue Digital Transformation Task Force!" Rekrutierung per Schwarzem Brett. Ja, auch das ist der Digital Spirit (s.o. Kapitel 4).

Und anstatt teures Geld fürs Outsourcing zu vergeuden, holt man sich lieber einen externen Experten rein, der die eigenen Leute unterstützt. Damit sie die üblichen Anfängerfehler vermeiden und sich und die Struktur nicht überfordern. Nennt man übrigens Empowerment. Diese empowernde Prozessbegleitung ist im Grunde ganz einfach. Wenn der/die Externe gut ist, orientiert er/sie sich an einer einzigen Frage: Was braucht die Task Force noch, um ihre Reise anzutreten und erfolgreich die Etappen zu absolvieren?

Dieses interne Modell der Transformation ist deutlich erfolgsträchtiger, weil es zum eigenen Unternehmen passt, weil die Akzeptanz höher ist, weil Selbstentwickeltes besser angenommen wird als das, was von draußen aufgepfropft wird.

Ein großer Vorteil dieser Digital Transformation Task Force, dieser SWAT-Gruppe, dieses (hoffentlich) funktionsübergreifenden und interdisziplinären Teams: Die Leute sind freiwillig mit dabei, also voll motiviert, veränderungsbereit, offen für Neues. Das ist bei der Transformation keine Selbstverständlichkeit: Offenheit.

Sei ein OCEAN!

Dein Chef spinnt? Stimmt das? Wie würde ein Arzt herausfinden, ob das stimmt?

Zum Beispiel mit dem OCEAN-Modell. Das Akronym steht für: Openness – Conscientiousness – Extraversion – Agreeableness – Neuroticism. Zu Deutsch: Offenheit (gegenüber Neuem) – Gewissenhaftigkeit (in der Ausführung) – Extraversion (bei der Kontaktaufnahme) – Verträglichkeit (im Umgang mit anderen) – Neurotizität (so sagen Psychologen zum Sprung in der Schüssel). Ein Mensch, der hohe Werte bei den ersten vier Eigenschaften und einen niedrigen beim letzten aufweist, gilt als geistig „normal", charakterfest, reifer Mensch. Je höher die ersten vier und je niedriger der letzte Wert, desto geistig gesünder ist der Mensch.

Wir sind als Nation wirtschaftlich (noch) gesund. Wir sind zwar (noch) Exportweltmeister, aber die digitalen Giganten kommen nicht von hier, bei der E-Mobilität hängen wir auch hinterher, die Solartechnik kommt längst aus China – und so weiter. Irgendwann sind unsere klassischen Märkte gesättigt, das Wachstum zu Ende, unsere Produkte werden substituiert – oder durch digitale Lösungen ersetzt. Und was machen wir?

Wir machen immer noch überwiegend: Höher! Schneller! Weiter! Mehr Umsatz (mit denselben Produkten)! Noch eine inkrementelle Innovation (derselben Produkte)! Noch schnellere Lieferzeiten (derselben Produkte)! Wenn ich immer nur diesen inkrementellen Verbesserungen hinterherjage, habe ich keine Zeit, etwas Neues zu lernen. Ich habe nicht die Zeit und nicht die Offenheit für Neues. Weil ich viel zu sehr damit beschäftigt bin, die aktuelle Nachfrage zu bedienen. Geistig gesund ist das nicht.

„Aber wir haben Aufträge für zwei Jahre!", höre ich immer wieder. Und danach? Wer will denn nur noch zwei Jahre leben?

Für Neues offen zu sein kostet erst mal kein Geld. Nur etwas Zeit und guten Willen. Dieser gute Wille, diese Offenheit fehlt in vielen Unternehmen und Abteilungen. Ich laufe zum Beispiel von

Abteilung A nach Abteilung B und kriege beim Durchqueren einer größeren Werkstatt mit, dass ein Vorarbeiter begeistert von Alexa erzählt, der häuslichen Assistentin von Amazon. Und was sagt der Schichtleiter? Der sagt: „Nun lass mal gut sein und kümmer dich wieder um deine Charge! Ist doch alles neumodischer Kram!“ Und mit dieser Einstellung will er die Digitale Transformation überleben? Eher werde ich Papst.

Glücklicherweise kommt der Produktionsassistent vorbei und sagt: „Ach, ihr habt zu Hause die Alexa? Erzähl mal: Wozu nutzt ihr die? Wie gut klappt das? Wär das auch was für uns? Für die Intralogistik? Oder für unsere Kunden? Gibt es das auch für Industrie und Gewerbe? Kann man das schon irgendwo kaufen?“ Gute Fragen, guter Mann: offen für Neues. So macht man das. Frau auch.

Führungskräfte auch?

„Es gibt keine schlechten Mannschaften, Marschall. Es gibt nur schlechte Offiziere."
Napoleon Bonaparte

6 Warum bist du Führungskraft?

Das Hauptproblem ist nicht die Technik

Wenn es mit der Digitalen Transformation nicht so (schnell) klappt wie erwartet, wer ist schuld? Na klar: die mängelhafte Technik, die mangelnden Ressourcen, viel zu wenig Zeit, zu wenig Geld. Das sagen die Leute. Die Leute irren sich.

Wenn es hängt, hängt es immer an den Führungskräften. Ich weiß, das ist hart. Aber es ist nun mal die Wahrheit. Meist können die Führungskräfte nichts dafür. Sie stecken in der Zwickmühle. Auf der einen Seite sind sie mit dem Tagesgeschäft vollauf beschäftigt. Auf der andern sollen sie auch noch digital transformieren. Sie müssen für Cash Flow sorgen, Aktionäre und Stakeholder bei Laune und die Kunden bei der Stange halten – da bleibt keine Zeit fürs Transformieren: Das Tagesgeschäft frisst die Zukunft.

„Ich habe dafür zu wenig Zeit!", sagen mir viele Führungskräfte. Ähm, das ist kein Zeitproblem. Das ist ein Führungsproblem. Genauer: Es ist ein Problem von Rollen- und Selbstverständnis: Warum bin ich Leader? Wozu?

Was ist dein Selbstverständnis (falls du führst)? Wozu bist du Leader? Fürs Tagesgeschäft? Also bist du sozusagen ein Obersachbearbeiter? Wenn ich das, zum Beispiel im Coaching, so direkt frage, hat mir noch keine(r) mit „Ja!" geantwortet. Die meisten sagen:

- „Wenn du so fragst, muss ich sagen: Ich bin Führungskraft geworden, um etwas zu bewegen!"
- „Ich führe, weil es mir Freude bereitet, voranzugehen und vorauszudenken!"

Manchmal sagt einer auch: „Ehrlich gesagt: Ich wollte die Beförderung wegen des größeren Büros." Auch dann ist alles klar: So versteht er sich. So führt er auch: Wegen des größeren Büros hat noch keiner die Digitale Transformation geschafft. Dafür reicht das Selbstverständnis von Führung nicht. Wer etwas bewegen will, führt in der Transformation erfolgreich. Wer aus anderen Gründen Führungskraft geworden ist, tut sich schwer mit der Digitalen Transformation.

Wer sich ebenfalls schwer damit tut, sind die Supererfolgreichen.

Experte, Achiever, Katalyst: Man kann sich auch zu Tode siegen

Wieso haben besonders erfolgreiche Manager oft Probleme mit der Digitalen Transformation? Weil sie so erfolgreich sind.

Sie merken zwar, dass einige KollegInnen und MitarbeiterInnen „verrückte Ideen" haben, von Künstlicher Intelligenz, User Experience oder Sprints reden, aber: „Was soll das? Am Ende vom Tag zählt nur, was unterm Strich dabei herauskommt, in harter Währung." Sie merken nicht, dass es in der 4. Industriellen Revolution zwar immer noch darauf ankommt, was am Ende vom Tag, aber noch viel mehr darauf ankommt, was am Ende vom Jahr unterm Strich dabei herauskommt. Und da haben nicht die Achiever die Nase vorn, sondern die Katalysten:

- Experten sind Führungskräfte, die kraft ihrer Expertise, Erfahrung und Know-how führen.
- Achiever führen, weil für sie nur eines zählt: Erfolg, hier und jetzt.
- Katalysten müssen nicht unbedingt viel kennen oder können, aber viel ermöglichen.

Kurz gesagt: Der Experte kennt sich super aus. Der Achiever liefert heute Superergebnisse, aber der Katalyst ermöglicht die Superergebnisse von Morgen. Die letzten 30 Jahre glänzten Experten und Achiever in der Führung. Die nächsten 30 Jahre gehören den Katalysten. Wer bist du?

Welches Selbstverständnis von dir und deiner Führung hast du? Auf welcher Basis führst du? Expertise, Erfolg oder Ermöglichung?

Viele gut reflektierte Führungskräfte sagen: „Meine Expertise ist hervorragend, meine Erfolge vorzeigbar – aber ein Katalyst werde ich wohl nie!“ Das ist das Defizitmodell: Es gibt Experten, Achiever und Katalysten und wer das eine ist, ist das andere nicht und tut sich schwer damit. Denkst du auch?

Dann leg dieses Denkmodell schnell beiseite. Niemand, der etwas erreichen möchte, denkt heutzutage noch in Defizitmodellen. Wer erfolgreich denkt, denkt in Ressourcenmodellen:

Jede und jeder von uns hat immer schon alle drei Leadership-Strategien intus. Eine oder zwei von diesen Strategien sind lediglich wegen des übermäßigen Gebrauchs der einen Strategie etwas verkümmert, untertrainiert, atrophiert. Man kann diese vernachlässigten Strategien wieder auftrainieren, stärken. Das sagen mir viele Coachees: „Ich muss den Katalysten in mir stärker trainieren, sonst hängen mich die neuen Leader ab!“

Manche sagen auch: „Ist hoffnungslos bei mir! Ich bin viel zu sehr Achiever!“ Das ist verständlich, aber Unsinn: Man kommt besser als Achiever zum Katalysten als umgekehrt. Denn ein Katalyst ohne Achiever-Anteile kriegt nix auf die Reihe. Eine gute Führungskraft hält alle drei Leadership-Anteile immer schön der Situation angepasst im Gleichgewicht. Viele Führungskräfte entwickeln sich auch vom Experten zum Achiever zum Katalysten – eine organische, natürliche Entwicklung, die erst beim Katalysten abgeschlossen ist.

Erst, wer alle drei Führungsanteile besitzt, trainiert hat und situativ abrufen kann, ist eine komplette Führungskraft. Wir brauchen alle Anteile jeden Tag. Das ist Führung von der Pike auf gelernt: Erst weißt du ganz viel, dann erreichst du ganz viel und dann erreichst du, dass andere ganz viel erreichen.

Dann ruderst du nicht mehr selber, sondern bist Kapitän auf dem Schiff.

Den Katalysten gehört die (digitale) Zukunft.

Bist du schon einer?

Teste deinen K-Anteil!

Führst du noch oder katalysierst du bereits? Wie viele Häkchen kannst du guten Gewissens machen? Ja, ich bin schon ein starker Katalyst,

- ❑ weil ich von den Mitarbeitenden in meinem Führungsfeld jene kenne, die hohe digitale Affinität mitbringen.
- ❑ weil ich jede neue Idee zu digitalen Produkten, Services, Apps, Anwendungen oder Geschäftsfeldern, die meine Mitarbeitenden vorschlagen, erst einmal gut finde – und nicht bekrittele, bis sie bald überhaupt nichts mehr sagen.
- ❑ weil ich trotzdem nicht auf alles Digitale aufspringe, was möglich ist, sondern erst prüfe: Passt das für uns?
- ❑ weil ich eine ziemliche hohe Frustrationstoleranz habe, wenn die Dinge mal nicht so laufen wie ich mir das vorstelle.
- ❑ weil ich auch mal, ohne dass mir ein Zacken aus der Krone fällt, einen Schritt zurück machen kann, wenn etwas schieflief oder ein Verantwortlicher nicht sofort davon begeistert ist.
- ❑ weil mir egal ist, wie oft ich „Nein!“ höre, weil nur das letztendliche „Ja!“ zählt.
- ❑ weil ich der Held der Fail Fast Culture bin: Ging was daneben? Dann wissen wir jetzt wenigstens, was nicht funktioniert. Nächster Versuch.
- ❑ weil ich Herrschaftswissen nicht für mich behalte, sondern mit andern teile und sie begeistere.
- ❑ weil ich nicht den ganzen Tag hinter verschlossener Bürotür sitze, sondern beim Management by Walking Around Ideen aufsauge und verbreite.
- ❑ weil ich sehr viele Menschen aus anderen Fachbereichen in meinem Netzwerk versammelt habe und Kontakt mit Angehörigen anderer Disziplinen habe, die mit meiner eigentlichen Expertise nichts zu tun haben.
- ❑ weil ich für die Digitale Transformation eng mit einer Universität oder Fachhochschule zusammenarbeite.
- ❑ weil ich weiß, wie man mit Mitarbeitenden und Vorgesetzten, Kollegen, Kunden und Partnern in der Supply Chain argumentieren muss, damit sie begeistert mitziehen und sich proaktiv einbringen.

- [ ] weil ich aus meinem Ökosystem nicht bloß gute Ideen rausziehe, sondern (Prinzip der Sharing Community) das System auch an meinen guten Ideen teilhaben lasse und einzelne Menschen im System regelmäßig frage: Was kann ich noch für dich tun?

Die Liste könnte weitergehen. Was fällt dir noch ein?

„‚Agil‘ ist eine Einstellung, keine Technik.
Eine Einstellung hat im Gegensatz
zur Technik keine Grenzen.“
Alistair Cockburn

7 Was ist agile?

Alle reden davon

Und alle geben vor, zu wissen, was agile (gesprochen: ätschail) ist. Wenn ein Businesskunde zum Beispiel schon zwei Stunden nach einer komplexen Anfrage einen Lösungsvorschlag vom Unternehmen erhält, sagt der Vorgesetzte zum lösungsgebenden Kundenbetreuer: „Das war jetzt agile!“ Unfug. Das war schnell. Agil war es nicht.

Weil „agil“ kein Synonym von „schnell“ ist – obwohl es viele so benutzen. Weil sie halt auch agile sein wollen. Agil ist nicht (nur) schnell.

Agil ist vielmehr das Gegenteil der klassischen Produktentwicklung: Drei Jahre Entwicklungszeit und am Ende der drei Jahre sagt der Kunde: „Nee, so hab ich mir das nicht vorgestellt!“ Agile ist eine Methode, eine Denkweise, die das abstellt. Indem sie dem Kunden nicht nach drei Jahren das fertige Ergebnis präsentiert, das ihn dann zwangsläufig entsetzt. Vielmehr präsentiert die Methode ihm ständig und immer wieder kleine Entwicklungsschritte, die er dann gegebenenfalls sofort korrigieren oder ergänzen kann. Das entspricht der eigentlichen Wortbedeutung: „Agil“ bedeutet einfach nur „geistig und körperlich gewandt, behände“.

- Agil werkelt nicht bis zum bitteren Ende im Elfenbeinturm vor sich hin, sondern in enger Zusammenarbeit mit dem Kunden/Auftraggeber.
- Agil arbeitet mit ganz kurzen Feedback-Schleifen. Der Kunde/Auftraggeber redet praktisch ständig mit.

Damit kannst du immer zeitnah und kleinschrittig auf das Kunden-Feedback eingehen, anstatt dich krampfhaft an den Projektplan zu halten und damit letztendlich ins Abseits zu laufen.

Das ist nicht alles.

Menschen vor Prozessen

Ein weiterer Agile-Grundsatz ist: Menschen und ihre Interaktionen kommen immer vor Prozessen und Tools. Zu abstrakt?

Dann am Beispiel. Im Projektmeeting sagt der Teamleiter: „Kollege, lass die Ausschweifungen, halt dich an den Projektplan!“ Und der Kollege erwidert: „Lass mich mit dem Projektplan in Ruhe! Ich habe hier ein Problem mit einem Arbeitspaketinhaber! Ich will das jetzt geklärt haben!“ Im klassischen Projektmanagement werden solche Konflikte tatsächlich tendenziell untern Teppich gekehrt – von wo aus sie dann das Projekt sabotieren. Deshalb gilt bei agile: Menschen und ihre Kommunikation vor Plänen und Prozessen!

Das heißt: Man ist beweglich genug, den Plan auch mal Plan sein zu lassen und sich um die wirklich wichtigen Dinge zu kümmern. Um das, was grad ansteht. Genau das hat die klassische BWL nämlich verlernt. Sie macht es umgekehrt: Häkchen in die Check-Box – und gut ist!

Agile dagegen sagt: Du kannst noch so lange den Meilenstein-Review im Kästchen abhaken – solange ein Arbeitspaketinhaber noch ein Problem hat, fliegt dir das später garantiert um die Ohren. Also sei so beweglich, auf das Problem hier und jetzt einzugehen. Auch wenn du keine Check-Box hast, in der du dafür ein Häkchen machen kannst! Das ist das, wovor viele Führungskräfte Angst haben.

Da passiert etwas Unvorhergesehenes, wofür es kein Check-Kästchen, keine Methode oder Vorgehensweise gibt! Das dann trotzdem zu behandeln, zu managen – das ist agile.

Agile heißt auch: Liefern, was gebraucht wird – und nicht (immer), was vorgesehen ist, auf dem Plan steht, so besprochen, immer so gemacht wurde.

Klingt eigentlich ganz vernünftig?

Gesunder Menschenverstand

Nehmen wir an, du sitzt im Review-Meeting für den aktuellen Meilenstein von eurem Projekt. Da kommt die nette Kollegin rein und sagt: „Geile neue Idee!" Die Idee hat rein gar nichts mit dem Meeting zu tun und der Projektleiter will eben schon sagen: „Wir verschieben das aufs nächste Meeting. Jetzt erst mal bitte: Abnahme des Meilensteins!" Aber das sagt er nicht.

Denn er ist agil. Deshalb sagt er: „Hört sich gut an, wir nehmen uns die Zeit, der Review läuft uns ja nicht weg." Das ist agil. Das ist gesunder Menschenverstand?

Ja, das ist es. Agile ist auch nur gesunder Menschenverstand – den die meisten von uns in den letzten Jahren gründlich verlernt haben.

Agil ist auch: Keep it simple! Denn komplex ist nicht gewandt, nicht behände, nicht flink genug.

Was agil auch noch ist: Selbstorganisierend. Keine Instanz von außen sagt: „Das müsst ihr so und so machen!" Nein, das weiß das agile Team schon selber am besten. Es weiß es und entscheidet, was zu tun ist. Das macht es sehr viel schneller und flexibler als wenn es ständig oben nachfragen muss, was es tun darf und was nicht. Auch das ist das Gegenteil zu dem, was in vielen Unternehmen praktiziert wird: Jemand ganz oben hat das entschieden, also machen wir das jetzt so, auch wenn es sich herausstellt, dass es hier ganz unten nicht wirklich funktioniert. Aber wenn er das so will, kriegt er das so ... Das ist nicht kundenorientiert. Und erfolgreich auch nicht.

Es gibt bei agile keine Verantwortungsdiffusion: Immer ist jemand anders zuständig, verantwortlich. Manche sehen ihre Kunden/Auftraggeber nur zu den Vertragsverhandlungen, wo man das Lastenheft übergibt. Nach einem Jahr sieht man sich wieder und präsentiert, was dann keiner möchte. Weil man ein Jahr lang an Situation, Kunde und Wünschen vorbeigearbeitet hat. Aber streng nach Plan und Pflichtenheft. Agile ist anders.

Agile ist enge, partnerschaftliche Zusammenarbeit. Deshalb schreibt man mit agile auch keine seitenlangen E-Mails und Dokumentationen – um sich abzusichern. Denn das braucht man nicht, wenn man so eng zusammenarbeitet. Deshalb gibt es bei agile auch keine Hidden Agenda, keine Mauscheleien und Geheimnisse. Man redet offen miteinander. So möchten wir doch alle arbeiten! Deshalb ist agile so beliebt – dort, wo es tatsächlich praktiziert und nicht bloß so genannt wird.

*„Kein technischer Fortschritt
enthebt uns der Verantwortung,
als Führungskraft Vorbild zu sein."*
*Miriam Meckel,
Herausgeberin der WirtschaftsWoche*

8 Wie geht Digitale Transformation?

Was machst du jetzt konkret?

Alle reden über die Digitale Transformation: enthusiastisch, sorgenvoll, optimistisch, pessimistisch. Fehlt leider nur ein Adjektiv: konkret.

„Unser Vorstand kann stundenlang über die Digitale Transformation referieren", sagt ein Mittelmanager in einem großen Unternehmen, „ohne auch nur ein einziges konkretes Wort dabei zu benutzen." Der Vorstand hält eine Vorlesung über Digitale Transformation, aber seine Führungskräfte haben ganz andere Fragen:

- Der Worte sind genug gewechselt, lasst uns nun endlich Taten sehen: Welche? Womit? Wie?
- Was packen wir als nächstes an und wie packen wir es an?
- What to do on Monday morning!
- Was konkret sollen wir jetzt tun?

Niemand beantwortet den Führungskräften diese Fragen. „Ganz oben" hofft man wohl, dass sie von selber auf die Antworten kommen. Man „hofft"? Seit wann ist Hoffnung eine Management-Methode?

Die meisten Führungskräfte finden keine Antworten auf die Fragen. Weil sie überhaupt nicht suchen.

Betrachten wir den typischen Abteilungsleiter: engagiert, kompetent, erfahren, mit etwas angelesenem Wissen zur Digitalisierung und vagen Vorstellungen über die Transformation. Acht MitarbeiterInnen in seinem Team. Dieses Team erledigt viele

Aufgaben, von denen ein aufmerksamer Zeitungsleser und Internet-Surfer mit an Sicherheit grenzender Wahrscheinlichkeit annehmen kann, dass sie in circa fünf Jahren Bots und Roboter machen. Schonungslos formuliert: In fünf Jahren verlieren alle in der Abteilung ihren Job. Schockschwerenot! Was macht man da?

Nichts.

Kein Grund, sich Vorwürfe zu machen: Das ist normal. So läuft die legendäre Digitale Transformation in der Praxis ab. Meistens. Denn die besagte Abteilung hat ja heute noch ihre Arbeit. Und genug davon. Sie bearbeitet weiterhin wie üblich Aufträge und Kundenanfragen, kümmert sich um die verkaufte Technik und ist im Übrigen felsenfest überzeugt: „Digitale Transformation? Das macht bei uns die IT!“ Wow. Wenn ich in fünf Jahren meinen Job verliere, muss es dann ausgerechnet wegen so eines Irrtums sein?

Das frage ich den Abteilungsleiter.

Das große Tabu der Transformation

Ich konfrontiere ihn, zugegeben, leicht unsanft mit den Tatsachen, wie sie sich in fünf Jahren präsentieren werden. Das ist der erste Schritt in der konkreten Realisation der Transformation: So sollte man/frau immer beginnen. Mit einem schonungslosen Blick in die Zukunft. Der Abteilungsleiter und ich werfen diesen Blick in die Zukunft. Daraufhin sagt er nicht: „Ach, das ist doch noch lange hin.“ Oder: „So genau kann man das nicht sagen!“ Sondern: „Wir sind nicht blöd. Ich glaube, in der Abteilung ahnen das alle. Unterschwellig. Davon zeugt auch der Krankenstand."

Dieser ging in den letzten Monaten deutlich nach oben. Ohne aktuellen Grund. Weil der Grund nicht in der Gegenwart, sondern in der Zukunft liegt: Die Gesundheit leidet, wenn man ahnt, dass man bald seinen Job los ist. Also frage ich den Abteilungsleiter – und das ist der zweite Schritt in der konkreten Realisation der Transformation:

„Und? Was wollt ihr jetzt konkret machen?“
„Keine Ahnung. Ideen haben wir keine dazu. Es kümmert sich auch keiner darum.“ Warum auch? Warum sollte sich zum Beispiel

der Vorstand um sowas kümmern? Der Vorstand schafft in fünf Jahren die Abteilung ab und gut ist.

„Wenn das also doch wieder an dir hängen bleibt: Was hast du dir als Abteilungsleiter überlegt, wie das konkret weitergehen soll?“
„Ehrliche Antwort? Keine Ahnung.“
„Wann willst du anfangen, darüber nachzudenken?“
„Dito: keine Ahnung.“

So geht es vielen, wenn nicht den meisten. Darüber redet bloß keiner. Die Medien schreiben nicht darüber (weil ihnen der Einblick und der Mut zum Tabubruch fehlt). Das ist das große Tabu der Transformation.

Der besagte Abteilungsleiter ist kein schlechter Vorgesetzter. Er sieht den D-Zug auf sich zukommen – aber was soll er machen? Genau das: sich diese Frage stellen. Am runden Tisch. Das machen wir. Das ist der dritte konkrete Schritt.

Wir setzen uns alle an einen Tisch, die ganze Abteilung und listen systematisch auf: Welche Fähigkeiten sind in der Abteilung vorhanden, die man auch gut in der Digitalen Transformation nutzen kann?

Auf der Liste erscheint zum Beispiel: Die Abteilung ist hundertprozentig kundenorientiert, weil sie praktisch pausenlos mit Kunden arbeitet. Alle in der Abteilung wollen Kunden helfen, diese unterstützen, ihre Technik warten und pflegen. Das sind genau jene Dinge, die auch in der Transformation laufen. Wenn künftig der Bot die Standard-Kundenanfragen erledigt, kann sich der Mensch um andere Dinge kümmern: um spezielle Kundenanfragen, Extrawünsche, Luxus-Aufträge, die bislang mangels Kapazität zu kurz kamen. Aber dafür darf man nicht fünf Jahre warten. Das muss jetzt aufgeschient, geplant und organisiert werden. Das ist der vierte Schritt. Vor allem: Das muss man dem Kunden erst mal beibringen. Auch das ist eine konkrete Maßnahme, die fünfte.

Der Kunde wird zu Tode transformiert

Vor kurzem hat das geschilderte Unternehmen eine neue Online-Plattform eingeführt. Seither sind die Kunden einigermaßen verwirrt: „Wie – dürfen wir jetzt nicht mehr anrufen? Unsere Anfragen sollen neuerdings alle über die Plattform abgewickelt werden – aber heißt das, menschliche Kundenberater stehen nicht mehr zur Verfügung?“ Niemand erklärt das den Kunden. Am allerwenigsten die Plattform („digital“ ist kein Synonym für „intelligent“).

Auf der anderen Seite ist der Vorstand auch nicht von gestern und sagt: „Mit der Plattform habt ihr in der Abteilung jetzt mehr Zeit für neue, besonders renditestarke Kunden-Services – verkauft die mal ordentlich, hier sind die Zielzahlen!“ Nun sind die Kunden völlig perplex: „Einerseits sagt ihr uns, wir dürfen nicht mehr anrufen, weil die Antworten auf unsere Anfragen jetzt von der Plattform kommen, andererseits sollen wir euch viel mehr als früher anrufen – watt denn nu?“

Das Unternehmen transformiert sich in die Zukunft, aber lässt seine Kunden in der Vergangenheit zurück. Niemand hat sich die Mühe gemacht, die Kunden nicht nur zu informieren, sondern ihnen das Ganze so zu erklären, dass es auch und vor allem aus Kundensicht Sinn macht. Man hat die Transformation mit einem neuen Produkt verwechselt: Man wirft es auf den Markt und die Kunden werden es sich schon zusammenreimen. Das tun sie ganz offensichtlich nicht. Warum sollte der Kunde sich etwas zusammenreimen, wenn er das Unternehmen auch boykottieren und substituieren kann?

Seit dem Abteilungsleiter diese fatalen Zusammenhänge immer klarer werden, ist er schlauer als sein Vorstand. Er weiß jetzt, was sein nächster konkreter Schritt der Transformation ist: seinen Kunden die Transformation verklickern. Er lässt sämtliche MitarbeiterInnen sämtlichen Kunden erklären: „Die neue Plattform ist für 80 Prozent eurer Standardanfragen schneller als ein Kundenberater am Telefon. Außerdem ist sie 24/7 erreichbar; auch nachts, auch am Wochenende! Und ihr könnt darauf alles selber steuern. Die Wartezeiten sind geringer bis nicht vorhanden. Und weil es die Plattform gibt, haben wir jetzt viel mehr Zeit für eure Sonder- und Extrawünsche! Also lasst sie hören!“ Das verstehen die Kunden. Weil ihnen jemand die Transformation erklärt. Ganz konkret. Anhand ihrer konkreten Anwendungen und Anliegen. Das ist selten.

Vor allem in den Medien.

Die verkaufen dich für dumm

Die meisten Medien und das Internet berichten oft, gerne und schlagzeilenträchtig vom „Job-Massensterben wegen der Digitalisierung!". Sie drohen mit Millionen verlorener Jobs, schreiben übers bedingungslose Grundeinkommen wegen der digitalen Massenarbeitslosigkeit. Das ist alles besorgniserregend und empörend – aber das hilft ja nicht.

Leider werden auf diese pauschale, vage, abstrakte und nebulöse Art auch die meisten Führungskräfte über die Digitale Transformation informiert – und Ende der Kommunikation. Dass eine gute Führungskraft genau da eben kein Ende setzen darf, sondern weiterdenken, weiterkommunizieren muss, das sagt den Führungskräften keiner. Deshalb kommen dann auch die Massenentlassungen – und nicht wegen der Transformation. Daher hat die Digitale Transformation ihren schlechten Ruf als Job-Killer. Dabei ist der Job-Mord nicht zwangsläufig. Man könnte ihn gut und gerne vermeiden. Aber das müsste man jetzt tun. Und nicht erst in fünf Jahren, wenn die Bots kommen, das autonome Fahren, die Künstliche Intelligenz und die Vollrobotisierung.

Oft muss ich Führungskräfte erst einmal aus der Schockstarre „Das ist alles ganz fürchterlich und schrecklich!" heraus coachen. Heraus aus der unbewussten, aber (daher) umso wirksameren Einstellung: „Ich verkrümle mich in den dunklen Schrank und warte, bis alles vorüber ist und ich vielleicht doch nicht gekündigt werde." Oft reicht schon der wiederholte Appell: „Komm raus aus deiner Ecke! Ergreife die Chance! Du kannst, darfst und sollst die Digitalisierung mitgestalten. Du hast diese Möglichkeit. Du hast den nötigen Einfluss. Nutze ihn!" Man wird nicht alle Mitarbeitenden behalten können. Aber wenn du jetzt nichts machst, wird man keinen behalten können – und dich auch nicht.

Du kannst und sollst vorausdenken und eine Atmosphäre schaffen, in der Vorausdenken auch für deine Mitarbeiter okay ist. Du kannst und wirst erste digitale Akzente setzen und hier und da etwas Neues, Digitales anfangen; auch wenn es erst mal weh tut. Das ist Führung. Deshalb bist du Führungskraft. Führen bedeutet Vorangehen. Mutig. Offen. Zuversichtlich. Konkret. Transparent.

Mit externer Unterstützung. Als Inspiration und Vorbild für alle anderen.

Mit welchem Führungsstil?

Welcher Führungsstil?

Führungskräfte fragen gerne nach dem optimalen, allerbestesten Führungsstil. Für die Digitale Transformation ist der Stil klar:

Weg vom Managen von Tasks & Topics und hin zu: Probieren wir das (Digitale) doch mal aus! Wir machen eine Expedition zur Terra Incognita! Was braucht ihr dazu?

Natürlich werden auch weiterhin Tasks & Topics abgearbeitet werden (müssen)! Aber eben nicht mehr ausschließlich, unter Ausschluss aller digitaler Ideen, Ansätze und Gedanken.

Man kann die Transformation nicht als Häkchen auf der Checkliste abhaken – also bleibt sie beim Tasks&Topics-Führungsstil meist liegen. Um nicht nur Aufgaben und Themen abzuarbeiten, sondern auch mal was Neues, Digitales auszuprobieren, braucht es Neugier, Interesse und Mut.

Stattdessen erlebe ich im Management quer durch alle Branchen und Unternehmensgrößen oft Schockstarre, Trotz, Aggression, Pfeifen im Walde, Resignation, Abwarten, toter Mann spielen, hoffen, dass auch das vorübergehen möge und dass es nicht so schlimm wird wie alle befürchten. Und über die Millennials und Digital Natives schimpfen, die nicht arbeiten wollen, sondern bloß immer nur mit ihren Tablets in irgendeiner dunklen Ecke lümmeln.

Ich verstehe, dass man darüber schimpfen kann. Es hilft bloß nichts. Besser wäre, Brücken zu schlagen.

*„Wir müssen dafür sorgen,
dass die Brücke nicht schmaler ist als der Fluss."*
Sophokles

9 Bist du Brückenbauer?

Altes mit Neuem verbinden

Von dieser Job Description hast du noch nie etwas gehört? Ja, über das wirklich Wichtige hört man selten was. Der Brückenbauer ist für den Erfolg und die Leichtigkeit der Digitalen Transformation zentral.

Es gibt noch wenige Brückenbauer, aber es gibt sie. Der Brückenbauer verbindet Altes mit Neuem. Er oder sie ermutigt jene, die digitales Interesse haben, auch mal was Neues auszuprobieren, auch Mehraufwand dafür zu treiben, erst mal die Anstrengung auf sich zu nehmen, Neues zu lernen. Das braucht Ermutigung. Der Brückenbauer gibt sie. Das ist auch nötig.

Denn für viele Menschen ist nach dem Schulabschluss das Thema „Lernen" (unten) durch. Ich höre das oft in der Praxis: „Ich habe bereits einen Abschluss als …! Warum sollte ich jetzt noch ein Zusatzstudium in Digitalismus ablegen?!" Verstehe ich gut. Einziger Haken: Famous last words. Mit solchen Sprüchen besiegelt man/frau die eigene Hoffnungslosigkeit, sein Schicksal als Transformationsopfer. Wer nicht lernen will, wird spüren. Warum wollen viele von uns nicht mehr lernen?

Weil wir stolz sind. Stolz auf unsere Produkte, unsere Qualität, auf das Wohlwollen unserer Kunden, auf Made in Germany. Das sind alles schöne Erfolge, aber: Wir reduzieren uns darauf. Auf Erfolge der Gegenwart. Das sind aber leider absehbar keine Erfolge der Zukunft. Du erkennst das klar? Chapeau! Wie bringt man das jetzt den eigenen Mitarbeitern, Kunden und Vorgesetzten bei? Das werde ich oft gefragt und: „Wie schaffen das die KollegInnen, die das schon erfolgreich machen?"

Anders gefragt: Was kann der ideale Brückenbauer?

Der ideale Bridge Builder ist natürlich auch hoch fachkompetent. Aber bei (je)der Transformation ist das erst mal nicht so entscheidend. Entscheidend ist: Der ideale Brückenbauer ist spitzenresilient, hat eine extrem hohe Frustrationstoleranz, ist stark intrinsisch motiviert.

Das muss er sein, weil er täglich mit einer Flut von Ja-Abers, Ja-Vielleicht-späters, von Absagen und Vertröstungen konfrontiert wird und trotzdem oder gerade deshalb nicht seine Energie, seine Richtung und seinen Willen verliert. Im Gegenteil: Adversity strengthens, Widrigkeiten stärken. Per aspera ad astra – durch Mühsal zu den Sternen. Der Brückenbauer verliert nie seinen Mut, nie seine Hoffnung, behält immer seinen Drive, seinen Esprit, seinen Elan. Warum? Weil er auf Speed ist? Weil er damit geboren wurde?

Damit wird man nicht geboren

Niemand wird als Brückenbauer geboren. Brückenbauen ist eine Fähigkeit. Wie Tennisspielen. Auch Roger Federer wurde nicht mit dem Racket am Arm geboren. Mut und Resilienz sind Fähigkeiten, für die es nur eine Art des Erwerbs gibt: Training. Auf welche Art und Weise du trainierst, ist deine freie Wahl.

In vielen Unternehmen sind bereits Brückenbauer unterwegs. Ganz inoffiziell. Niemand hat sie ernannt. Sie sind wie Clint Eastwood: Wenn eine unruhige Stadt keinen Sheriff hat, pinnt sich Dirty Harry den Stern eben selber an die Brust. Oft sagen mir Sheriffs: „Ich mache das wirklich gerne – aber es laugt aus, wenn du der einsame Rufer in der Wüste bist!“

Deshalb haben sich Sheriffs, die das schon länger machen, einen Kreis aus Inhouse-Mitstreitern zugelegt: aus vielen Fachbereichen. In diesem Kreis laden sie ihren Akku wieder auf. Denn Vorgesetzten und KollegInnen die Digitale Transformation zu erklären, bleibt ganz schön in den Knochen hängen und lähmt oft auch. Weil man immer und immer wieder neuen Anlauf nehmen muss. Weil man ständig gegen Widerstände rennt. Weil man die Leute alle Nase lang wieder einfangen muss. Der Brückenbauer sieht das nicht als Belastung, sondern als schöne Aufgabe, lohnende Herausforderung, attraktiven Wettbewerb. Aus der Belastung eine Herausforderung machen? Das nennt man übrigens Reframing. Noch so eine Fähigkeit, die Brückenbauer auszeichnet. Und noch einmal: Der einzige Weg, sich diese Fähigkeiten anzueignen, ist Training.

Erfahrene Sheriffs und Brückenbauer haben auch die richtigen Player im Unternehmen gefunden und für ihre Ziele aktiviert: Entscheider, die was zu sagen haben und sich für die Digitale Transformation stark machen. Mit diesen arbeiten sie eng zusammen, auch über Funktionsgrenzen hinweg. Wobei arbeiten sie zusammen? Was arbeiten sie überhaupt? Sie arbeiten an Initiativen.

„Die Welt verleiht ihre höchsten Preise
– sei es Geld, seien es Ehren –
lediglich für eine Sache:
Für Initiative. Was ist Initiative?
Es ist die richtige Sache zu tun,
ohne dazu aufgefordert zu sein."
Elbert G. Hubbard

10 Nimm die Initiativlösung!

Warum macht das alles nicht der CDO?

Viele Unternehmen und Führungskräfte verlassen sich bei der Digitalen Transformation auf den CDO, den Chief Digital Officer, oder die IT-Abteilung: Die sollen es richten! Dafür sind sie schließlich da! Dafür werden die bezahlt. Leider funktioniert das nicht, wie wir täglich sehen.

Der CDO ist ein Tropfen Digitales im Ozean des Analogen: Der Tropfen macht den Kohl nicht fett. Sich auf den CDO oder die IT'ler zu verlassen, ist institutionelles Versagen. Das ist wie Outsourcing (s.o. Kapitel 5): Not invented here. Der CDO kommt meist von außen, wird also von den Insidern und alten Hasen in der Regel ignoriert oder belächelt. Die Leute aus der eigenen IT kennen das seit Jahren. Selbst wenn das nicht der Fall wäre: Die Digitale Transformation lässt sich nicht in irgendeine Abteilung stecken, weil sie alle Abteilungen transformieren wird. Deshalb müssen alle initiativ werden. Das ist das Stichwort.

Viele Digitalinitiativen entstehen täglich von selbst, in (fast) jedem Unternehmen. Oft haben sie noch nicht einmal etwas mit den hehren Plänen von ganz oben zur berüchtigten Digitalen Strategie zu tun. Es sind vielmehr Leute wie du und ich, an der Basis, im Mittelmanagement, die sagen: „Ich hab da eine tolle Idee! Könnte was werden. Was Digitales." Und sie legen los.

Auf diese Weise entstehen kleine, agile (s.o. Kapitel 7), informelle Einheiten im Unternehmen, die sich in der Arbeitsgruppe, auf einen Kaffee oder zum Mittagessen treffen und dabei die Idee weiterspinnen. Selbstorganisiert. Ohne dass einer „von oben" das befohlen hätte oder monitoren oder gar motivieren würde. Ein inoffizielles Schlauchboot, um im Sprachgebrauch der Digitalisierung zu bleiben. Small is beautiful.

Je weiter die Idee reift und sich als rentabel und realisierbar herausstellt, desto stärker wechseln die Initiativteams zu: Think big!

Von der Initiative zum Konzept: Think big!

Entwickelt sich die Idee gut, merkt das Initiativteam schnell: Da müssen wir jetzt konzeptionell ran, sonst wird das zu komplex. Wen holen wir dafür noch rein? Wen könnten wir als Sponsor gewinnen? Wie kriegen wir Budget? Ressourcen? Das alles hört sich wie Organisationsanarchie an?

Natürlich gibt es auch Unternehmen, die solche Initiativen als „anarchischen Wildwuchs“ bezeichnen und sie verbieten, sich aber gleichzeitig darüber beschweren, dass „die Mitarbeiter so lustlos und passiv“ sind. Wir müssen nicht über solche Unternehmen reden. In fünf Jahren tut das ohnehin niemand mehr. Reden wir vielmehr über jene Unternehmen, die sogar digitale Plattformen und eigene Communities anregen und ermöglichen, damit sich solche Initiativgruppen bilden und untereinander austauschen können. Auch das ist der Digital Spirit (s.o. Kapitel 4).

Wer klug ist, lässt solche Digitalinitiativen laufen. Viele Unternehmen sind nicht so klug. Sie ersticken Initiativen im Keim, betrachten sie als revolutionäre Zelle. Damit hat sich die Digitale Transformation erledigt. Denn wenn die Geschäftsleitung dann ihrerseits eine Initiative startet, machen natürlich ausgerechnet jene mit dem größten Know-how und der stärksten Motivation nicht mit: die Initiativen, die verboten wurden. Klug ist das nicht.

Klüger ist, alle Initiativen erst mal laufen zu lassen, aber natürlich immer ein Auge drauf zu haben. Freie Hand zu geben, aber immer mitzubekommen, was gerade in welcher Initiative passiert. In der Regel machen diese Initiativen genau das, was im großen System fehlt – sonst würden sie es nicht tun. Sie holen Neues von draußen rein, bringen Ideen ein, entwickeln sie. Und wenn sie das tun, bringen sie dabei immer den nötigen Stallgeruch mit – der den externen Beratern, meist auch dem CDO und seltsamerweise vielen IT-Abteilungen fehlt. Die Initiativen bieten etwas, das weder externe Berater noch viele CDO's bieten können: Digitale Lösungen, die zum eigenen Unternehmen passen, zur herrschenden Kultur, zu Struktur und Prozessen, was automatisch eine höhere Akzeptanz sichert. Und erst mal kein Geld kostet. Die meisten Initiativen beanspruchen in der ersten Phase lediglich ESD-Kosten, Eh' schon da-Kosten, also kein Budget. Doch der Wert, den sie dabei generieren, ist in der Regel enorm. Plus: Die Initianten sind hoch motiviert und mächtig empowert.

Trotzdem muss man solche Initiativen natürlich auch führen.

Initiativen führen

Damit eine Initiative nicht zu einem Kaffeekränzchen verrutscht, muss ab einem bestimmten Punkt der Initiativentwicklung eine Führungskraft sagen: „Wir setzen uns mal zusammen und dann sagt ihr mir, was genau euer Thema ist, welche Lösung ihr anstrebt und entweder gibt es dann das nötige Budget dafür oder wir setzen den Deckel drauf, weil es keinen Wertbeitrag fürs Unternehmen einbringt und ihr sucht euch ein neues Thema." Natürlich geschieht das im gegenseitigen Einvernehmen. Aber es sollte geschehen.

Wenn kein Deckel draufkommt, schient man die Initiative dann so auf, dass sie auch Aussicht auf Erfolg hat. Man gibt ihr ein Budget und die nötigen Leute. Man gibt ihr die interne Unterstützung einer Führungskraft und die externe Unterstützung eines Scrum Masters oder eines Agile Coaches. Man macht aus der Initiative ein Projekt. Und achtet immer darauf, dass trotz all dieser unterstützenden Maßnahmen die Leute in der Initiative nicht demotiviert werden, weil sie das Gefühl bekommen, es werde von oben reinregiert. Manche Chefs überfordert das.

Manche nicht. In vielen Initiativen treffe ich auf Chefs, die im Meeting drinsitzen, aber nicht den Chef raushängen lassen. Einige sagen sogar: „Ich bin hier nicht als euer Chef! Ich will lediglich meinen Beitrag zur Initiative leisten. Also sagt, wenn ich was für euch tun kann." Im analogen Business ist so ein Chef unbrauchbar bis undenkbar. In der digitalen Welt ist er der Hit, der Bringer, der Star. Und der Chef kann so viel für „seine" Initiativen tun.

Er kann ihnen in der Hierarchie die Türen öffnen. Er kann andere Funktionen für sie anwärmen. Er kann Brücken bauen zwischen alter Struktur und neuer Initiative. Warum sollte das ein Chef tun?

Denn zunächst macht ihm das natürlich Mehraufwand. Doch am Ende fällt der Erfolg seiner Initiativen natürlich auf ihn zurück. Außerdem sagen viele Chefs: „In den Initiativen kann ich mich so richtig austoben! Ich bin nämlich auch nicht der Typ für pausenlose Routine-Jobs.“ Der Pessimist macht aus jeder Chance eine Bedrohung. Der Optimist macht aus jeder Bedrohung eine Chance.

„Da sich laut der Quadriga-Studie
zudem die Anzahl der CDOs
in der DACH-Region
im vergangenen Jahr zwar verdoppelt hat,
diese aber in vielen Fällen mit gleichbleibenden
oder sogar reduzierten Ressourcen arbeiten müssen,
stellt sich die Frage, ob der digitale Heilsbringer
dadurch nicht zum ‚zahnlosen Tiger' verkommt."
Harald Schirmer und Sebastian Hollmann
im IBM THINK Blog DACH

11 Brauchst du einen CDO?

Ein schöner Irrtum

Viele Unternehmen holen sich einen Star ins Haus: einen Celebrity Chief Digital Officer von Google oder Microsoft oder einem anderen berühmten Digital Player. Der „Chief Do it all-Officer", wie er auch genannt wird, soll es richten. Weil er berühmt ist und von einem Super-Startup kommt. Damit sind alle Probleme gelöst. Ein schöner Irrtum. Denn der Promi-CDO ist meist

- mit zu wenig Ressourcen ausgestattet
- mit zu wenig Kompetenzen versehen
- ohne Weisungsbefugnis gegenüber den Bereichsfürsten, von denen viele – nicht ohne Grund – gegen ihn mauern.
- mit zu wenig Kenntnis der Technik, Struktur und der Produkte seines neuen Unternehmens ausgestattet
- halt jemand „von draußen" und wird damit Opfer des Not invented here-Syndroms. Er hat nicht den Stallgeruch.
- jemand, der „Geld kostet", was ihm jene Fachbereiche, die Geld reinbringen, ständig unter die Nase reiben und ihn deshalb ignorieren
- folgerichtig auf verlorenem Posten
- ein Papiertiger.

Spricht der CDO angesichts seiner Machtlosigkeit ein Machtwort, lassen ihn Kollegen und Basis kalt abblitzen: „Was will der denn jetzt wieder?" Er ist nicht integriert. Ein Fremdkörper im Unternehmen, ein Opfer des Culture Clash. Ständig wirft man ihm vor: „Das hat vielleicht bei Ihrem Startup funktioniert, aber das funktioniert nicht in einem richtigen Unternehmen wie unserem!" Was oft leider auch stimmt: Der CDO war ein Genie am MIT und ging nach Summa cum laude-Abschluss direkt ins Silicon Valley. Ein „richtiges" Unternehmen hat er nie gesehen, gekannt, drin gearbeitet. Deshalb reiben ihm das jetzt alle unter die Nase.

Sie sagen: „Du hast ja keine Ahnung von unserem Business. Du haust das Geld raus, das wir erst sauer verdienen müssen. Du kostest nur und bringst nichts. Wir haben keine Zeit für deine seltsamen Ideen, denn wir müssen uns um Kunden und Aufträge kümmern." Damit ist nicht nur der CDO am Ende (der trotzdem meist munter weiterbeschäftigt wird), sondern vor allem die Digitale Transformation. Das gibt bloß keiner zu. Der kaltgestellte CDO in seinem DTO (Digital Transformation Office) rödelt weiter lustig in seiner Filterblase vor sich hin, in einem Paralleluniversum.

Der CDO in der Blubberblase

Der kaltgestellte CDO sitzt munter in seiner Echokammer und startet ein digitales Projekt nach dem andern – aber die Projekte laufen alle neben dem System her. Sie kommen wegen der oben genannten Vorbehalten nicht ins System rein. Mit seinem DTO-Team überlegt sich der CDO ganz viele schöne, tolle, neue Sachen, die allesamt zu U-Boot-Projekten werden: Laufen mit Pomp und Posaunen vom Stapel, tauchen unter und waren nimmer gesehen.

Oft ist der CDO selber schuld. Er kommt aus einem Startup, aber sitzt jetzt in einem Unternehmen mit 140-jähriger Tradition. Er weiß das. Aber er weiß nicht, welche kulturellen Konsequenzen das nach sich zieht, die er täglich ignoriert. Er kann diese Kultur nicht managen, weil er sie nie gekannt hat. Es gibt eben Dinge, die lernt man nicht mal am MIT – oder am allerwenigsten am MIT.

Das alles ist zwar äußerst peinlich und du und ich könnten uns tagelang über die vielen gescheiterten und gut bezahlten CDO's lustig machen. Aber am Ende des Tages heißt die Schlussfolgerung wohl:

Niemand braucht einen CDO!

Richtig?

Du brauchst einen CDO!

Der muss nicht so heißen. Der wird aller Wahrscheinlichkeit bei den meisten Unternehmen nicht so heißen, weil: Wer kann so eine C-Position schon bezahlen?

Aber du brauchst einen Mann, eine Frau, der oder die deine Digitale Transformation in die Hand nimmt. Aus einem einfachen Grund:

Gemacht wird, wofür eine(r) zuständig ist.

Wenn alle dafür zuständig sind, passiert genauso wenig als wenn niemand dafür zuständig ist. Also hol dir einen Verantwortlichen. Wenn von draußen, dann bitte keinen Renommierkandidaten. Weitaus erfolgreicher agieren Eigengewächse: Die kennt jeder im Haus. Die wissen wie der Laden läuft. Die leiden nicht unter dem Not invented here-Syndrom. Und nicht immer ist der IT-Leiter der beste Kandidat. Denn viele IT-Abteilungen sind seit Jahren Fremdkörper im eigenen Unternehmen. Der CDO, oder wie auch immer du ihn nennen magst, sollte stattdessen eine Integrationsfigur sein, der alle oder zumindest die kritische Masse Respekt entgegenbringen.

Es muss nicht immer eine(r) aus dem eigenen Hause sein, auch eine(r) aus der Branche oder aus einem ähnlichen Unternehmen einer fremden Branche geht. Denn alle diese Kandidaten kennen dein System, deine Struktur, deine Prozesse, deine Kultur und Sprache. Sie sprechen deine Sprache. Geht es nicht auch ohne CDO?

Doch, geht es. Dann sind wieder alle verantwortlich für die Transformation. Und wenn alle verantwortlich sind, ist keiner verantwortlich. Es sei denn, die Geschäftsleitung regelt klipp und klar: „Damit ihr das auch macht, widmet ihr den Themen A, B und C jede Woche X Prozent eurer Arbeitszeit!“ Das klappt, wenn dieses X kontrolliert wird. Was passiert dann?

Ja, natürlich: Wenn das vereinbart und kontrolliert wird, dann werden auch Themen, die Geld einbringen, hinter den digitalen

Themen zurückstehen müssen – und genau das überfordert viele Unternehmen. Sobald ein Geldthema bedroht ist, hat plötzlich niemand mehr Zeit für die Transformation – und niemand kontrolliert und maßregelt das. Dann ist die Transformation erledigt. Wenn dagegen die Vorgesetzten sagen: „Ja, jetzt machen Sie erst das digitale Thema und der Kunde wartet dann eben noch einen Tag!" – dann und nur dann wird transformiert. Ich kenne übrigens einige Vorgesetzte, die genau das sagen ... Doch selbst das ist ein ständiger Kampf mit dem Operativen und dem Geldverdienen.

Deshalb ist es für die meisten Unternehmen besser, wenn ein digitales Arbeitsteam, das unbehelligt vom Operativen agieren kann, sich ums Digitale kümmert: eben das DTO, das Digital Transformation Office mit seinem Team. Dieses Team transformiert wirklich, weil es nicht vom Operativen aufgehalten wird.

Trotzdem hat auch dieses Team das Problem, dass die Manager und Mitarbeitenden in der Linie ständig mauern: „Tut uns leid, keine Zeit, vielleicht nächstes Quartal." Ein gutes DTO überwindet dieses Hindernis, indem es viel Akzeptanz schafft fürs Transformative. Akzeptanz- und Begeisterungsfähigkeit ist eine Einstellungsvoraussetzung fürs DTO: Steck nur Leute ins DTO, die begeistern können!

„Fail faster. Succeed sooner."
David Kelley

12 Was ist Fail Fast?

Wie bitte? Wir sollen schneller Fehler machen?

Das soll wichtig sein für die Digitale Transformation? Dass man Fehler macht und auch noch schnell? Das ist für die meisten der heftigste Schock der Transformation.

Weil man uns die letzten hundert Jahre gnadenlos auf Six Sigma, Nullfehlertoleranz, First Time Right und 120-prozentige Sollerfüllung getrimmt hat. Wenn man dann „Fail Fast!" hört, denkt man, man ist im Wald.

Das löst erst mal eine Existenzkrise aus: Wo bleibt dann „Qualität Made in Germany"? Deshalb traut man sich nicht, Fehler zu machen. Und auch noch absichtlich. Oder schnell. „Warum müssen wir überhaupt Fehler machen?", fragen viele.

Weil die Digitalisierung neu ist. Und bei allem Neuen machen wir Fehler. Immer. Das ist unvermeidlich. Die ersten Einheiten jeder Charge sind Ausschuss – das weiß man. Bis alle Maschinen laufen, kalibriert sind und die Prozesse oder die Rezeptur abgestimmt ist, produziert man erst mal einige Einheiten Müll. Das weiß jeder Maschinenführer. Bei der Digitalisierung vergessen wir das oft.

Also sagt der Digital Spirit: Wenn du schon bei allem Neuen Fehler machen wirst – dann mach sie schneller! Damit du schneller Markterfolg hast! Das klingt einleuchtend, doch das machen viele nicht.

Denn um das Einleuchtende zu tun, müsste man bereits Beta-Versionen von digitalen Diensten dem Kunden geben. Also fehlerhafte Produkte! Lieber würde ein Ingenieur alter Schule drei Tage zu kleine Schuhe tragen als so ein „Verbrechen" zu begehen. Doch beim Digitalen ist eben oft die Beta-Version die schnellste Art, Fehler zu machen. Wenn man erst bis zum fertigen

Produkt weiterentwickelt und der Kunde erst nach der Markteinführung mit seiner Mängelliste kommt, lernt man zwar auch noch aus seinen Fehlern, aber eben nicht schnell genug. Wie du sicher bemerkt haben wirst, läuft das Ganze auf schnelles Feedback hinaus.

Fast Feedback

Viele Projektteams entwickeln auch heute noch zwei Jahre vor sich hin, lassen zwar brav ihre Meilensteine abnehmen, aber zeigen das fertige Ergebnis dem Kunden erst am Endtermin, an welchem der Kunde dann oft bis meist sagt: „Das habe ich mir aber ganz anders vorgestellt!" Auch das ist ein Fail. Aber eben kein Fast Fail. Viel zu spät gefailt. Nun liegt das Kind schon im Brunnen.

Fail Fast sagt: Bezieh den Kunden nicht erst nach zwei Jahren, sondern schon nach zwei Wochen so eng mit ein, dass er es dir gleich sagen kannst, wenn du aus dem Ruder läufst – und nicht erst nach zwei Jahren! Steve Jobs war ein Meister von Fail Fast.

Als es darum ging, ob das iPad Marktchancen hätte, entwickelten seine Entwickler nicht drei Jahre vor sich hin. Steve Jobs stellte sich vielmehr bei einer seiner berühmten Präsentationen auf die Bühne, hielt einen A4-Umschlag hoch und fragte: „Wollt ihr einen Computer, der nur so klein ist?" Applaus brandete auf. Dann zog er aus dem Umschlag einen noch viel kleineren Dummy (nur eine leere Hülle) des geplanten iPad und fragte: „Und wenn der Computer nur so klein wäre?" Noch mehr Applaus. Erst danach machten sich Dutzende Entwickler an die Entwicklung. Hört sich logisch an. Warum machen das dann nicht alle längst?

Weil wir alle verliebt sind in unser Produkt, unsere Qualität, unsere Tradition und Expertise. So verliebt, dass wir den Kunden vergessen, der das Produkt vielleicht gar nicht will. Oder nicht so will, wie wir es uns gedacht haben. Aber erst bei der Markteinführung kriegt er dann die Chance, „Fail!" zu rufen. Zu spät. Lieber schon früher.

Das meint Fail Fast: In kleinen Schritten Hand in Hand mit dem Kunden von der Idee über den Prototyp bis hin zum fertigen Produkt. Ganze Industrien machen noch das Gegenteil.

Wenn zum Beispiel Automobilgiganten neue Modelle im normalen Straßenverkehr testen, dann meist in Form eines „Erlkönigs“: Das neue Modell unter der Karosserie eines alten. Damit ja bloß keiner sieht, was in zwei Jahren herauskommen soll.

Fail Fast macht das umgekehrt, stellt die Betaversion vom neuen Produkt vor einen Supermarkt und fragt die Passanten: „Wenn das unser neues Modell wäre – wie würde euch das gefallen?“ Wenn die Kunden dann was zu meckern haben, meckern sie viel früher als wenn sie das neue Produkt erst bei der Markteinführung verschmähen. Das ist so etwas Ähnliches wie Open Innovation oder Crowd Development. Aber auch das schmeckt nicht allen.

Weil sie sagen: „Ich bin aber der Experte und nicht der Kunde! Was weiß der Kunde schon!“ Steve Jobs wollte es wissen. Deshalb war er so erfolgreich. Geht man dagegen den Expertenweg, kommen Produkte zustande, die overdesignt sind und zu viel Funktionalität bietet, die den Kunden bloß verwirrt. Er wäre schon mit viel weniger glücklich gewesen. Es hat ihn bloß niemand gefragt.

Man braucht für diese Befragung noch nicht einmal teure Agenturen. Es reicht schon, wenn man einen Dummy irgendwo hinstellt oder eine Beta-Version ins Netz hochlädt und die Leute um Feedback bittet. Je weniger konstruiert die Situation ist, desto ehrlicher das Feedback. Also geht man mit dem Feedback-Test dahin, wo der Kunde ist. So einfach kann das manchmal sein.

„Design is a behavior
not a department."
Bürospruch

13 Was ist Design Thinking?

Noch so ein Schlagwort

Muss man das kennen? Nein. Man muss es können. Aber wir machen doch längst alle Design! Und denken tun wir auch! Also warum reden plötzlich alle von Design Thinking?

Weil Design Thinking eine kleine Revolution ist. Bislang wurden Produkte und Services von Experten designt. War es fertig entwickelt, bekam es der Kunde – und wollte es oft nicht. Deshalb gibt es immer noch Ladenhüter und Produktflops.

Design Thinking vermeidet das, indem es beim Designen von der ersten Stunde an nicht nur mit dem Endanwender im Kopf, sondern mit ihm am selben Tisch designt. Schon beim frühestmöglichen Design-Entwurf ist der Endanwender mit dabei. Entweder physisch oder imaginär. Das ist ganz simpel und logisch? Ja, aber eben krasser Gegensatz zum sonst üblichen Expert Thinking;

Expert Thinking: Der Experte designt.
Design Thinking: Experte und Anwender designen.

Das hört sich alles etwas abstrakt an, also lass uns ein Beispiel aus der Praxis anschauen: Ein Industriekunde gibt ein neues Reinigungsgerät in Auftrag. Beim Hersteller entwickeln die Entwickler. Fünf Entwickler entwickeln die einzelnen Bauteile, jeder natürlich nach seinen eigenen Vorstellungen. Viele verwenden Sonderteile, weil die eben am besten passen und das eleganteste Design ergeben. Das Gerät wird vorgestellt, vom Kunden in 30-facher Ausfertigung bestellt – und nach einem Jahr bereits außer Dienst gestellt und auf Null abgeschrieben.

Der Kunde sagt: „Das Gerät ist exzellent! Aber wenn etwas kaputtgeht, ist fast jedes Ersatzteil eine Sonderfertigung! Die Kosten bringen uns um! Standardteile wären um die Hälfte günstiger! Warum habt ihr nicht damit konstruiert?“ Weil alle nur an das eleganteste, technisch hochwertigste Design dachten – und nicht an die Instandhaltung beim Kunden. Design Thinking vermeidet diesen Fehler. Deshalb ist Design Thinking weniger eine Methode als eine spezielle Art zu denken. Anders zu denken.

Anders denken

Beim Entwickeln nicht an den State of the Art, die modernste Technik oder das eleganteste Design zu denken, sondern an den Kunden und seine Wünsche, klingt trivial. In Wirklichkeit ist es revolutionär.

Denn oft, wenn ich Design Thinking anspreche, sagen mir gestandene Techniker, Ingenieure und Manager: „Wer hat denn den Airbag erfunden? Der Kunde oder wir? Der Kunde hat doch keine Ahnung von der Technik. Der weiß doch überhaupt nicht, was alles möglich ist!“ Also lässt man ihn außen vor. Und ist dann sauer, wenn der Kunde verschmäht, was man ihm vorsetzt.

Es geht nicht darum, dass man vom Kunden erwartet, dass er selber erfindet und konstruiert. Es geht darum, ihm die eigene Erfindung zu zeigen und zu fragen: „Was hältst davon?“ Wer vor der Meinung des Kunden Angst hat, hatte schon in der Old Economy Probleme, weil er regelmäßig Flops produzierte. In der New Economy hat er Riesenprobleme, weil der Kunde inzwischen sehr wunschbewusst geworden ist, keine Flops mehr toleriert und vor allem, weil die Konkurrenz längst Design Thinking macht! Doch vom alten Denken herunter zu kommen, fällt vielen schwer.

Sie sind noch das alte Expert Thinking gewohnt, sie leben noch in einer Firmenkultur des „Frag den Ingenieur! Der weiß das alles!“. Ihr Mindset sagt noch „Expert Thinking“. Wie ändert man den eigenen Mindset?

Wie jede andere Gewohnheit auch: regelmäßige Wiederholung. Was nur oft genug wiederholt wird, wird zur neuen Gewohnheit. Je öfter man Design Thinking zulässt und praktiziert und je öfter man es belohnt, desto schneller wird es zum neuen Modus Operandi. Vor allem in Meetings.

Anders meeten

Meetings make or break Design Thinking: Auf Meetings entscheidet sich, ob du und deine Leute mit dem neuen Design Thinking denken und arbeiten können und werden.

Ich bin jede Woche in Meetings zu Gast, in denen ein Raum hoch intelligenter und sehr kompetenter Menschen 20 Minuten lang darüber diskutiert, ob das Chassis mit Senkkopfschrauben oder mit Linsenkopfschrauben besser aussieht. Die Experten diskutieren minutenlang, was ihnen besser gefällt. Was gefällt dem Kunden besser? Und vor allem: seinen Instandhaltern? Oder unseren eigenen Wartungsmechanikern? Das wird nicht gefragt und diskutiert.

Und weil derjenige, der das Meeting leitet, diese Nicht-Diskussion durchgehen lässt, kümmert sich keiner mehr um Design Thinking. Auch wenn der Vorstand beschlossen und verkündet hat, dass wir jetzt Design Thinking machen. In Unternehmen, wo das klappt, sagt der Meeting-Moderator am Anfang alle 60 Sekunden: Moment mal – wir diskutieren gerade wieder mit dem Experten-Mindset? Aber was will der Kunde? Wissen wir das? Wie zuverlässig? Haben wir ihn das gefragt? Repräsentativ? Was betrachtet er als Mehrwert seiner Funktionalität? Was genau bringt ihm das? Weniger Kosten? Höhere Effizienz? Bessere Attraktivität gegenüber seinen eigenen Kunden? Stärkere Belastbarkeit? Längere Wartungsintervalle? So fragt Design Thinking.

Design Thinking hilft dir, das zu sehen, was nachher die Kohle bringt: Design Thinking is the skill that pays the bills. Design Thinking ist nicht nur eine Idee, eine Geisteshaltung, eine Art der Fokussierung im Management, sondern auch eine Technik.

Design Thinking: die Technik

Design Thinking geht vom Kunden aus. „Das tun wir doch immer!“, sagen an dieser Stelle manchmal Ingenieure, Techniker, Marketing-Spezialisten und Manager. „Der Kunde will einen neuen Antrieb, also entwickeln wir einen!“ Welcher Kunde will das? Plötzliche Stille im Sitzungsraum.

Design Thinking geht nicht von einem abstrakten Kunden aus, sondern von einem konkreten, typischen Kunden. „Der Kunde will das!" – wenn dieser Satz in einem Meeting fällt, in dem die Teilnehmer Design Thinking beherrschen, lacht alles bloß. Denn „der Kunde" ist viel zu abstrakt.

Deshalb definieren wir mit Design Thinking den typischen Kunden: Alter, Beruf, Familienstand, Marken von Erst- und Zweitwagen, Einkommen bis hin zum Namen. Der typische Kunde heißt dann zum Beispiel Mark Schmitz oder Heike Lüttich. Wer das noch nie ausprobiert hat, glaubt nicht, um wie viele Größenordnungen jede Entscheidung besser wird, die man mit so einem konkreten, sichtbaren und prognostizierbaren typischen Kunden fällt. Dieser typische Kunde wird im Sprachgebrauch des Design Thinking „Persona" genannt; zu Deutsch: der Musterkunde.

Diese Persona wird kollektiv konstruiert: Alle Funktionen sitzen am Tisch und schreiben ihren Steckbrief. Weil jede Funktion natürlich einen anderen Musterkunden im Kopf hat. Dem Musterkunden des Vertriebs ist der Preis das Allerwichtigste. Der Entwickler glaubt, dass dem Musterkunden nur die Technik wichtig ist. Und so weiter. Alle diese Steckbrief-Elemente werden transparent gemacht, diskutiert, gesammelt und zusammengefasst. Dann muss man sich nicht ständig fragen: „Was hält der Kunde wohl davon?" Sondern kann ganz konkret fragen: „Was meint Heike Lüttich dazu?" Weil wir Heike so umfänglich charakterisiert haben, ist es so, als säße sie mit uns am Tisch und gibt Auskunft. Erstaunlich authentische Auskunft. In der Sprache der Digitalisierung: Es sitzt praktisch der Avatar des typischen Kunden mit am Tisch. Das hört sich gut an?

Nicht für viele Spezialisten. Wie kriegt man die ins Boot?

„Es ist leichter,
einen Atomkern zu spalten
als ein Vorurteil."
Albert Einstein

14 Wie beendest du das Spezialistentum?

Was fängst du an mit solchen Leuten?

Design Thinking (s.o.) ist die Seele der Digitalen Transformation. Das hat sich inzwischen herumgesprochen. Viele Führungskräfte haben damit jedoch ein Problem: Im Meeting sitzen immer noch viele Experten und Spezialisten, die die Welt aus ihren und nicht aus den Augen des Musterkunden betrachten.

Ein Entwicklungsleiter klagt: „Ganz gleich, wie oft ich betone, dass wir jetzt Design Thinking machen – am Ende kommen meine Leute im Meeting doch wieder mit der High-Tech-Super-Mega-Lösung des State of the Art. Das ist eben das, was sie begeistert! Die sind süchtig danach." Warum?

Weil sich viele Experten so definieren. Das ist ihr Selbstverständnis, ihr Rollenverständnis, ihre Identität: „Ein guter Ingenieur macht nicht, was der Kunde sagt, denn der hat keine Ahnung von der Technik. Ein guter Ingenieur konstruiert vielmehr geniale neue Lösungen!" Sagt der Experte. Sein Vorgesetzter sagt: „Was fang ich mit solchen Leuten an? Ich kann sie ja nicht alle rausschmeißen!" Das ist wäre nur die Option für die krassen Fälle. Der Normalfall ist weitaus weniger krass.

Turbo-Coaching für Spezialisten

Die schlechteste Lösung für das Spezialistenproblem ist: es zu ignorieren. Was häufig gemacht wird. In der Hoffnung: „Die kriegen sich schon ein! Die ändern sich auch noch!" Leider passiert das meist nicht und wenn, dann zu langsam. Weil: Es geht nicht darum, eine lästige Gewohnheit abzulegen. Es geht darum, die eigene Identität zu verändern: Das Selbstverständnis ist sehr viel veränderungsresistenter als schlechte Gewohnheiten. Es gibt mehrere Optionen für diese nötige Veränderung des Selbstbildes, frei kombinierbar:

- Repetitio est mater studiorum: Wiederholung ist die Mutter allen Wissens. Wiederholst du das Gebot der Musterkunden-Perspektive nur oft und intensiv genug, schwenken viele Spezialisten von sich aus um.
- Vor allem dann, wenn du jede Perspektivänderung explizit und zeitnah lobst: „Gut gemacht! Genau so denkt der Kunde!" Merksatz: Catch them being good! Man nennt das auch positive Verstärkung.
- Spezialisten korrigieren ihr Rollenverständnis auch dann eher und schneller, wenn du ihnen ihre egozentrierte Spezialistenperspektive kein einziges Mal mehr durchgehen lässt.

Diese drei Interventionen regen Betroffene an, ihr Selbstbild selber zu korrigieren. Oft gelingt das, manchmal nicht. Dann kannst du eskalieren:

- Zitiere Ash Maurya: „Das Leben ist zu kurz, um etwas zu bauen, das niemand will." Das packt Spezialisten an ihrem Hauptmotiv: Anerkennung. Ein Spezialist möchte als solcher anerkannt werden. Das Maurya-Zitat sagt ihm: „Du kriegst keine Anerkennung, wenn du am Markt vorbei entwickelst."
- Nimm diese Neudefinition des Selbstbildes des Spezialisten explizit vor. Sag ihm oder ihr: „Ein wirklich guter ... (Ingenieur, Techniker, Entwickler, Product Manager ...) ist nicht, wer das tut, was er für das Beste hält, sondern wer das tut, was der Kunde für das Beste hält."
- In extremen Fällen hilft die Keule: „Was nutzt mir ein ... (Entwickler, Ingenieur ...), dessen Ideen keiner kauft? Womit soll ich den bezahlen?"

Die meisten Spezialisten ändern nach solchen massiven, wiederholten und abwechselnden Interventionen ihr Selbstverständnis. Oft delegieren Vorgesetzte diese Interventionsarbeit auch an Coaches. Häufig rufen mich Vorgesetzte an und sagen: „Ich hab hier einen Spezialisten, der ist unentbehrlich. Aber bitte bring ihm bei, dass der Kunde sein Gehalt bezahlt und nicht ich!"

Trotzdem wird selbst der bekehrte Spezialist von Wehmut geplagt werden. Ingenieure sagen mir: „Ich hab's kapiert: Der Kunde bezahlt meine Superkonstruktionen nicht. Aber Zeug von der Stange zu konstruieren: Dafür bin ich nicht Ingenieur geworden!" Er ist Ingenieur geworden für die genialen neuen Lösungen, für State of the Art, für High Tech. Das, denkt er, wird er alles verlieren, wenn er sein Selbstbild ändert. Nimm ihm diesen Irrtum!

Indem du ihm sagst: „Gerade in der Digitalisierung kannst du viele schöne neue geniale Lösungen entwerfen, deinen Schnörkel ranbasteln, filigran werden, dich austoben und völlig neue Sachen machen." Es geht nicht darum, dass der Spezialist künftig nur noch Standardlösungen machen darf. Es geht darum, dass er unterscheiden lernt: Wo sollte ich liefern, was der Musterkunde erwartet? Und wo darf ich mich weiterhin austoben?

„Ich glaube an das Pferd.
Das Automobil ist nur
eine vorübergehende Erscheinung."
Kaiser Wilhelm II
(letzter deutscher Kaiser)

15 Wie kommst du rein trotz „keine Zeit"?

Wie isst man einen Elefanten?

Hand aufs Herz: Nur die wenigsten transformieren enthusiastisch. Die meisten von uns haben schlicht keine Zeit „für sowas". Trotzdem oder gerade deshalb wächst natürlich der Druck: Wir haben keine Wahl. Wir müssen. Und fragen uns: „Aber was kann ich machen, um reinzukommen, obwohl ich partout keine Zeit habe?" Gute Frage.

Wir alle kennen den Elefanten-Kalauer. Oder jetzt mit IT-Bezug: How to eat a computer? Byte for byte. Will heißen: Kleine Schritte sind besser als keine Schritte.

Einige Führungskräfte haben das „Digitale Wort der Woche" ausgerufen. Alle im Team sammeln Informationen zum Wort der Woche. Das Zusammengetragene diskutiert ihr dann am Ende der Woche in einer digitalen Stunde: Und alle haben was davon! Alle profitieren! Alle lernen was dazu. Alle „kommen rein" ins Thema. Das ist digitale Teamentwicklung. Das ganze Team wird sensibilisiert, motiviert, informiert und empowert. Vor allem verliert es dabei seine Widerstände: Aller Anfang ist leicht. Wenn und sobald du kleine Schritte machst. Weil das eine so leichte Aufgabe ist, macht jeder dabei gerne mit. Vor allem, wenn das digitale Kaffeekränzchen einen klugen Moderator hat in der Art:

Frage aus dem Team: „Ich habe das bei Wikipedia rauskopiert, aber ehrlich gesagt – ich verstehe das nicht!"
Moderator: „Ja, das ist schwer zu verstehen. Wer kann Hinweise geben?"

Wenn in so einer Runde Blaming (Fingerzeigen, Spott, Hohn, Ironie) auftauchen, hat sich die Transformation erledigt. Ja, das nennt man auch konstruktive Fehler- und Lernkultur. Habt ihr sowas? Pflegst du sie?

Manchmal regt sich ein naiver Zeitgenosse auf: „Wort der Woche? In einem Unternehmen, das jährlich Zigtausende für Weiterbildung ausgibt? Das ist doch dämlich!" Selber dämlich.

Der Meckerer hat keine Ahnung, wie lange es in vielen Unternehmen dauert, ein Training genehmigt zu kriegen. Leider wartet die Digitale Transformation und die Konkurrenz nicht darauf. Eine Vorgesetzte bei einem großen Mittelständler gestand mir: „Bis das Budget für ein Training zur Digitalen Transformation bei uns durch ist, ist die Digitale Transformation gelaufen. Da legen wir doch lieber gleich los, wenn auch im Kleinen." Der Spatz in der Hand ...

Der Spatz ist vor allem deshalb besser, weil du bei solchen Mini-Interventionen interessante Dinge entdecken wirst.

Weitere Schuhlöffel

Du entdeckst zum Beispiel: Es sind schon Leute unterwegs! In jedem Unternehmen mit über 30 Mitarbeitenden gibt es bereits Digital-Affine und Digital Natives, die sich schon ganz schön gut auskennen. Die nutzt du dann als Kompetenzträger.

Einige Unternehmen, Abteilungen oder Arbeitsgruppen unternehmen auch Exkursionen in CoWorking Spaces (im Detail reden wir darüber in Kapitel 21). Ein CoWorking Space ist die perfekte Gelegenheit, um die Nase ins Thema reinzustecken, sich mit Insidern zu unterhalten. Nein! Das muss kein Tagesausflug sein! Ein paar Stunden reichen schon.

Eine gute, da wenig zeitintensive Idee ist es auch, in den sozialen Netzwerken nach Gruppen, Foren und Chats zum Thema zu suchen. Auf Facebook gibt es zum Beispiel viele Gruppen, die sich mit der Digitalen Transformation auseinandersetzen. Wer sich anmeldet, kriegt die Informationen dazu automatisch. Das verlangt nicht viel Zeit. Das liest man häppchenweise zwischendurch.

Oder du schaust dir ein Video von einem der vielen Digital Summits an: sehr interessant, inspirierend, informativ. Das ist Learning as You Go. Und macht Spaß.

Ihr könntet auch mal eine Fuckup Night besuchen: ein ganz eigenes Vergnügen. Man lernt dabei viel.

Was zum Beispiel?

Skepsis wird überbewertet

Die Digitale Transformation ist ein Schreckgespenst. Weil sie – angeblich – viele Millionen Jobs kostet. Über die Chancen wird dagegen selten geredet/geschrieben. Zum Beispiel über die Chance auf ein besseres Leben.

Dank der Digitalen Revolution braucht der Mensch vielleicht in naher Zukunft nicht mehr die Arbeit zu machen, für die er eigentlich nicht geschaffen ist. Zum Beispiel stunden- und tagelang Youtube-Videos auf kriminelle Inhalte zu überprüfen (wovon man meschugge wird). Oder Jahr für Jahr die immer selben Auftragsformulare am Bildschirm zu bearbeiten. Dito: meschugge.

Ein Personalchef meinte: „Wenn ich sehe, wie viele Menschen zutiefst unzufrieden mit ihrem Job sind, wundere ich mich, dass so viele Leute der Digitalisierung negativ gegenüberstehen. Das Digitale könnte doch auch ungeahnte Freiheit bieten!" Das Digitale kann unser Leben besser machen. Indem es dir beispielsweise die Chance bietet, deiner wahren Berufung zu folgen. Das Digitale kann viel zur Humanisierung der Arbeitswelt beitragen.

Es kann uns zum Beispiel davon befreien, zehn Stunden am Tag, Tag für Tag in irgendeinem stickigen Büro zu sitzen und Aufgaben abzuarbeiten. Weil wir das Büro jetzt in Form unseres Notebooks überall hin mitnehmen und an den schönsten Plätzen arbeiten können. Arbeiten, wie es Spaß macht und wo es Spaß macht. Wer der Digitalen Transformation skeptisch gegenübersteht, benutzt noch die falsche Einstellung, den falschen Mindset. Was gehört sonst noch zum korrekten Mindset?

Korrekter Mindset

Das wird jetzt ein wenig holzschnittartig, aber: Die richtige Einstellung lässt sich leichter finden und länger halten, wenn sie markant und prägnant formuliert ist (und deshalb leichter behalten und wiederholt werden kann):

- Starten ist besser als Warten.
- Skepsis entschuldigt keine Handlungsschwäche.
- Gestalten ist besser als Abwarten.
- Sich einbringen ist besser als Skepsis.
- Nicht darauf warten, was „die da oben“ dazu sagen – selber mitreden und vor allem mitmachen.

Was fällt dir noch dazu ein? Es liegt auf der Hand, dass Mindset und „ins Thema reinkommen“ interdependent sind: Je offener für Neues dein Mindset ist, desto leichter kommst du rein. Und je tiefer du ins Thema einsteigst, desto offener wird deine Einstellung gegenüber der Transformation. So soll es sein.

„People don't buy what you do.
They buy why you do it."
Simon Sinek

16 Was ist dein Purpose?

Was und Wie sind überholt

Ich bin zu Gast in einem Unternehmen. Die Verkaufsmannschaft diskutiert die Verkaufsstrategie für die nächsten Jahre: Produktportfolio, Kundenanalyse, strategische Zielgruppen. Ich weiß, dass das Unternehmen bereits beachtlich digitalisiert hat. Fällt dir der Widerspruch auf?

Wenn ja: Respekt. Du blickst voll durch. Wenn nein: keine Bange, du siehst den Widerspruch bald. Der Widerspruch:

Das Unternehmen digitalisiert schnell und umfänglich, konzentriert sich aber weiterhin auf das Was und das Wie vom Business: Was müssen wir wie tun?

Was tut die Verkaufsmannschaft? Sie geht trotz Digitalisierung auch weiterhin zum Kunden und sagt diesem: „Ich hab da *was* für dich. Und ich zeig dir mal, *wie* man das einsetzt." So macht man das? Fast. Fehlt ein Buchstabe: So machte man das. Früher ging man so eindirektional vor. Verkaufen, ja das ganze Business war eine Einbahnstraße: Man setzte dem Kunden etwas vor, sprach nicht mit ihm, sondern zu ihm, redete auf ihn ein. Bis er kaufte. Oder eben nicht. Die Einstellung dahinter: Ich weiß, was gut für dich ist und zeig dir das jetzt mal. Das Was und das Wie. Was fehlt?

Zum Beispiel das Wo: Lieber Kunde, wo drückt dich denn der Schuh? Vielleicht könnten wir etwas dagegen tun.

Genau das wurde im Unternehmen, in dem ich zu Gast war, nicht gefragt und nicht gedacht. Es wurde zwar in vielen Projekten digitalisiert, doch man dachte, die Digitale Transformation sei lediglich eine Sache der Technik. Nicht des Mindsets oder des Purpose, des Geschäftszwecks. Also liefen die Verkäufer immer noch mit vorgefertigten Produkten los und wunderten sich, wenn die Kunden (viel zu) oft nicht unterschrieben. Dabei passte ein großer Prozentsatz der vorgefertigten und angebotenen Produkte und Services schlicht nicht zu den Wünschen des Kunden, die niemand erfragt hatte. So schlägt man Türen zu.

Wie hält man sie offen?

Wo tut's weh?

Natürlich kann man den Kunden zutexten. Dies jedoch als „Verkauf" zu bezeichnen, ist in heutiger, digitaler Zeit heroisch. Es ist eher ein Monolog. Ein Austausch findet nicht statt. Ein Austausch, um herauszufinden: Wo tut's dem Kunden weh? Man beraubt sich vieler schöner Produkt- und Service-Ideen, indem man den Kunden nicht nach seinen Pain Points fragt. Man erfährt nicht, was man noch anbieten könnte, wenn man nicht danach fragt. Das ist nicht eine Frage des Verkaufs.

Das ist die Frage: Wie gehe ich auf den Kunden zu?

Wie wäre es mit: Weniger reden und mehr fragen. Herausfinden, was der Kunde braucht und nicht herunterbeten, was du anzubieten hast. Den Kunden bei seinen Bedürfnissen abholen. Das ist es, was Amazon und Google und andere digitale Giganten so gigantisch gemacht hat und immer noch macht. Dabei hat das weniger mit der digitalen Technik als mit dem gesunden Menschenverstand zu tun: Je besser ich weiß, was der Kunde eigentlich möchte, desto besser, schneller und mehr verkaufe ich – ohne ihn manipulieren zu müssen. Die digitale Technik hilft mir lediglich dabei, seine Wünsche und Bedürfnisse noch besser, schneller, einfacher und tiefer kennenzulernen. Warum wird dieses Kennenlernen noch so selten unternommen?

Weil es sehr viel einfacher ist, ein vorgefertigtes Produkt anzupreisen, als mit dem Kunden in Dialog zu treten und ihn mitreden zu lassen. Dafür muss man auch authentisches Interesse mitbringen, was vielen Verkäufern, die den Kunden insgeheim als Umsatzvieh betrachten, naturgemäß schwerfällt. Aber auch das kann man selbstverständlich lernen. Diese Selbstverständlichkeit und dieses Selbstverständnis lehrt uns die Digitale Revolution.

Man kann nicht mit der Sichtweise durch die Welt laufen: „Wir werden jetzt digitale Champions!“ – wenn man gleichzeitig den Kunden als Umsatznutzvieh betrachtet. Warum betrachten ihn viele Unternehmen und Entscheidungsträger noch so?

Weil sie einen anderen Purpose, einen anderen Geschäftszweck verfolgen. Du auch? Frag dich doch mal: Was ist mein Purpose? Unsere Produkte und Services zu verkaufen? Oder dem Kunden zum Erfolg zu verhelfen, so wie er ihn definiert (und nicht wie wir ihn annehmen)?

Natürlich schließt das eine das andere nicht aus. Man muss etliche Produkte verkaufen, um es sich leisten zu können, den Kunden nach seinen wahren Bedürfnissen zu fragen. Aber wenn Umsatz mein einziger Geschäftszweck ist und bleibt, dann verliere ich den Kunden. Weil er zu Unternehmen überläuft, die sich mit Hilfe digitaler Technik brennend und intensiv für seine wahren Wünsche interessieren und ihm diese auch erfüllen. Weil sie das wollen. Mit Hilfe digitaler Technik. Hast du dich heute schon gefragt:

What is my purpose?

„Das Wichtigste in der Kommunikation ist, zu hören, was nicht gesagt wird."
Peter Drucker

17 Wie kommunizierst du?

Interne Kommunikation

Der Konzern, den ich besuche, hat eine ganz tolle interne Website. Weil er so groß ist, stellt sich darauf jede Sparte, jede Hauptabteilung, jede Abteilung den anderen Sparten, Hauptabteilungen und Abteilungen vor. Die Mitarbeiter und Manager des Konzerns finden darauf sämtliche Produkte und Verfahrensanleitungen. Gut?

Vor 20 Jahren. Heute sagt man „Silo-Denke" dazu: „Ich stelle meine Abteilung vor!" Und was hat der Besucher im Netz davon? Er kann sich informieren. Das ist Einweg-Kommunikation, also keine Kommunikation. Wenn dein Chef dich anbrüllt, ist das keine Kommunikation. Dazu würde es erst, wenn du zurückbrüllen würdest/könntest/dürftest. Darfst du aber nicht: Kommunikation findet nicht statt. Stattdessen bist du stinksauer, dass der Alte sich so eine Frechheit rausnimmt. Das war auch das überwiegende Gefühl beim Besuch der alten Website des Konzerns: Konsternation und Frust. Die alte Website war so kommunikativ wie das Schaufenster einer Boutique. Ein Unternehmen ist aber keine Boutique. Deshalb hat der Konzern im Zuge der Digitalisierung auch seine Website umgestellt.

Seither kommuniziert die Seite; sie ist es eine Zweiweg-Website: eine Plattform mit Community, mit Chatrooms und Foren, wo man sich austauschen kann, Fragen stellen, Antworten geben, Dialog halten, Rat suchen und finden kann. Wenn ich ein Problem habe, wende ich mich an meine Community auf der Website und die kümmert sich um mich. Die gibt mir nicht nur Best Practice Cases, sondern auch den Austausch über alle Funktionsgrenzen hinweg, der mir in der alten Silo-Denke fehlte.

Die alte Denke sagte: Mein Haus, mein Auto, meine Yacht. Sie war egozentriert: Ich, ich, ich! Schau mal, wie toll ich bin! Die neue

Website ist alterozentriert (das Gegenteil von egozentriert): Ihr wollt was wissen? Fragt ruhig, Antwort kommt sofort, Kontakte auch, Erfahrungen von andern gibt's gratis dazu. Das wollen wir alle. Aber erst die digitale Technik macht's einfach und kostengünstig möglich. Also sollten wir sie dafür nutzen. Motivation, Commitment und Produktivität machen damit Sprünge.

Kein Schwarzes Brett!

Wie kommuniziert ihr? Deine MitarbeiterInnen und KollegInnen wollen, sollten und müssen sich austauschen, in Dialog treten, fragen und anderen Rat geben, Erfahrungen weitergeben, Best Practices verbreiten können. Dafür brauchen sie ein digitales Medium. Auch die Geschäftsleitung braucht das, um die Belegschaft besser als zuvor zu erreichen, mitzunehmen, zu informieren, zu sensibilisieren und zu aktivieren. Auch deshalb scheitert die Digitale Transformation so oft:

Miese Kommunikation = miese Transformation

So eine digitale Dialogplattform ist nicht Das Schwarze Brett. Das Schwarze Brett ist der Büttel, der den Untertanen verkündet, was der Kaiser beschlossen hat. Wir leben aber nicht mehr im Kaiserreich. Die Werte haben sich gewandelt. Wir verlangen von der Belegschaft, dass sie modernste digitale Technologie beherrscht und kommunizieren noch wie anno dazumal? Die Belegschaft zeigt uns den Vogel. Die Leute wollen keinen Büttel, kein Schwarzes Brett, kein Management per Hausmitteilung. Sie wollen den Dialog.

Nebenbei gesagt: Auf so ein Dialogmedium gehört natürlich auch „Das digitale Wort der Woche“ (s.o. Kapitel 15).

„Wenn du das Gefühl hast,
alles unter Kontrolle zu haben,
bist du noch nicht schnell genug."
Mario Andretti

18 Sprintest du?

Was ist ein Sprint?

Auch bekannt als „Design Sprint", früher „Google Sprint" – weil Google das Instrument intensiv nutzt. Deshalb ist Google so schnell: Schnelle Fische sprinten. Also: gute Sache, so ein Sprint.

Der Sprint hält, was sein Name verspricht: Superschnell zu verwertbaren Ergebnissen. Nämlich genau in fünf Tagen.

Was früher Wochen, wenn nicht Monate dauerte, erledigt der Sprint in fünf Tagen: Eine Idee so weit zu entwickeln, dass du zuverlässig entscheiden kannst, ob du sie weiterverfolgst oder ad acta legst.

Und schon kommt der erste Einwand: „Aber fünf Tage? So lange kann doch keiner bei der Arbeit fehlen!" Hm, warum sprinten die führenden Unternehmen dann?

Weil die rechnen können. Eine Geschäftsführerin, die seit knapp einem Jahr sprinten lässt, rechnet vor: „Für einen neuen Service, ein neues Produkt oder Geschäftsfeld können meine führenden Köpfe wöchentlich eine halbe Stunde dransetzen. Nach zwei Jahren ist die Idee dann auch so weit. Was bloß nix nützt. Denn zwei Jahre hat heutzutage niemand mehr Zeit." Außerdem: Soll sie warten, bis ihre Konkurrenz sprintet? Wer beim 100-m-Sprint wartet, hat schon verloren. Deshalb finden in allen gut gemanagten Unternehmen die Kompetenzträger immer Zeit zu sprinten: Weil man beim Sprint eben weniger Zeit verliert und schneller zum Ergebnis kommt.

Vor allem, weil das Ergebnis praktisch garantiert ist: Nichts wird vertagt oder verschoben. Du musst dich nie wieder monatelang mit Stäben und Bereichsfürsten herumschlagen oder dich totmeeten. Am Ende vom Sprint kommt immer etwas heraus. Wie so ein

Sprint in allen Phasen funktioniert, steht im Internet. Für den ersten Sprint empfiehlt sich externe Unterstützung durch eine erfahrene Sprinterin. Aber danach könnt ihr das auch alleine. Und gerne.

Startups sprinten ständig: Sobald ein neues Thema ansteht. Dann sprinten sie. Deshalb sind sie so schnell.

Warum liefert der Sprint garantiert ein Ergebnis?

Weil seine TeilnehmerInnen aus allen für die konkrete Fragestellung relevanten Fachabteilungen deines Unternehmens kommen: das richtige Team für die richtige Challenge. Alle Abteilungen und Kompetenzträger, die für ein Ergebnis nötig sind, sind dabei. Niemand fehlt. Keine Expertise fehlt. In anderen Worten: Wenn diese Experten nicht zu Potte kommen können, kann es keiner. Tun sie es nicht, weiß man zuverlässig: Wir können das Thema in die Tonne treten.

Am vierten Tag des Sprints steht der Prototyp von Produkt oder Service. Garantiert. Den Freitag des Sprints nutzt man dann dafür, auch schon den Kunden einzubinden, Interviews zu halten und Kundenfeedback einzuholen.

Natürlich kriegst du keinen Prototyp zum Beispiel von einem neuen Flugzeug am Ende eines Sprints. Aber ein Modell, einen Dummy, zu dem die Kunden Feedback geben können. Warum geht das so schnell? Verglichen mit der Zeit, die man sonst braucht, um einen Prototypen zu basteln?

Weil niemand abgelenkt ist. Weil die Experten nicht ständig raus und wieder rein ins Thema müssen. Weil das Operative nicht permanent dazwischenfunkt. Und weil alle sich einig sind: Am fünften Tage steht das – und wenn wir hier Kopfstand machen müssen. Ich weiß: Das hört sich märchenhaft, phantastisch an.

Wer jedoch einmal bei einem Sprint dabei war, fängt Feuer. Selbst die größten Skeptiker sind danach begeistert. Deshalb ist der Sprint auch so beliebt und weit verbreitet. Vor allem, weil man dabei einen hoch kreativen Prozess erlebt, bei dem man sich so richtig austoben kann. Und es kommt immer etwas dabei heraus! Das begeistert die Leute am meisten. Es ergeben sich viele neue Möglichkeiten und das sehr schnell. Viel schneller als sonst im zähen, harzigen Business as usual. Daher: Klare Empfehlung! Machen! Ausprobieren!

Wie gesagt: Am besten unter Anleitung von jemandem, der/die weiß, wo bei der Technik die typischen Durchhänger lauern und der/die sie vermeiden hilft. Danach kriegt ihr das auch selber hin. Was brauchst du sonst noch dafür? Das Übliche:

Top Management Commitment

Wenn zentrale Experten im Unternehmen für fünf Tage aus dem Operativen rausgehen, muss das natürlich von ganz oben abgesegnet werden. Logisch.

Logisch deshalb auch, dass es in vielen traditionell geführten Unternehmen eine gefühlte Ewigkeit dauert, bis der erste Sprint genehmigt wird, bis das Budget dafür von allen skeptischen Instanzen der Ressourcenplanung abgesegnet ist. Das ist typisch für die Digitale Transformation: Technik und Technologie sind längst so weit, viele Menschen noch nicht.

Deshalb dauert es Monate, in einigen Unternehmen Jahre bis zum ersten Sprint. Diese fünf Tage sind für alle Beteiligten großes Kino! Wenn dann endlich der erste Sprint abgeht und die Top-Entscheider sich am letzten Tag den Prototypen im Pitch präsentieren lassen, kenne ich keinen einzigen Fall, wo die Geschäftsleitung gesagt hätte: „Nee, das machen wir nie wieder." Im Gegenteil: Alle sind mächtig beeindruckt von der Schnelligkeit, der Dynamik, der Vielfalt der Lösungen und Ideen. Ein Vorstandsmitglied eines internationalen Unternehmens sagte mir: „Dafür haben wir bislang vier bis acht Monate gebraucht! Jetzt geht das in nur fünf Tagen. Und es geht sogar besser! Das ist total irre. Das machen wir nie wieder anders!" Vor allem dann und deshalb nicht, wenn und weil die Konkurrenz natürlich inzwischen auch sprintet. Wenn die Konkurrenz sprintet und du trabst im Dauerlauftempo …

„So viel wie nötig,
aber so wenig wie möglich."
Das MVP-Prinzip

19 Was ist ein MVP?

Perfektionisten transformieren nicht

Wieso sind Schnellboote schneller als Supertanker? Wieso sind Startups schneller als Konzerne? Oder Mittelständler als Großunternehmen? Kluge Fragen. Ach?

Klüger wäre die Frage: Wobei sind denn die Schnellen schneller als die Langsamen? Antwort: Hauptsächlich bei neuen Ideen. Wenn die Großen noch konzipieren, planen, entwickeln und perfektionieren, haben die Kleinen, die Startups und die digital Transformierten ihr Produkt bereits im Markttest beim Kunden. Oft innerhalb von Wochen. Natürlich liegt das auch am Einsatz von Sprints (s.o. 18. Kapitel), an der Kommunikation (17. Kapitel), am Purpose (16. Kapitel) und an allen anderen Komponenten der Transformation. Aber es liegt auch am MVP, am Minimal Viable Product; wörtlich: am gerade mal eben so marktfähigen Produkt. Also die minimalste Ausstattung, die der Kunde noch akzeptiert. Diese Minimalausstattung zeigen transformierte Unternehmen dem Kunden, während andere noch monatelang ihre Ingenieure herumfeilen lassen, „bis man das dem Kunden zeigen kann".

Der Fehler liegt in dem, was wir glauben, dem Kunden zeigen/zumuten zu können. Der Fehler? Der Unterschied. Der entscheidende Unterschied.

Wir präsentieren dem Kunden gerne das komplette, perfekte Produkt Marke „Das Beste oder nichts". Das Startup dagegen zeigt das MVP. Deshalb ist es schneller. Sehr viel schneller. Während die andern noch tüfteln, macht das transformierte Unternehmen bereits Umsatz. Und belegt Markenpräferenzen. Und kann dann mit Upgrades und Tradeups immer noch Perfektion erreichen. Version für Version.

Manchmal fragt ein Ingenieur mich baff: „Seid ihr meschugge? Ihr verkauft dem Kunden also praktisch einen Dummy?" Nein.

Das MVP-Prinzip

Ein MVP ist kein Dummy und keine Beta-Version. Ein MVP ist das kleinstmögliche Produkt, das gerade noch (beim Kunden!, nicht beim Ingenieur, Entwickler, Perfektionisten) als Produkt durchgeht. Wie gesagt: So viel wie nötig, aber so wenig wie möglich.

Auch das MVP hat einen formalisierten Prozess, der zwischen fünf und zwölf Wochen dauert. Also variabel, je nach Größe und Komplexität des Produkts.

Schon dieser Zeitraum der MVP-Erstellung mit seinen fünf bis zwölf Wochen ist sehr viel kürzer als bei normalen, üblichen Produkt- und Service-Entwicklungen. Aber auch das Verfahren selbst ist anders: In diesen fünf bis zwölf Wochen entwickeln die Entwickler nicht im Elfenbeinturm isoliert vor sich hin, im eigenen Saft schmorend. Sie stimmen sich vielmehr eng getaktet mit dem Kunden oder Auftraggeber ab. Äh, hat man das nicht früher schon gemacht? Mit dem Lastenheft?

Nein. Ein Lastenheft ist ein restriktives, strangulatives Korsett, das am Beginn einer mehrmonatigen Entwicklungszeit das Endergebnis praktisch schon vorausbestimmt. Man entwickelt also die vorgeschriebene Lösung. Doch vielleicht, häufig, mit hoher Wahrscheinlichkeit ist das zwar die vorgeschriebene, aber nicht die beste Lösung. Die beste Lösung kommt einem – wie so oft – beim Entwickeln. Doch die beste Lösung wandert dann oft in den Papierkorb, weil sie vom Lastenheft abweicht. Wir kennen das alle. Es ist zum Verrücktwerden. Genau diese Verrücktheit schafft der MVP-Prozess aus der Welt.

Wenn nach, sagen wir, fünf Wochen das MVP-Team die beste Lösung aller Zeiten finden, fliegt diese nicht in den Papierkorb, sondern wird dem Kunden vorgestellt und dann realisiert – und nicht das, was im Pflichtenheft steht.

(Transformierte) Kunden lassen sich gerne auf diesen freien, hoch kreativen und extrem innovativen Prozess ein, weil sie maximalen Einfluss darauf haben. Sie geben die Entwicklung nicht mehr aus der Hand. Sie entwickeln mit. Wer trotzdem, partout ein Pflichtenheft braucht, der integriert dann einfach die Erkenntnisse aus dem MVP-Prozess ins Heft und passt es ständig dem laufenden Prozess an. Das funktioniert.

Wann funktioniert das?

MVP: Voraussetzungen

Der MVP-Prozess funktioniert und liefert immer dann Ergebnisse, wenn und insoweit das MVP-Team Entscheidungen eigenständig treffen darf. Der Designer im Team muss zum Beispiel sagen dürfen: „Von den drei diskutierten Designs nehmen wir das zweite." Er muss das sagen dürfen, ohne vorher von Pontius zu Pilatus zu laufen, um nach Wochen dann eine Entscheidung „von oben herab" gereicht zu bekommen. Der MVP-Prozess funktioniert mit einem Maximum an Autonomie und Entscheidungsfreiheit des Teams. Keiner regiert von oben rein. Das schmeckt vielen Hierarchen, Kontrolletis und Machtmenschen in der Struktur nicht.

Es schmeckt ihnen nicht, weil sie noch nicht wissen: Am Ende entscheiden doch wieder sie. Am Ende des Prozesses. Und eben nicht schon mittendrin. Auch deshalb ist der Prozess so schnell.

Das MVP funktioniert auch deshalb so gut, weil es dem Fail Fast-Geist (s.o. 12. Kapitel) entspricht: Weil das MVP-Team sich ständig mit dem Auftraggeber, Endnutzer oder Kunden abstimmt, entdeckt und korrigiert es Fehler schnellstmöglich. Deshalb ist es in der MVP-Praxis ausgeschlossen, dass beim MVP nichts herauskommt. Nach fünf bis zwölf Wochen kommt einfach immer etwas heraus. Etwas Brauchbares. Denn der Kunde ist ja immer dabei: Es kann also gar nicht nichts herauskommen. Ein fast garantiertes Ergebnis bei einem Business-Prozess? Das ist revolutionär. Deshalb heißt das ja auch 4. Industrielle Revolution (und nicht bloß wegen der revolutionären Technologie und den ganzen Startups).

Warum machen das nicht alle?

Sprint und MVP sind typische Instrumente der Agile-Methodik. Wenn wir Instrumente wie Sprint und MVP anschauen, wird schnell klar: Unternehmen, die nicht mit solchen Instrumenten arbeiten, sind zu langsam. Zu langsam für unsere schnelle Zeit. Sie werden gefressen. Von den schnellen Fischen. Nicht, weil die schnellen Fische schneller geboren wurden. Sondern weil sie schlicht Instrumente kennen, die schnell machen. Wenn das so ist, warum besorgen sich dann nicht längst alle Unternehmen diese Turbo-Instrumente?

Weil der Mindset oft nicht passt.

In so ein Sprint- oder MVP-Team passt nicht jede(r) rein. Du tust dir keinen Gefallen, wenn du in so ein Team deine bekannten Experten entsendest – wenn diese Experten gleichzeitig die bekannten Reichsbedenkenträger, Haarspalter und Perfektionisten sind. Oder die „Das-haben-wir-noch-nie-so-gemacht!"-Typen. Das sind nicht die richtigen KandidatInnen für Sprint und MVP. Bei der Zusammensetzung der Teams ist deshalb Voraussetzung:

1 ein offener, kreativer und wenig perfektionistischer Mindset
2 Multifunktionalität des Teams: alle relevanten Fachbereiche sind vertreten
3 Diversität: Männer und Frauen, Junge und Alte, möglichst viele Nationen, Quereinsteiger, Fachfremde ...
4 Sharing Spirit: Kein Teammitglied denkt „Wissen ist Macht!". Alle teilen gerne ihr Wissen mit anderen.
5 Prinzip Augenhöhe: Keiner kehrt den Vorgesetzten heraus. Im Team sind alle gleich – und verhalten sich auch so. Ganz gleich, welcher Gehaltsgruppe sie angehören. Das fällt vielen Führungskräften schwer. Aber genau dafür gibt es die Auswahl: Es kommen nur jene ins Team, die das können. Nur die Harten kommen in den Garten.
6 Das Team bindet permanent die Stakeholder ein: Kunden, Endanwender, Auftraggeber. Kandidaten mit God Complex, mit Expertenwahn, kommen nicht in Frage.

Werden diese Auswahlkriterien bei der Zusammensetzung der Teams missachtet, entwickeln diese einen viel zu engen Fokus und beschneiden die Vielfalt ihrer Lösungen. Es geht doch gerade darum, ganz viele neue Lösungen zu entwickeln, an die man im operativen Tagesgeschäft nie denken würde.

MVP-Teams, wenn sie smart ausgewählt und zusammengesetzt werden, entwickeln oft eine grandiose Kreativität. Manchmal entwickeln sie auch Geschäftsideen und Produkte, die das alte

Geschäftsmodell kannibalisieren. Da erschrickt man natürlich erst mal. Aber auch dieses Erschrecken managt man nicht am besten mit Verdrängen und Verleugnen, sondern mit der nötigen Offenheit für die eigene Zukunft. Abschied zu nehmen von früheren Erfolgen tut weh. Wer diesen Schmerz nicht aushalten und in künftige Erfolge verwandeln kann, wird im Management nicht glücklich werden. Und nicht nachhaltig erfolgreich.

„Don't find customers for your products, find products for your customers."
Seth Godin

20 Was ist meine User Story?

Was der Kunde erwartet

„User Story" ist schlicht der Ausdruck für das, was der Kunde von einem Produkt oder Service erwartet. Steht das nicht im Pflichtenheft?

Das Pflichtenheft ist ein 40 Seiten starker Wälzer. Die User Story ist dagegen eine kurze, prägnante Beschreibung des Kunden und seiner Akzeptanzkriterien. Die Akzeptanzkriterien sagen: „Der Kunde akzeptiert das Produkt, den Service nur dann, wenn es/er folgendes erfüllt ... Das Produkt, der Service muss das und das können." Das ist radikal anders als unsere übliche Denkweise.

Üblicherweise denken wir: Wie bringen wir dieses Produkt an den Kunden? Das hat mit dem realen Kunden erst mal wenig zu tun. Es hat alles mit dem Produkt zu tun. Die User Story macht das Gegenteil. Sie fragt: Was ist der Wunsch, die Erwartung, die Anwendung, die Hoffnung vom Kunden? Was erwartet er von uns?

TeilnehmerInnen meiner Workshops oder Coachings sagen an dieser Stelle oft: „Das machen wir doch seit Jahren. Das ist ‚Customer First'!" Nein, ist es nicht. Customer First ist, grob gesagt: Man geht mit dem fertigen Produkt zum Kunden und sagt ihm: „Wenn du das bei uns bestellst, dann gilt Customer First. Dann hat dein Auftrag Vorrang vor allen internen Vorgängen." Das ist nett, das hört der Kunde gerne – aber er bleibt dabei immer noch auf seinen Wünschen und Erwartungen sitzen. Weil ihn immer noch niemand danach fragt. Auch und gerade bei Customer First nicht. Niemand fragt ihn nach seiner Geschichte. What's the story? Die User Story macht und fragt genau das. Gezielt. Systematisch. Strukturiert. Detailliert.

What's the story?

Jeder stellt für sich und seinen Kunden die Story selbst auf. Für jeden Kunden. Jeder Kunde bekommt einen „Steckbrief", ein Dossier, ein Profil – wie immer du das nennen möchtest. Verkaufs- und Vertriebsleiter wissen, dass die Besten ihrer Verkäufer diese Story von jedem (wichtigen) Kunden im Kopf haben. Sie kennen seine Wünsche, Erwartungen und Interessen – die mit dem Produkt erst mal nichts zu tun haben müssen. Ein guter Verkäufer weiß zum Beispiel, dass Kunde Hans Maier extrem kompetitiv ist, also immer gewinnen muss. Bei allem. Wenn er mit einem unserer Produkte also nicht gewinnen kann, will er es nicht. Das hat mit dem Produkt nichts zu tun. Aber mit ihm umso mehr.

Sobald am Telefon die Anruferkennung aufleuchtet, flasht bei guten Leuten im Kopf die User Story auf. Man kennt den Kunden praktisch besser als er sich selbst. Die User Story besteht im Allgemeinen aus folgenden Kernkomponenten:

- Wer möchte etwas von uns? Das ist nicht „Firma X". Das ist Herr/Frau Y, Z Jahre alte, mit folgenden Aufgaben, Themen, Anwendungen …
- Was sind die Schmerzpunkte, die Pain Points vom User?
- Was ist sein Nutzen, seine Ergebnisse und Leistungen, die er erzielen möchte?
- Wodurch und womit möchte er sie realisieren?
- Was sind die Akzeptanzkriterien für jene Leistungen, die ihn bei dieser Realisierung unterstützen können/sollen?

Bemerkt? Das hat erst mal nullkommanichts mit deinem Produkt zu tun. Und alles mit dem Kunden. Es ist seine Story, nicht die des Produktes. Ein Vertriebschef sagt dazu: „Unsere Verkäufer gehen mit Produktsteckbriefen zum Kunden. Vielleicht sollten sie mit Kundensteckbriefen zum Kunden gehen …" Vielleicht?

Die User Story heißt so, weil sie sich ausschließlich um den Kunden dreht. Er steht im Mittelpunkt, im Fokus, im Zentrum der Aufmerksamkeit. Endlich steht er da! Natürlich ist das die Abkehr vom Paradigma „Das Produkt ist der Heilige Gral!" Aber diese Abkehr ist sehr lukrativ und profitabel.

Besser mit Story

Es liegt auf der Hand, dass du mit der User Story deine Kunden sehr viel besser unterstützen kannst als mit dem üblichen Produktkennblatt. Weil du ihn besser kennst als er sich selbst. Weil du nicht mit dem Produkt in der Hand antrabst und ihm etwas verkaufen musst, was erst mal wenig mit seinen wahren Interessen zu tun hat. Wer nur das Produkt kennt, kennt das Wichtigste nicht.

Kleiner Tipp: Schmor deine User Story nicht im eigenen Saft. Vervollständige das Profil mit Eindrücken, Einschätzungen und Erfahrungen von Kollegen, Vorgesetzten, gemeinsamen Bekannten, Mitarbeitern und KollegInnen vom Kunden. Vervollständige das Profil laufend: Macht der Kunde vielleicht auch ...? Könnte er nicht auch ...? Je besser du ihn kennst, desto besser für euch beide. Und: So viel Zeit kostet das nicht. Aber Mühe. Die viele scheuen. Du nicht? Chapeau!

Großer Tipp für Fortgeschrittene: Die Profis unter uns machen etwas ganz Mutiges, das sich schnell als gar nicht so mutig, aber dafür völlig logisch herausstellt. Sie teilen ihre User Story mit dem User. Sie sagen zum Beispiel:

- „Ich hätte Sie jetzt eher als ... (risiko-averser, marktoffensiver, whatever) eingeschätzt – liege ich da falsch?"
- „Sehe ich das richtig, Sie ... (wollen lieber auf Nummer Sicher gehen, die riskante Variante wagen ...)?"
- „Habe ich alle Ihre Themen auf meinem Radar?"
- „Was ist Ihnen dabei so wichtig? Was muss geschehen? Was darf nicht passieren?"

Solche Fragen und Informationen sollten eigentlich selbstverständlich sein, findest du nicht? Das sind sie jedoch nicht in einer Welt, in der sich alles ums Produkt dreht. In einer Welt, die vom Primat der Produktion und vom Primat von Sales beherrscht wird. Leider will kein Kunde, der klar ist im Kopf, in so einer Welt leben. Sobald sich ihm ein Ausweg bietet, flüchtet er in die bessere Welt. Sei du es, der ihm diesen Ausweg, diese bessere Welt bietet! Arbeite mit der User Story. Der Erfolg wird dir Recht geben.

„Better together."
Das Prinzip CoWorking Space

21 Warum solltest du unbedingt einen CoWorking Space besuchen?

Begeisterung garantiert

Wir haben schon darüber gesprochen (in Kapitel 15): Wenn du

- ganz schnell und ohne viel Aufwand
- mit jeder Menge Spaß
- mit vielen neuen Kontakten aus der Startup-Szene
- mit neuen Ideen und Best Practices ins Thema einsteigen möchtest
- den Digital Spirit hautnah atmen und das neue Jahrtausend live erleben möchtest

dann besuch einen CoWorking Space. Nicht „irgendwann mal, wenn ich Zeit habe" (die hast du nie), sondern am besten nächste Woche – leg jetzt schon mal den Wochentag fest.

Such im Internet: Wo ist der nächste in deiner Nähe? Die gibt es inzwischen in jeder größeren Stadt. Einfach zu erreichen. Ohne viel Zeitaufwand: Halbtages- oder Tagesausflug reicht. Nimm ein paar deiner Leute mit, ruhig auch die Skeptiker. Sie sind es regelmäßig, die hinterher am heftigsten begeistert sind. Das ist wie ein Besuch eines Bundesliga-Spiels in der Allianz-Arena, auf Schalke oder im Volksparkstadion: Da geht niemand lethargisch wieder raus. Da ist Begeisterung garantiert. Das ist Event-Didaktik: Die Digitale Revolution live mitzuerleben ist immer besser als aus dem Lehrbuch oder via Wikipedia (nichts gegen Wikipedia).

Oder noch einfacher, für chronisch Terminknappe: Viele CoWorking Spaces bieten auch Abendveranstaltungen an, zum Beispiel mit kleinen Coding- oder anderen Kursen. Auch hier kannst du die kreativen, dynamischen, digitalen Menschen kennenlernen, die unser Jahrhundert prägen. Und mit ihnen reden. Und dir den nötigen Schwung, unbezahlbare Erfahrung und viele gute Ideen holen.

Nach diesen ganzen Fanfarenklängen: CoWorking Space – was'n das überhaupt?

Was ist das?

Wörtlich übersetzt: „Raum, in dem man zusammen arbeitet". Wer?

Zum Beispiel Fach- und Führungskräfte aus Stäben oder Projektgruppen von traditionellen Unternehmen im selben Gebäude wie Fach- und Führungskräfte von Startups. Oder ganz viele Startups in einem Gebäude. Das ist das erste Charakteristikum: Im selben Gebäude oder auf demselben Areal sind viele verschiedene Unternehmen oder Organisationseinheiten von Unternehmen untergebracht. Die erste Gemeinsamkeit.

Die zweite: Während viele CoWorker natürlich ihr eigenes Büro haben, nutzen alle die gemeinsamen Einrichtungen: Kaffeeküche, Lounge, Fitness-Ecken, Meetingräume ... Nicht unbedingt, weil man sich keine eigenen Einrichtungen leisten könnte (Startups können das tatsächlich oft nicht). Sondern weil der Vermieter des CoWorking Spaces möglichst viele Gelegenheiten zum Austausch untereinander schaffen möchte: Gemeinsam geht es besser, schneller und erfolgreicher – das ist wieder das Sharing-Prinzip.

Wenn man sich darüber hinaus auch Produktionsstätten, Maschinen und Geräte wie 3D-Drucker, CNC-Drehbänke, Extruder oder Messgeräte teilt, nennt man das Ganze auch Fab Lab – ein Fabrication Laboratory, ein Fertigungslabor. Sozusagen eine offene Entwicklungswerkstatt. Sie bietet auch und gerade jenen (Startups) Zugang zu High-Tech-Geräten wie Laser Cutter, Micro-Controller oder teurer CAD-Software, die sich das (noch) nicht leisten können.

Was bringt das?

Wenn viele Menschen dieselben Einrichtungen und Arbeitsmittel teilen, dann ist das nicht nur aus Kostengründen ideal, sondern auch für das gegenseitige Kennenlernen, das Knüpfen neuer Kontakte, zum Reinkommen in eine Thematik und einen Markt, zum Begeisterung tanken. Zusatznutzen: Man lernt auch gemeinsam. Die gemeinsame Lernkurve ist die steilere Lernkurve. Als Einsteiger können du und deine Leute – dank Sharing Spirit – das lernen, was die anderen schon gelernt haben. Ohne deren Fehler zu machen. Ohne Zeit zu verlieren. Ohne teures Geld dafür zu bezahlen: Know-how umsonst! Wo gibt es das sonst noch?

Umsonst ist es natürlich nicht wirklich, aber du bezahlst nicht mit Geld, sondern mit Tausch: Hilft dir ein Startup bei einer digitalen Lösung, hilfst du dem Startup zum Beispiel bei der Corporate Governance. So ein CoWorking Space ist auch die ideale Plattform zur Problemlösung: Du gibst dein aktuelles Problem mit der Digitalen Transformation in die Runde – und die Runde löst das für dich. Dafür löst du dann auch mal ein Problem eines anderen, das in die Runde gegeben wurde. Die Community hilft sich gegenseitig. So geht es für alle schneller, einfacher, besser und vor allem kostengünstiger. Hier lernst du die Digitale Revolution also nicht nur kennen, hier (er)lernst du sie auch.

Anders herum: Jedes Unternehmen, das die Herausforderungen der Digitalen Revolution im Elfenbeinturm, mit Bordmitteln, mit Rumexperimentieren meistern will, handelt sich schon mal einen Tempo- und einen Wettbewerbsnachteil beachtlichen Ausmaßes ein und eine mächtige Ineffizienz gegenüber jenen, die den CoWorking Space als Turbolader benutzen. Ohne CoWorking Space transformiert man quasi angezogener Handbremse. Ich kenne ManagerInnen, die mit mir über die Digitale Transformation fachsimpeln und ankündigen, was für tolle Sachen sie digital machen werden – dabei haben sie noch nie einen CoWorking Space von innen gesehen. Ich denke dann immer: Wenn ich Börsenspekulant wäre, würde ich die Aktien dieses Unternehmen jetzt shorten. Denn wenn das durchsickert, geht der Kurs in‘ Sturzflug. Aber wahrscheinlich wäre das Insider-Handel, also lasse ich das. Der Kurs fällt natürlich trotzdem.

Und das hat seinen Grund. Einen gedanklichen Grund.

Die alte Denke: „Leute einstellen!“

Dass so viele Kompetenzträger traditioneller Unternehmen immer noch keinen CoWorking Space besucht haben, liegt nicht daran, dass Manager von Haus aus so schüchtern und obendrein

Einsiedler sind. Es liegt daran, dass Managern früher beigebracht wurde: „Wenn du Expertise willst, musst du Experten einstellen!“ Wie gesagt: Das sagte und machte man früher.

Wenn du im CoWorking Space sitzt, musst du keine teuren Spezialisten einstellen, weil die teuren und oft viel besseren Spezialisten dann gratis für dich arbeiten. Gratis? Ja, das ist der Geist der neuen Zeit. Wobei „Reziprozität“ natürlich der bessere Begriff ist: Hilfst du mir, dann helf ich dir. Der Fertigungsleiter eines großen Mittelständlers, der sogar selber einen CoWorking Space vermietet, sagt: „Neulich hat einer dieser genialen Leute vom CoWorking Space unseren Leuten bei der Programmierung der Software für unseren 3D-Drucker geholfen. Dafür haben wir den Assistenten vom Vertriebsleiter zum Startup von diesem Genie geschickt, damit das Startup ihr Produkt besser an traditionelle Firmen, wie unsere eine ist, verkaufen können. Da kennen wir uns nämlich besser aus als jedes Startup.“

Aus all diesen und vielen anderen Gründen: Der Besuch eines CoWorking Space ist Pflicht. Einmieten ist optional, aber sehr zu empfehlen. Außerdem kein Risiko, da monatlich kündbar. Du bringst lediglich dein Notebook mit – alles andere ist schon da.

Wenn ich mit Managern und Fachkräften rede, die einige ihrer Leute in einem CoWorking Space untergebracht haben, dann sind die ausnahmslos begeistert davon und wollen das nicht mehr missen. Die Möglichkeiten zum gegenseitigen Austausch sind galaktisch und der Kosten- und Wettbewerbsvorteil massiv. Gute Betreiber von CoWorking Spaces fördern diesen Austausch zum Beispiel mit Free Donut Days, mit Feierabendbier, mit Sharing Plattformen oder gemeinsamen Yoga-Kursen. Das kostet den Betreiber wenig, bringt seinen Mietern aber immens viel. Sharing ist die neue Währung. So ist jedes Mitglied im CoWorking Space immer auf dem neuesten Stand. Schneller und günstiger kriegst du das nicht. Und nein: Ich bekomme keine Provision vom Verband der CoWorking Space-Betreiber – ich bin ehrlich begeistert und das auch noch auf eigene Kosten.

Trotzdem haben natürlich viele gestandene Managerinnen und Manager Vorbehalte. Die wollen das nicht.

Die wollen das nicht?

Oft rede ich mit Führungskräften, die noch keine eigenen Leute in einen CoWorking Space entsandt haben. Sie sagen: „Dort werden mir unsere Leute zu eigenständig. Die machen womöglich dann ihr eigenes Ding. Wie soll ich die denn führen, wenn sie dort sind?" Natürlich kann man sie nicht führen wie Mitarbeiter, die präsent sind.

Aber führen kann man sie natürlich immer noch. Zumindest wird das immer noch gemacht. Es gibt Telefon, E-Mail, Telkos. Und es gibt Management by Walking around: Niemand hält Führungskräfte davon ab, einen wöchentlichen Jour fixe im CoWorking Space abzuhalten. Merke: Menschen, die geführt werden, lassen sich führen. Rebellionen aus dem CoWorking Space heraus habe ich noch nie erlebt. Im Gegenteil. Die CoWorker sind dankbar für die neue Freiheit und zahlen das dem Arbeitgeber und Vorgesetzten mit erhöhter Motivation, stärkerem Commitment und vielen schönen neuen Ideen, Produkten und digitalen Services zurück.

„Zuerst ignorieren sie dich,
dann belächeln sie dich,
dann bekämpfen sie dich
und dann gewinnst du."
Gandhi-Zitat, das auf
Nicholas Klein zurückgeht

22 Hast du's drauf?

Die wertvollste Hotelkette der Welt ...

... hat überhaupt keine Hotels: AirBnB. Dagegen wird Hilton, der teuerste „echte" Hotelkonzern der Welt, auf sieben Milliarden Dollar weniger geschätzt als AirBnB, das auf 30 Milliarden kommt. Brian Chesky und Joe Gebbia haben die Hotelkette ohne Hotels gegründet.

Das war damals, als sie Studenten waren und den Teilnehmern einer Design-Konferenz in San Francisco als Übernachtungsmöglichkeit lediglich Luftmatratze und Frühstück anbieten konnten: Airbed and Breakfast, AirBnB. Weil das Angebot bei der Konferenz unerwartet gut lief, wollten sie es als Plattform ins Internet stellen und Geld damit verdienen. Joe Gebbias Eltern sagten, so die Legende: „Blöde Idee. Wer lässt schon Fremde in seine Wohnung?" Brian Cheskys Eltern huben in dieselbe Kerbe: „Das wird nix, Jungs. Lernt lieber was G'scheites." Lustige Geschichte?

Auch. Aber vor allem: der springende Punkt. Alle reden zwar von der „Digitalen Revolution". Doch kaum jemandem scheint dabei klar zu sein, wie so eine Revolution abläuft. Kurz zur Erinnerung:

Ganz wenige kämpfen gegen ganz viele.

Wobei die Wenigen immer gegen den Status Quo, die herrschenden Verhältnisse, die Tradition, das Althergebrachte, die Etablierten, Skeptiker, Zweifler, Zögerer, Zauderer, Statusfürsten, Besserwisser, Rechthaber und „Haben wir noch nie so gemacht!"-Bedenkenträger kämpfen müssen. Ein schwerer, ungleicher Kampf.

Wir vergessen das oft. Deshalb treffe ich regelmäßig Menschen, die mit viel Wut, Frust und Zorn in der Stimme anklagen: „Wir hatten so eine geile Idee für einen digitalen Service – aber unser Chef versteht sie nicht, die Hauptabteilung gibt kein Budget dafür und der Vorstand ist skeptisch." Ich erwidere dann ebenso regelmäßig: „Ja hast du denn was anderes erwartet?" Offensichtlich.

Wir vergessen oft: Wenn du'ne geile Idee hast und zu Recht Applaus erwartest – dann vergiss es. Du bist hier nicht im Varieté! Du bist in einer Revolution. Und in einer Revolution wird nicht applaudiert, da wird guillotiniert. So läuft das leider meist in der vielgepriesenen Digitalen Transformation. Dass sie sauer auf dich sind, wenn du eine gute Idee hast, ist die Regel. Ausnahmen bestätigen die Regel. In anderen Worten: Die Zögerer, Zauderer, Reichsbedenkenträger, Skeptiker, Maurer und Bremser werden dich permanent ignorieren, belächeln und bekämpfen. Gandhi wusste das. Er wusste auch, wie man, nachdem man ständig ignoriert, belächelt und bekämpft wurde, am Ende doch gewinnt. Wie?

Crash-Check: Bist du ein echter Revolutionär?

- ❑ Wenn du digital transformierst oder eine tolle neue digitale Idee hast: Schön, wenn sie dir applaudieren! Aber rechne nicht damit.
- ❑ Erwarte lieber bewusst und vorbeugend, dass die meisten erst mal dagegen sind. Oder skeptisch, misstrauisch, ängstlich.
- ❑ Mach dir immer und immer wieder selber klar: Die haben nichts gegen dich! Die sind nicht böse oder dumm. Die haben im Grunde auch nichts gegen deine Idee.
- ❑ Die sind lediglich wie die meisten Menschen: Misstrauisch gegenüber allem, was sie nicht kennen. Was der Bauer nicht kennt, mampft er nicht.
- ❑ Also erklär es ihnen geduldig und in einfachen Worten. Nein, noch einfacher. Und dann noch einfacher.
- ❑ Wie oft? Bis sie es verstanden haben.
- ❑ Die meisten fühlen sich von Neuem bedroht oder überfordert. Also zeig ihnen, wo für sie die Chancen und Nutzen liegen. Zeig ihnen außerdem, dass sie die Anforderungen meistern

werden. Das überzeugt. Besser als die üblichen „Du schaffst das!“-Sprüche.

- ❑ Und auf jeden Fall besser als das übliche: „Wann kapiert ihr das endlich!“
- ❑ Natürlich zieht dich das ständige Sperrfeuer mächtig runter. Also erinnere dich permanent daran, warum und wofür du das alles eigentlich machst, was es bringt, was du und alle andern davon haben werden, wie das Unternehmen profitiert und die Kunden – wenn du am Ende doch obsiegst.

Tritt nicht in die Affektfalle!

Der digitale Revolutionär hat einen langen Atem, hat Stehvermögen, Beharrlichkeit, Geduld, Gelassenheit, Souveränität und Massen an Resilienz. Er oder sie lässt sich durch nichts aus der Ruhe bringen. Das liest man zwar oft und das ist ja auch irgendwie klar, betrachtet man die Herausforderungen, aber: Wie macht man das? Wie wirst du innerlich bärenstark? Indem du nicht in die Affektfalle tappst.

Wenn Führungskräfte und KollegInnen skeptisch auf digitale Ideen reagieren, fassen das viele progressive Geister instinktiv, unterbewusst und unreflektiert als Ablehnung auf – ihrer selbst. Sie nehmen die Skepsis persönlich. Ohne viel darüber nachzudenken. Sie fühlen sich spontan abgelehnt, zurückgewiesen, respektlos behandelt. Dafür kannst du nix.

Wir wurden alle mit dieser Assoziationstendenz, mit diesem Attributionsfehler geboren. Das ist sozusagen der Affiliation Bias, die Zugehörigkeitsverzerrung. Wer im Neandertal nicht dazugehörte, von der Sippe verstoßen wurde, war binnen kürzester Zeit tot; vom Säbelzahntiger gefressen oder verhungert. Also hat die Evolution uns den Bindungsdrang und eine Heidenangst selbst vor der kleinsten Ablehnung in die Hardware codiert, genetisch verankert. Wenn du also dein Unternehmen ins digitale Zeitalter heben möchtest und deine Chefs und KollegInnen sagen „Was soll denn der Quatsch“, dann trifft dich das emotional so hart wie vor 30.000 Jahren den Neander, wenn der Clan-Chef sagte: „Du schläfst heute Nacht vor der Höhle!“ Das war das Todesurteil. Das ist es heute faktisch nicht mehr – aber so empfinden wir das affektiv immer noch. Deshalb heißt das auch „Affektfalle“. Wie kommst du raus aus dem Neandertal?

Indem du es als solches erkennst. Das Neandertal erkennen, heißt, es verlassen. Neulich traf ich eine Brückenbauerin (s. Kapitel 9), die berichtete: „Nach all diesen Monaten bin ich immer noch sauer, wenn die Leute einen meiner Vorschläge erst mal ablehnen. Aber dann sage ich mir: Das bist nicht du. Das ist bloß deine Neandertal-Amygdala, die eine automatische affektive Reaktion auslöst – und schon ist der Affekt weg." Die Hirnforschung zeigt: Sobald der präfrontale Kortex (das Großhirn, der eigentliche Menschenverstand), mit solchen rationalen Gedanken wieder eingeschaltet wird, verlöschen die instinktiven Affektreflexe. Dieses Verlöschen kann man sich übrigens antrainieren. Wie Tennis oder Schach.

Mit der richtigen Einstellung. Der normale Mensch sitzt der unbewussten Einstellung auf: „Ihr wollt mich wohl verarschen! Warum seid ihr dagegen? Ist doch eine tolle Idee! Kriegt endlich den Hintern hoch!" Der Revolutionär pflegt dagegen die Einstellung: „Ich weiß, dass ihr mich nicht veräppeln wollt. Ihr habt einfach nur gesunde Skepsis oder Angst – und beides kann ich euch nehmen."

Hilfreich ist auch ein amerikanischer Merksatz: „Who drives the car?" Wer sitzt am Steuer deines Lebens? Ein 40.000 Jahre alter Neandertal-Reflex? Deine Amygdala? Oder dein gesunder Menschenverstand?

Frustrationstoleranz

Das, worüber wir gerade reden, heißt im Sprachgebrauch der Experten „Frustrationstoleranz". Gäbe es Stellenbeschreibungen und Anforderungsprofile für Digitale Revolutionäre, würde darin als Kernkompetenz so sicher wie das Amen in der Kirche „unendliche Frustrationstoleranz" stehen. Exzellente Revolutionäre haben sowas. Wie kriegt man das? Frustration, obwohl als hundertprozentig affektiv empfunden, ist glücklicherweise eine hundertprozentig kognitive Angelegenheit: Ansichtssache. Folgende Ansichten, wenn du sie regelmäßig trainierst, steigern deine Frustrationstoleranz:

- Schon Freud sagte: „Aggression ist immer ein Zeichen von Unsicherheit!" Wenn andere dich also ignorieren, belächeln oder bekämpfen, denk immer dran: Die machen das nicht aus Arroganz, sondern aus einer tief empfundenen, unbewussten und daher nicht reflektierten Unsicherheit. Sie sind Opfer (ihrer eigenen Ängste). Und Opfer behandelst du am besten mit Nachsicht. Wie ein guter Arzt.

- Ein Opfer wird nicht dadurch geheilt, indem du es verbal in den Hintern trittst und anbrüllst: „Wann kapierst du das endlich?“
- Viele klagen: „Die kriegen nie die Kurve!“ Aber das stimmt nicht. Was dir heute den letzten Nerv raubt, raubt dir heute den letzten Nerv – morgen vielleicht schon nicht mehr. Die Digitale Transformation ist kein Zustand, sondern ein Vorgang. Transformation bedeutet eben: Gestern haben sie dich nicht verstanden, heute regen sie dich auf, aber (über)morgen schon hast du sie überzeugt. Wenn du dranbleibst. Wenn du nicht das heutige Ärgernis, sondern den Prozess siehst, der ins Morgen führt. Transformation ist ein Prozess, kein Ereignis.
- Egal, was sie auch sagen und tun: Es ist nie niemals nicht persönlich gemeint! Die meinen nicht dich! Die sind bloß verunsichert und mies drauf. Die sind nicht so change-kompetent wie du. Also hab mit ihnen Geduld.
- Es ist verständlich, aber sinnlos, wenn der Stärkere sich über den Schwächeren aufregt: Der Stärkere helfe dem Schwächeren!
- Transformation ist Verhandlungssache. Wenn sie heute auch skeptisch sind und dir Steine in den Weg legen – morgen jubeln sie dir vielleicht schon zu. Wenn du ungerührt einfach weiter mit ihnen verhandelst.
- Was aussichtslos aussieht, ist es mittelfristig niemals. A bissel was geht immer, wie der Bayer sagt.
- Wenn dich das ganze Affentheater runterzieht (was normal ist), sag dir: Ich bin selber für meine gute Laune verantwortlich!

Wer darauf wartet, dass ihm andere gute Gefühle machen, hat die Grenze zum Wahnsinn überschritten. Für meine Gefühle bin ich immer noch selber verantwortlich. Also sorge ich dafür, dass es gute sind. Du hoffentlich auch.

„Der Pessimist sieht in jeder Chance eine Bedrohung, der Optimist in jeder Bedrohung eine Chance."
Sprichwort

23 Bedroht das böse IoT dich?

Die digitale Welt dematerialisiert

Noch so ein Schlagwort, über das alle reden: Internet of Things, Internet der Dinge. Es gibt ein Dutzend Definitionen dazu, die selbst Nobelpreisträger nicht verstehen. Grob gesagt bedeutet das IoT: Dein Kühlschrank kann eigenständig bei Amazon Frischmilch bestellen und du kannst aus 30.000 km Entfernung mit dem Smartphone deine Jalousien an deinem Smart Home hochfahren lassen. Was übrigens kein Witz ist.

Ein Bekannter machte das mal aus Jux von einer Geschäftsreise aus. Während er im fernen Ausland in der Konferenz saß, ließ er an seinem Haus in der Heimat alle Rollläden hoch. Was er nicht bedachte: Da er in einer anderen Zeitzone war, lief seine Frau gerade vom Duschen im Bad nackt durchs Wohn- und Esszimmer als sich plötzlich alle Rollläden öffneten. Das war vor einem Jahr. Die Nachbarn grüßen sie noch heute mit einem freundlichen Grinsen. Als er nach Hause kam, schlief er erst mal zwei Nächte auf der Couch, dann musste er unter den Augen seiner Gattin die Fernbedienung fürs Smart Home vom Handy löschen. Internet of Things. Alles ist vernetzt, alles lässt sich von Ferne steuern, Geräte agieren autonom. Das wissen wir.

Was viele nicht wissen: Das IoT dematerialisiert die Welt. Nein, wir verschwinden nicht wie Captain Kirk beim Beamen – aber es verschwinden viele andere Dinge. Seminarräume zum Beispiel. Früher hatte man viele davon. Heute kommt das Seminar vom PC: Digital Learning. Früher ging man zum Einkaufen in den Laden, der in vielen Innenstädten gerade weggebeamt wird, weil wir heute im Internet einkaufen. Immer mehr Dinge verschwinden und werden digital ersetzt. Demnächst soll das Bargeld abgeschafft werden, munkelt man. Was wird wohl noch alles verschwinden?

Welche Produkte, Dienstleistungen, Unternehmen? Welche Arbeitsplätze? Auch euer Geschäftsmodell? Das ist ein gruseliger Gedanke?

Mag sein, aber das heißt nicht, dass man ihn deshalb nicht denken sollte. Eher im Gegenteil. Denn das ist längst kein abstrakter Gedanke mehr, sondern konkretes Phänomen: In vielen Unternehmen verschwinden Einkäufer, wenn der Buyer Bot kommt. Verkäufer werden vom Internet verdrängt. Teile der Supply Chain verschwinden. Ganze Industriezweige verschwinden, wie zum Beispiel in der Hörgeräte-Industrie viele Firmen, die nicht (rechtzeitig) auf 3D-Druck umgestellt haben. Viele Ersatzteile kommen inzwischen ebenfalls aus dem 3D-Drucker – die betreffenden Lieferanten liefern nicht mehr und die alten Spediteure fahren nicht mehr, weil der Drucker vor Ort druckt. Welche Komponenten eures Geschäftsmodells werden verschwinden oder sind schon verschwunden? Welche als nächste?

Ans Eingemachte

Natürlich gehen solche bedrohlichen Gedanken ans Eingemachte. Deshalb sollten wir uns umso schneller, intensiver und intelligenter darüber Gedanken machen. Alles, was ihr bislang an Produkten und Dienstleistungen angeboten habt, könnte es auch weiterhin eben – aber eben jetzt vernetzt und mit vielen schönen neuen Sensoren ausgestattet. Es entstehen auf der ganzen Welt Billiarden neuer Informationen, Big Data, Minute für Minute. Was fangt ihr damit an? Wie macht ihr aus Big Data dann Smart Data?

Anders gefragt: Was sind eure neuen, zukunftsweisenden datenbasierten Geschäftsmodelle? Darüber sollte man nachdenken. Sollte? Muss. Mit den extrem vielen neuen Daten sollte man etwas Neues anstellen. Was? Die Aufgabe besteht darin, die Antwort darauf zu finden und dann herauszufinden, ob und wieviel die Kunden dafür zu zahlen bereit sind. Das ist im Augenblick das Problem mit Big Data: Viele Unternehmen sitzen bereits auf kilometerhohen Datenbergen und wissen nicht, was sie damit anfangen sollen. Bis sie es wissen, war oft der Konkurrent schneller ...

Gestalte die schöne neue Welt

Tatsächlich ist das IoT schon heute so weit verbreitet, dass es sich selbst Probleme macht. Denn das Netz der Dinge ist ja kein einzelnes Netz. Es ist viele Netze. Und die machen sich gegenseitig das Leben schwer.

Banales Beispiel: Gebäudetechnik. Ein frustrierter Ingenieur erzählte mir: „Wir arbeiten auf 20.000 Quadratmeter Bürofläche hier auf dem Areal. Die komplette Beleuchtung ist mit Sensoren und Reglern total vernetzt und vollautomatisch. IoT. Es gibt praktisch keine Lichtschalter mehr, weil das Licht jetzt smartes, vernetztes Licht ist. Es regelt sich selbst über Bewegungsmelder und Dämmerschalter.“ Schöne Sache?

Ja, wenn da nicht die Beschattung mit Jalousien und Rollläden wäre. Die ist nämlich auch voll sensorisiert, automatisiert und vernetzt. Kaum sticht die Sonne im April überraschend aus den Frühlingsgewitterwolken hervor, geht die Jalousie runter und die Angestellten toben.

Immer wenn es draußen überraschend hell wird, sitzt man drinnen minutenlang im Dunkeln, weil der Dämmermelder für die Beleuchtung natürlich in der prallen Sonne steht und das Beleuchtungsnetz nicht mit dem Beschattungsnetz vernetzt ist. Den Monteuren der Installationsfirma wurden von erbosten Angestellten schon Schläge angedroht. Aber was sollen sie machen? Sie haben IoT-Produkte übernommen, die sie „nur installiert, nicht verstanden haben“, wie die Ingenieure auf dem Areal spotten. Die Netze sind smarter als die Menschen, die sie installieren. So schießt man sich selber aus dem Markt.

Eine der zentralen Aufgaben der IoT-Ära besteht also darin, die vielen schönen neuen Netze so miteinander zu vernetzen, dass es auch Sinn macht. Wem das schneller gelingt, der hat mehr Kunden, mehr Umsatz und die besseren Lösungen.

„Stolz macht blind.“
Redensart

24 Sei nicht zu stolz!

Die Nokia-Lektion

Erinnerst du dich? In den 70er- und 80er-Jahren hatten wir alle eines. Ein Nokia. Wir waren stolz drauf. Und die Nokia-Leute erst! Auch sie waren stolz auf ihre schönen Handys. Die waren ja auch wirklich großartig. Und was man gut kann, darauf darf man stolz sein. Echt jetzt?

Wer sagt das? Denn Nokia hat das Weltmonopol verloren. An die Smartphones. Warum? Jeder Spitzensportler kennt die Binsenweisheit: Sei nicht allzu lange allzu stolz auf deine Olympia-Medaille. Denn stolz trainiert nicht. Stolz macht satt. Und faul. Und dumm. Und hässlich.

Viele Autobauer sind heute noch sehr stolz auf ihre schönen neuen Autos. Und belächeln Ideen wie die autolose Stadt oder unterirdische Expresstunnelsysteme. Stolz lächelt. Aber eben nicht sehr lange. Das spöttische Lächeln des Saturierten ist morgen schon das Grinsen auf dem Totenschädel. Wer stolz ist, nimmt Newcomer-Konkurrenz so lange nicht ernst, bis es zu spät ist. Natürlich darf und soll man auf die eigene Leistung stolz sein! Doch wenn Stolz blind macht, hat man die Grenze zum Hochmut überschritten.

Stolz sollte nicht blind und satt machen, sondern zu neuen Taten beflügeln. Eben weil man etwas so gut kann, dass man stolz darauf sein darf, sollte man sich beflügelt fühlen, es noch besser zu machen. Oder ganz anders. Oder etwas ganz anderes. Wer sich auf seinen Lorbeeren ausruht, trägt sie an der falschen Stelle.

We are not proud!

In den 70er-Jahren gab es eine internationale Werbekampagne eines deutschen Konzerns mit dem Slogan: „We are not proud!“ Wir sind nicht zu stolz, um uns richtig ins Zeug zu legen. Wir sind uns nicht zu gut für harte Arbeit. Das ist die richtige Einstellung. Wir alle wissen, welche Konzerne und Unternehmen heute (noch) erfolgreich sind. Welche sind es morgen?

Einfach. Jene mit der Firmenphilosophie: Wir geben uns nie mit dem Erreichten zufrieden.

Eine Mittelmanagerin bei einem Messgerätebauer sagte mir: „Wenn etwas Neues, dass wir entwickeln, gleich gut ist wie das Alte, dann betrachten wir das als Rückschlag. Wir wollen mehr. Wir wollen nach den Sternen greifen. Und wenn uns der Kunde morgen sagt: Macht lieber was ganz anderes! Dann machen wir das. Ohne mit der Wimper zu zucken." Um dieses Unternehmen brauchen wir uns keine Sorgen zu machen. Die wissen, wie das geht: Zukunft. Die klammern sich nicht an ihren liebgewonnenen Produkten fest, auf die sie so stolz sind. Die würden sie lieber heute als morgen über die Reeling kicken, wenn sie dafür etwas noch Besseres oder was ganz Anderes, Digitales machen könnten.

Im Unternehmen der zitierten Mittelmanagerin gilt auch die Maxime: „Das können wir besser!" Deshalb wird das Unternehmen immer besser. Klingt einleuchtend? Warum machen das dann nicht alle? Das ist eine kluge Frage, die uns in ein interessantes Krisengebiet mit Leberwürsten führt.

„Sag einem Klugen einen Fehler,
Er wird erfreut und dankbar sein.
Ein Dummer sieht dich nur als Quäler
Und schnappt sofort beleidigt ein."
Karl-Heinz Söhler

25 Der Leberwurst-Effekt

Einschnappen löst keine Probleme

Neulich moderierte ich ein Meeting mit mehreren Partnern aus der Supply Chain. Ein gravierender Fehler war bei einem strategisch wichtigen Projekt aufgetaucht und der letzte Meilenstein war verfehlt worden. Die Leute eines Premium-Lieferanten, die mit am Tisch saßen, sagten bei jedem der offenen Punkte: „Ja, das muss anders laufen, das können wir besser, wenn wir uns alle besser abstimmen." Und sofort sagten die Leute vom Hersteller: „Was? Wieso? Was stimmt mit unserer Abstimmung nicht? Wir sagen euch doch immer alles rechtzeitig!" Und alle am Tisch nur so: Ach du meine Güte! Was sind denn das für schnell beleidigte Leberwürste?

Die Leute vom Premium-Lieferanten sagten „Verbesserungsmöglichkeit!". Die Hersteller-Leute dagegen hörten sofort „Vorwurf!" Wo der Lieferant Lösungen entwarf, warf der Hersteller mit Rechtfertigungen, Entschuldigungen und Vorwürfen nur so um sich. Resultat? Nichts ging voran.

Diese Art Selbstsabotage steckt tief in der Philosophie der Firma und der inneren Einstellung ihrer Führungskräfte drin. Das hat Folgen: Mit der Leberwurst-Strategie schießen sich Unternehmen ins vorvorige Jahrhundert zurück. Denn sämtliche neueren Management Tools und Lösungstechniken kriegt eine Leberwurst nicht gestemmt.

Die 5-Warum-Technik

Eines dieser modernen Lösungsinstrumente ist die Five-Why-Methode. Sie ist eine supereinfache und extrem effektive

Lösungstechnik: Frag einfach fünfmal hintereinander „Warum?" und nach dem fünften Warum hast du die Lösung.

In besagtem Meeting machten das die Ingenieure vom Premium-Lieferanten. Sie fragten:

1. Warum haben wir den letzten Meilenstein nicht fristgerecht geschafft? Ein Blick ins Projektprotokoll zeigte: Weil drei von 21 Arbeitspaketen säumig waren.
2. Warum waren diese drei verspätet? Eine Befragung rund um den Tisch ergab: Weil unerwartete Probleme aufgetaucht waren.
3. Warum waren sie unerwartet? Weil keines der Probleme im vorab erstellten Risk Register verzeichnet war.
4. Warum waren die da nicht verzeichnet? Weil mittendrin die Spezifikationen des Projekts verändert wurden – aber die Risiko-Abwägung nicht in allen Teilen angepasst wurde.
5. Warum wurde sie nicht komplett angepasst? Weil die Änderungen der Spezifikationen nicht sauber kommuniziert und an alle verteilt wurden.

Problem erkannt, Problem gelöst: Wann immer künftig von irgendjemandem in der Hierarchie am Projekt herumgedoktert wird, wird immer sofort danach peinlich genau die Change-Liste aktualisiert, an alle verteilt, von allen Beteiligten neue Risiko-Einschätzungen eingeholt und das Risk Register daraufhin entsprechend angepasst. Das ist die Lösung. Vielmehr: Das wäre die Lösung gewesen.

Denn schon nach dem zweiten Warum stiegen die Leute vom Hersteller aus der 5-Why-Management-Methode aus. Und zwar schwer beleidigt. Sie warfen den Vertretern des Premium-Lieferanten vor: „Was wollt ihr uns mit eurer provokativen Fragerei anhängen?" Nichts! Der Lieferant wollte keine Vorwürfe erheben, sondern eine Problemursache identifizieren. Das kriegte der Hersteller aber nicht mit. Weil er beleidigt war. Wer beleidigt ist, löst nicht:

- Die einen freuen sich, wenn sie einem Fehler auf die Schliche kommen, weil das die Chance ist, es beim nächsten Mal besser zu machen.
- Die anderen ärgern sich, weil sie das Aufdecken eines Fehlers als Vorwurf auffassen und erst mal beleidigt sind.

Wenn viele Fach- und Führungskräfte eine relativ harmlose Technik wie 5-Why schon als persönliche Beleidigung auffassen – wie heftig müssen sie dann wegen der Digitalen Revolution beleidigt sein? Das ist die eigentliche Erklärung für das zähe Stocken der Digitalen Transformation in vielen Unternehmen: Die sind nicht langsam. Die sind beleidigt. Die empfinden die Transformation als die sprichwörtliche Ohrfeige: „Wir haben wohl bisher alles falsch gemacht!“ Kein Wunder, dass sie sich mit Zähnen und Klauen gegen die Transformation wehren.

Du bist keine Wurst

Es gibt Menschen, die lieben Fehler. Menschen, die nicht sofort poltern: „Wer hat denn das wieder verbockt?“ Sondern die sagen: „Klasse, dass Sie den Fehler entdeckt haben. Und danke, dass Sie ihn so schnell gemeldet haben!“ Diesen Unterschied merkt man überall.

Zum Beispiel, wenn fehler-averse Menschen mit den Schultern zucken: „Mist, das darf nicht sein, da läuft was schief – aber keine Ahnung, wie wir das abstellen, da fällt mir nix zu ein.“ Während die Fehlermeister sagen: „Mir fällt auch nichts ein – aber umso besser. Dann puzzeln wir mal! Maximale Kreativität! Keine Idee ist verrückt genug!“

Manche klagen: „Da haben wir so viel Zeit reingesteckt und jetzt dieser kapitale Fehler! Damit war alles umsonst!“ Während andere meinen: „Okay, dafür wissen wir wenigstens, was nicht funktioniert. Jede Idee bringt uns jetzt weiter. Und alles ist für was gut. Wer weiß, wozu wir diesen Fehlschlag später noch mal gebrauchen können.“ Einige Führungskräfte tun das als „Geschwätz“ ab. Kann es sein, dass einige nicht wissen, wie Problemlösung funktioniert? Jammern und Schuldzuweisungen sind keine Problemlösetechniken.

Neulich passierte bei einem technischen Großhändler ein wirklich dummer, großer Fehler. Der Leiter der Dispo sofort: „Der Kunde listet uns aus! Der verklagt uns. Der bringt 20 Prozent von unserem Umsatz. Das ruiniert unseren guten Ruf!“ Ausgerechnet sein Assistent musste den eigenen Boss korrigieren: „Unser guter Ruf ist erst dann ruiniert, wenn wir das untern Teppich kehren oder

Schuldzuweisungen verteilen. Ich habe eben mit dem Kunden gesprochen, ich fahre gleich hin, damit er sieht, dass wir für unsere Fehler einstehen und dann regeln wir das. Einen neuen Lieferanten zu suchen kommt doch auch für den Kunden viel teurer als das mit uns auszubügeln. Wäre doch gelacht." Rate mal, wer bei diesem Großhändler das strategische Digitalisierungsprojekt leitet. Der Assistent. Natürlich. Denn er nimmt aufgetretene Fehler nicht zum Anlass für Regressionspsychosen. So heißt das in der zuständigen Wissenschaft. So nennen das die Mitarbeiter nicht. Aber sie spüren das. Instinktiv. Weil der Mensch von Geburt an mit dem dafür nötigen Sensorium ausgestattet ist. Menschen riechen Leberwürste. Und sie kennen den Unterschied zwischen Wurst und Führungskraft. Du willst keine Wurst sein?

Dann arbeite geduldig und intensiv am Paradigmenwechsel von individueller Einstellung und kollektiver Unternehmenskultur. Das Mantra von beidem lautet:

Fehler bringen uns voran!

Das ist ein Kulturwandel, dem ein Mindset-Wandel vorangehen muss. Erst wenn das jede(r) einzelne praktiziert, kann auch das Unternehmen danach handeln.

Klingt einfach, macht aber in der Praxis, wie alles Einfache, Probleme.

Nullfehlertoleranz ist Käse

Es gibt Produkte und Serviceleistungen, bei denen ist Nullfehlertoleranz Pflicht. Ich wäre zum Beispiel sehr besorgt, wenn meine Bank beim nächsten Konto-Auszug auch nur fünf Euro verbummeln würde. Aber wir alle wissen: So tickt das Universum nicht. Fehler sind unvermeidlich. Je neuer, größer und digitaler eine Idee, ein Projekt, ein Vorhaben ist, desto rasender, exponentieller, steiler steigt das Fehlerrisiko. Und wenn du dann die Leberwurst spielst, wird das nichts mit der Transformation. Das sehen Führungskräfte oft spontan ein. Doch dann kommen die Bedenken.

„Heißt das, wir müssen ab sofort in digitalen Projekten Fehler willkommen heißen?“ Ja, das heißt es. Nach einigen Minuten der Diskussion erkennen das dann auch viele und nehmen sich vor: „Okay, dann machen wir das eben so.“ So funktioniert der Mensch nicht. Die Erfolgsquote von guten Vorsätzen liegt unter 10 Prozent. Wissen wir alle. Von den guten Vorsätzen an Silvester. Und das merken die Mitarbeiter dann auch in der Führungspraxis.

Kaum tritt der nächste unvermeidliche Fehler auf, platzt der Vorgesetzte heraus: „So ein Mist aber auch! Musste das jetzt sein!“ Und jeder Mitarbeiter schlussfolgert: „Die Fehlertoleranz ist tot. Dem Chef war das nie wirklich ernst damit. Das hat er nur so gesagt. In Wirklichkeit sind Fehler weiterhin für ihn tabu.“ Natürlich nicht! Dem Vorgesetzten ist das bloß so rausgerutscht. Weil er es sich lediglich vorgenommen hat, Fehler zu begrüßen. Vornehmen ändert aber kein Verhalten. Verhalten kann man nur durch Verhalten ändern. Indem man das so lange übt, bis es „sitzt“. Das meint der Begriff „Training“. Alle Bundesliga-Mannschaften trainieren fünfmal die Woche. Deshalb sind sie in der Bundesliga. Dasselbe gilt für Führungskräfte. Wer nicht trainiert, verliert.

Es sind nur vier Buchstaben. Aber sie machen eine Menge aus: Denk dir vier Buchstaben weg und aus „Nullfehlertoleranz“, dem faktischen aber utopischen Verbot von Fehlern, wird „Fehlertoleranz“, der echten Toleranz gegenüber unvermeidlichen Fehlern. Echte Fehlertoleranz bedeutet: Wir lernen aus unseren Fehlern. Das ist das einzig Sinnvolle, was man mit unvermeidlichen Fehlern machen kann.

Technik allein ist keine Lösung

Einige werden an dieser Stelle bereits gelangweilt am Smartphone daddeln: Das Fehlerthema ist zwar zentral für den Transformationserfolg, aber es ist nicht populär. Technik ist populär. Digitale Technologie ist ja auch sehr attraktiv. Über diese Attraktivität vergessen wir leicht Themen wie Fehlertoleranz, Mindset, Kultur und Digital Leadership. Das ist schade.

Denn die meisten Menschen fühlen sich von der Digitalen Transformation überfordert. Eben weil die ganzen Technologien und Möglichkeiten nicht nur attraktiv, sondern so neu und digital sind, dass kaum einer sie versteht, geschweige denn beherrscht.

Dazu kommt der wachsende Erfolgsdruck in der Wirtschaft, die Kunden, die schnellstmöglich digitalisiert und vernetzt werden wollen: Diese ganzen großen Veränderungen stressen uns mächtig. Weil wir vergessen: Auch und gerade Großes schafft man nur in kleinen Schritten.

Und ein kleiner Schritt, den wirklich jede(r) ohne Hilfsmittel hinbekommt, ist zum Beispiel die echte Fehlertoleranz. Wenn wir auch (noch) nicht sämtliche neuen Technologien und Geschäftsmodelle verstehen: Echte Fehlertoleranz verstehen wir. Diesen Schritt können wir machen. Heute bereits. Jetzt direkt. Und wenn wir das draufhaben, halbiert sich auch schon der Druck der Digitalen Transformation. Wer Fehler machen darf, um draus zu lernen, hat viel weniger Druck. Das ist nicht leicht, aber es ist einfach. Der nächste Fehler kommt bestimmt.

Wie willst du reagieren?

Wie wirst du reagieren?

„Getretner Quark
wird breit, nicht stark."
Goethe, aus: Westöstlicher Diwan

26 Lässt du dich von Mythen verführen?

Mythen der Transformation

Auf einem Kongress zur Digitalisierung besuchte ich auch einige Vorträge von Unternehmensberatungen. Nach dem ersten war ich amüsiert. Nach dem zweiten beunruhigt und nach dem dritten dachte ich: Spinn ich?

Da wurde dem Publikum Zeugs erzählt, das schlicht nicht stimmt – auf das aber natürlich viele Managerinnen und Managern hereinfallen. Ist ja auch klar, wenn das der Doktor von der Unternehmensberatung verschreibt. Dann schluckt man das, verzieht den Mund, weil es bitter schmeckt, kommt damit nicht weiter und fragt sich dann, woran das liegen mag: „Wie kann das sein, dass das nicht funktioniert? Das hat doch der Unternehmensberater gesagt!" Ja. Aber *was* hat er gesagt? Was hat er erzählt?

Um Missverständnisse zu vermeiden: Es gibt viele exzellente Unternehmensberater, bei denen das, was sie sagen, Hand und Fuß hat. Über die reden wir hier nicht. Wir reden über die andern. Einigen von ihnen durfte ich auf dem Kongress zuhören. Mir klingelten die Ohren. Warum? Was erzählten die Redner? Sie erzählten Mythen.

Viele Führungskräfte fallen auf diese Mythen der Transformation herein. Daran sind nicht nur Unternehmensberater schuld. Auch Medien, Internet und sogenannte Experten kolportieren diese Mythen. Nicht, weil sie dich hinters Licht führen wollen! Sondern weil sie einfach das wiederholen, was andere schon gesagt haben, was aber nie anhand der Realität überprüft wurde. So entstehen Mythen. Wie das Eisen im Spinat.

Mythen sind gut für den, der sie verbreitet: Er macht sich damit wichtig. Umso schlechter sind Mythen für den, der ihnen auf den Leim geht. Wer darauf hereinfällt, verliert viel Zeit bei der Transformation, halst sich unnötige Kosten auf, bezahlt bitter Lehrgeld, verliert seine Motivation und das Commitment seiner Leute und oft genug die besten seiner Mitarbeiter. Weil diese im Gegensatz zu vielen Führungskräften die Mythen mit der Realität vergleichen, sie als Mythen entlarven und danach lieber zu Unternehmen wechseln, die nicht so leicht zu verführen sind. In der Folge verlieren die mythenblinden Unternehmen den Anschluss an jene Konkurrenten, die mythenfest sind. Ich möchte nicht, dass dir das passiert. Ich möchte nicht, dass du Mythen auf den Leim gehst.

1. Mythos: Die digitalen Technologien revolutionieren die Wirtschaft

Die digitalen Technologien entwickeln sich rasant. Deshalb reden viele Führungskräfte mit großer Begeisterung darüber. Und kriegen viel Applaus dafür. Sowohl die rasante Entwicklung als auch Begeisterung und Applaus führen dazu, dass viele ManagerInnen sich hauptsächlich auf die Technologie konzentrieren, dass sie der Technologie Zeit, Aufmerksamkeit, Priorität, Planung, Organisation und Budget widmen. Was kommt zu kurz?

Du hast richtig getippt. Liegt ja auch auf der Hand – leider nur für jene, die nicht auf den Mythos hereinfallen. Natürlich revolutionieren nicht die Technologien unsere Wirtschaft, Gesellschaft und Unternehmen, sondern die Menschen, die diese Technologien implementieren und zum Laufen bringen. Eben deshalb transformieren doch viele Unternehmen so zäh und zögerlich: Weil alles auf die Technik schaut und keiner auf die kritische Masse der Führungskräfte und Mitarbeiter, die im- oder explizit sagt: „Nö, da machen wir nicht mit! Oder nur mit angezogener Handbremse. Oder nur, wenn wir Zeit haben. Wenn es das eigentliche Geschäft erlaubt.“ (Das tut es nie).

Nicht die Technologien machen die Revolution, sondern die Revolutionäre. Das war schon immer so in der Geschichte der Menschheit. Natürlich sprechen Medien und Mythenblinde oft von

„revolutionärer Technologie“. Aber seit wann sind Medien und Mythenblinde die Hüter der Wahrheit?

Es mangelt vielen Unternehmen ja auch nicht an der Technologie. Die Technologien sind längst da, vorhanden, marktreif. Aber es fehlt eben an Revolutionären, die diese neuen Technologien an den Mann, die Mitarbeiter, die Kunden und die interne Struktur des eigenen Unternehmens bringen können. Weil viele Führungskräfte und Unternehmen auf diesen Mythos hereinfallen, wird ganz viel für die Technologie und ganz wenig für den Menschen, die Führungskräfte, die Mitarbeitenden und die Kunden in der Transformation getan, organisiert und ausgegeben.

Myth-Busting: Wenn dir die Menschen in der Transformation nicht mindestens ebenso wichtig sind wie die Technologie und die Projekte, kannst du die Transformation vergessen.

2. Mythos: Ich bin der Experte!

Viele revolutionäre digitale Technologien und Methoden sind eben nicht nur digital und revolutionär. Sie verlangen auch, dass du plötzlich ganz eng mit Leuten zusammenarbeitest, mit denen du vielleicht noch nie so eng zusammengearbeitet hast. Zum Beispiel mit Startup-Kollegen im CoWorking Space. Oder mit Kunden, weil dein Unternehmen jetzt plötzlich CoCreation oder Open Innovation macht. Das schmeckt vielen nicht.

Sie sagen: „Das will ich alles nicht. Ich möchte doch bloß hier und in aller Ruhe dieses neue Teil entwickeln!“ Aber das muss er oder sie jetzt plötzlich zusammen mit dem Kunden. Das verstehen viele nicht: „Ja, aber ich bin doch hier der Experte! Sonst hätte der Kunde uns doch gar nicht beauftragt!“ Sie verstehen das nicht. Sie wollen das nicht. Sie wollen weiterhin der Experte sein und sich nicht von Kunden „oder anderen technischen Laien dreinreden lassen“. Sie fühlen sich durch diese neuen Partner in ihrer Expertenrolle bedroht und betrogen.

Hier kommt ein ganzes Rollen- und Berufsbild ins Wanken. Die gute Nachricht: Es kann stabilisiert werden. Indem man es an die neuen Erfordernisse der Digitalisierung anpasst. Indem man den (sehr) Betroffenen zeigt,

- dass sie immer noch und weiterhin die Experten sind.

- wie sie in der ganz konkreten Gesprächsführung Experten bleiben, aber trotzdem offen sind für Input von einer Seite, die ungewohnt ist.
- wie sie weiterhin Experte bleiben können, indem sie ihr Rollenverständnis anpassen und wie sie die neuen Partner in die Prozesse integrieren können.
- wo sie innerhalb der neuen Rolle auch weiterhin die Grenzen ziehen können. Transformation heißt ja nicht Anarchie.

Schulung hilft hier weiter. Also nicht nur technische Schulung für die neuen, digitalen Technologien. Sondern vor allem Training und Beratung für die Veränderung des Berufsbildes. Unternehmen mit EAP (Employee Assistance Programme) gelingt das übrigens sehr viel schneller und leichter und ohne Knirschgeräusche.

In solchen Programmen können alle Führungskräfte und Mitarbeitenden externe Coaches ihrer Wahl kontaktieren und Telefon-Coaching nehmen. Bei einem guten Coach, einer guten Coachin ist das eigene Berufsverständnis in ein, zwei Telefon-Gesprächen angepasst. Das ist rasend schnell? Tja, nicht nur die digitalen Technologien machen Quantensprünge.

3. Mythos: Die Unternehmensberatung liefert dir das Happy Meal – du musst bloß genug Geld in die Hand nehmen

Genug Geld? Wer hat das schon! Also wartet man, bis man das nötige Budget beisammen hat – und wird derweil links und rechts überholt von jenen, die nicht so lange warten wollen. Wollen? Können! Niemand kann so lange warten.

Selbst wenn man es könnte, was man nicht kann: Es würde nichts nützen. Denn wenn man endlich das nötige Budget hat, dann erschlägt einen das Happy Meal, weil es viel zu groß und zu aufwändig ist. Logisch, deshalb kostet es ja so viel. Merke: Niemand isst den Elefanten am Stück!

Also warte nicht, bis dein Sparschwein gefüllt ist. Warte nicht auf irgendwas, sondern leg los. Jetzt. Sofort. Ohne zu zögern. Wer aufs Budget wartet, verliert noch mehr Zeit. Und wie du schon erkannt haben wirst: Zeit ist extrem wichtig bei der Transformation.

Wer zu spät transformiert, zahlt fürchterlich drauf und fliegt oft genug aus dem Markt. Erspar dir das. Leg lieber gleich los.

Das Geld reicht aber nur für kleine Schritte? Diese kleinen Schritte, wenn du sie selber machst, sind in Summe sehr viel wertvoller als der riesengroße Schritt, den dir der Unternehmensberater verkaufen möchte.

Ihr könnt zum Beispiel mit Rapid Prototyping beginnen. Das machen viele. Oder mit Open Innovation für ausgewählte Produkte und Kunden. Ihr könnte zu Beginn auch euren Business Purpose und eure Werte-Haltung anpassen, neu definieren – das kost' fast nix, bloß die Eh-schon-da-Kosten. Denn natürlich müssen auch eure unternehmenskulturellen Werte an die neue Zeit angepasst werden. Man kann mit analogen Werten nicht in einer digitalen Welt erfolgreich sein. So eine Werte-Arbeit ist ebenfalls ohne Budget machbar.

Wenn ihr zum Beispiel jetzt auch mit Startups zusammenarbeitet (sehr zu empfehlen), wird es oft passieren, dass ihr einen hundertprozentigen Qualitätsanspruch habt, das Startup aber schon Produkte und Services an Kunden rausgibt, die erst bei 80 Prozent liegen – wie managt ihr das? Wie kommuniziert ihr das? Wie verhandelt ihr das? Das Wie bedeutet jeweils: Welche Werte stehen dahinter? Welche wollt ihr bei solchen Anliegen als verbindlich definieren?

Das alles kann man jetzt schon analysieren, diskutieren und vereinbaren – ohne (großes) Budget.

4. Mythos: Mit digitalen Technologien werden unsere Produkte/Services noch perfekter

Das ist keine Chance, sondern eine Bedrohung. Denn aufgrund dieses Mythos lassen sich viele Manager, Entwickler und Projektgruppen dazu verleiten, unter Nutzung von digitalen Technologien die bestehenden Produkte mit kleinen und noch kleineren Verbesserungen zum Superprodukt entwickeln zu wollen. Warum sollten sie das nicht tun? Ist das nicht gut?

Nein, das ist es nicht, wenn die Kunden im digitalen Zeitalter kein Superprodukt wollen, sondern zum Beispiel einen digitalen Service von einer neuen, digitalen Plattform. Wer Produkte perfektioniert, kümmert sich in der Regel nicht um das, was die Kunden wirklich oder intensiver wollen.

Immer wieder fallen Unternehmen auf diesen Mythos herein und statten zum Beispiel bestehende Produkte mit besseren Materialien aus. Besser bedeutet selbstverständlich teurer. Viele Kunden sagen dazu nicht „Hurra!“, sondern „Brauchen wir nicht!“ Viele hätten lieber einen zusätzlichen oder gänzlich neuen Service. Kriegen sie aber nicht, weil das Unternehmen viel zu sehr damit beschäftigt ist, inkrementelle Mini-Verbesserungen auszutüfteln.

5. Mythos: Der Berater weiß, wie’s geht

Das behaupten zumindest viele Unternehmensberater. Bislang war das auch meist so. Bislang galt: Es gibt einen Mangel, der bekannt ist und den man beheben muss. Mit Change Management. Zum Beispiel sollen Prozesse verbessert und die Effizienz gesteigert werden. Weil der Berater diesen Mangel und das dafür nötige und erfolgreiche Change Management von vielen vorausgegangenen Beratungen her kennt, weiß er wie’s geht. Er kann seine Erfahrung aus der Vergangenheit für dein Anliegen nutzen. Dieses Modell ist sehr überzeugend. Es hat bloß einen Haken.

Der Haken ist: Es heißt nicht Digital Change Management, es heißt Digitale Transformation. Change Management orientiert sich an der Vergangenheit, Transformation ist zukunftsgerichtet. Change Management ist retro-perspektiv: Es behebt einen Mangel aus der Vergangenheit. Das ist Change. Transformation ist sozusagen das Gegenteil. Sie ist vorwärts gewandt. Sie dreht sich um die Zukunft. Und die Zukunft kennt keiner. Auch der Unternehmensberater nicht.

Weder er noch ich noch sonst jemand wissen, was die digitalen Technologien in Zukunft alles möglich machen werden und was sich die Kunden künftig wünschen werden. Deshalb kann niemand wissen, „wie das geht“. Man kann es nicht wissen. Man kann es aber herausfinden. Nicht, indem man Change Management macht.

Sondern indem man immer in Bewegung bleibt, die aktuellen und sich ankündigenden Entwicklungen erfasst, sondiert, auf Nutzbarkeit analysiert und Pilotprojekte startet.

Produktentwicklung und Change Management sagen zum Beispiel: „Wir machen unsere Autos immer besser und die Prozesse, mit denen wir sie produzieren." Die Digitale Transformation dagegen fragt: „Wer weiß, ob die Leute in zehn Jahren überhaupt noch Autos fahren? Sollten wir nicht Disruptionen wie den Hyperloop und andere alternative Mobilitätskonzepte aufs Radar nehmen?"

Selbst ein Ingenieur bei einem Systemlieferanten der Automobilindustrie meinte: „Einer neugeborenen Nichte habe ich vor fünf Jahren zur Geburt noch ein Führerschein-Konto geschenkt. Als mein Neffe neulich geboren wurde, hab ich mir das verkniffen. Kein Mensch weiß doch, ob es in zehn Jahren überhaupt noch Autos gibt." Niemand, nicht einmal ein Zukunftsforscher, kann vorhersehen, wohin sich die Zukunft entwickelt. Deshalb ist die Zukunft auch durch VUCA gekennzeichnet, wie das Schlagwort heißt: Volatility – Uncertainty – Complexity – Ambiguity. Flüchtigkeit, Unsicherheit, Komplexität und Mehrdeutigkeit. Oder merkfähig formuliert: Niemand weiß, wie's kommt. Wir wissen lediglich, dass wir nicht wissen, wie's kommt. Also lass dir von niemandem weismachen oder suggerieren, er wisse was kommt oder wie es geht.

6. Mythos: Ihr müsst alles auf den Kopf stellen!

Das fordern viele. Alles muss sich ändern, damit man VUCA überlebt: Firmenkultur! Führung! Produktion! Vertrieb!

Aus der Firmenkultur muss der Digital Spirit werden, aus Mitarbeiterführung wird Digital Leadership, in der Produktion grassiert die 4. Industrielle Revolution und der Vertrieb wird digital. Kurz und gut: Alles Alte muss raus!

Auf besagtem Kongress predigten das die Redner auf ihren Vorträgen auch mantra-artig. Und je länger sie aufzählten, was sich alles ändern muss, desto kleiner wurden die Managerinnen und Manager im Publikum auf ihren Sitzen. Beim informellen Kaffee nach den Vorträgen lautete das einhellige Urteil: „So viele Baustellen? So viele Themen? Packen wir nie. Ist nicht zu machen. Wir müssen nämlich nebenher noch Kunden betreuen, Aufträge abarbeiten und neue Produkte entwickeln. Das können wir doch nicht alles für eine ungewisse Zukunft aufgeben!“ Das ist der O'Hara-Effekt, auch Overload-Effekt genannt.

In „Vom Winde verweht“, sagt Scarlett O'Hara über eine Aufgabe, die sie eigentlich erledigen müsste, die sie jedoch überfordert: „Aber nicht heute! Verschieben wir es auf morgen.“ Das ist typisch, menschlich und verständlich. Was zu viel, zu heftig, zu groß ist, wird nicht angepackt, sondern eher verschoben. Meist auf die lange Bank. Diesen Effekt erzielten die Kongress-Redner mit ihrer ellenlangen Litanei all dessen, was sich schleunigst ändern müsse. Ich frage mich, ob den Rednern bewusst war, dass sie sich mit der Überforderung ihres Publikums eher schadeten als nutzten?

Eine Konzernstrategin brachte es auf den Punkt: „In unsicheren Zeiten sollte man die Leute nicht noch weiter verunsichern. In unsicheren Zeiten ist nicht Panik und Information Overload gefragt, sondern Sicherheit und Stabilität.“ Ein Unternehmen sollte sich nicht auf den Kopf stellen müssen. Denn erstens verunsichert das maximal, zweitens ist das nicht zu schaffen und ist drittens daher kontra-produktiv.

Myth-Busting: Nicht auf den Kopf stellen! Aber weiterentwickeln!

Es gibt in jeder Firmenkultur, jeder Entwicklungsabteilung, jeder Produktion und bei jedem Leader bereits heute viele gute zukunftsweisende Ansätze. Sogenannte Bright Spots. Die kann und sollte man nutzen. Mit der organischen Weiterentwicklung dieser „Hellen Flecken“ kommt man sehr viel weiter als wenn man versucht, das Kind mit dem Bade auszuschütten.

7. Mythos: Aus Erfahrung gut

Ja, das war der Wahlspruch der AEG. Aber so gehen auch viele Unternehmensberatungen vor. Sie kommen zu dir ins Unternehmen und sammeln erst mal einige Tage, wenn nicht Wochen die nötigen Basisdaten. Ist ja auch logisch: Dann steht die

Transformation auf soliden Beinen. Weil sie auf der gesammelten Erfahrung eures Unternehmens aufbaut.

Das Problem an diesen Daten: Das sind Vergangenheitsdaten. Die sind unverzichtbar, gut und nützlich – aber nicht für die Transformation. Denn bei der Transformation geht es nicht um die Vergangenheit, sondern um die Zukunft. Es geht nicht darum, sich zu den Daten der Vergangenheit etwas auszudenken.

Es geht darum, zu denken, wozu es noch keine Daten gibt, was noch keiner gedacht hat und noch keiner weiß.

Also kommen Unternehmen und ManagerInnen bei der Transformation sehr viel schneller weiter, wenn sie anders (als viele Unternehmensberatungen) denken, nämlich:

- Wie könnte der Einkauf der Zukunft aussehen? Die Produktion? Vertrieb, Verwaltung … ?
- Was haben andere Vordenker und Zukunftsforscher dazu schon gedacht?
- Leuchtet das ein? Eröffnet das Perspektiven?
- Könnte sich das für uns als nützlich erweisen? Wie?
- Wie können wir das auf unsere Verhältnisse anpassen?
- Wer macht das bei uns? Wem berichtet er/sie?

Und wenn wir schon Neues denken, dann können wir das auch gleich in neuer Form machen, damit die Form zum Inhalt passt, damit die bessere Form zum besseren Inhalt führt. Du kannst zum Beispiel dafür Formate wie den Sprint oder die ZukunftsWerkstatt benutzen.

Wichtig dabei ist, dass du dazu nicht nur die „üblichen Verdächtigen“ einlädst, sondern ein maximal diverses Team zusammenstellst: nicht nur cross-funktional, sondern auch interdisziplinär. Je unterschiedlicher jene sind, die dabei mitmachen, desto reichhaltiger wird das Ergebnis. Das ist gewöhnungsbedürftig und erfordert Moderationsgeschick (das man sich auch einkaufen kann, wenn man schlau ist). Das bringt dafür dann aber auch exzellente Ergebnisse. Neulich nach so einem Workshop, bei dem ich alle Hände voll zu tun hatte, dass eine Historikerin und ein Neurobiologe nicht völlig die Bodenhaftung verlieren, sagte der Auftraggebende Einkaufsleiter: „Die besten und kühnsten Ideen zum Einkauf der Zukunft hatten ausgerechnet jene Experten in der Runde, die rein gar nichts mit dem Einkauf zu tun haben." Was sagst du dazu? Natürlich. Das muss so sein. Denn wer jeden Tag Einkauf macht, kennt sich im Einkauf perfekt aus – in der Zukunft dafür weniger.

Selbstverständlich sollte auch sein, dass man solche funktions- und disziplinübergreifenden Runden nicht lediglich einmal abhält. Einmal ist keinmal. Sondern regelmäßig. Mindestens einmal im Jahr. Zukunftsorientierte Unternehmen machen das weitaus häufiger. Weil es der Schlüssel zur Zukunft ist.

8. Mythos: Alles muss weg, was nicht zukunftsfit ist!

Auch das wird uns ständig gepredigt. Ständig erzählen uns externe Experten, was in unseren Unternehmen alles nicht läuft, nicht funktioniert, nicht nachhaltig ist, in Zukunft keine Chance haben wird. Das nennt man den defizit-orientierten Ansatz. Kein normaler Mensch würde den benutzen.

Zum Beispiel ein Fußballtrainer. Wenn der seiner Mannschaft zweimal die Woche nur das um die Ohren haut, was seine SpielerInnen alles nicht können, lynchen sie früher oder später den notorischen Miesmacher, Defätist, Negaholiker und Schwarzseher. Das weiß jeder Fußballtrainer. Der defizit-orientierte Ansatz ist didaktische Holzhammer-Methode. Holzhämmer erzeugen keine Motivation. Sie zerstören sie. Wer mit dem Holzhammer „motiviert", erreicht damit nur eines: Dass maximal viele Mitarbeitende nicht mitmachen bei der Transformation oder sie ex- oder implizit behindern. Warum wissen das viele Unternehmensberater nicht?

Weil die wenigsten von ihnen a) Fußballtrainer, b) didaktisch geschult und c) selbstreflektiert sind. Denn wer reflektiert, was er selber gerne hätte, kommt schnell darauf, dass er nicht ständig damit angemeckert werden möchte, was er alles nicht kann, was er alles falsch macht und was deshalb alles weg muss.

Myth-Busting: Frag dich lieber: Was sind unsere Kernthemen und wie bringen wir diese in die digitale Zukunft?

Bei dieser Frage wird das, was ihr bisher geleistet habt, werden eure bisherigen Erfolge nicht in den Dreck gezogen und wird keine Demotivation erzeugt. Ihr könnt auch fragen:

- Wo bewegen wir uns bislang schon in Richtung Zukunft? Was kriegen wir schon jetzt digital recht gut hin? Wie können wir das ausbauen?
- Wo sitzen bei uns im Unternehmen jene guten Leute, die digital echt was draufhaben?
- Wie können wir denen mehr Freiraum geben? So viel Freiraum, dass sie im schlimmsten Fall mal ein digitales Schlauchboot versenken, aber nicht die ganze Yacht?

9. Mythos: Ich kümmere mich ums Kerngeschäft und für die Transformation hol ich mir einen Berater

Der Berater wird's schon richten. Ich kümmere mich ums Kerngeschäft und der Berater um die Zukunft. Meine Zukunft. Fühlst du es?

Ja, dabei schwingt Unbehagen mit. Ich gebe meine Zukunft in die Hände eines anderen? Vielleicht ist das nicht Selbstmord auf Raten – aber wer begibt sich ohne Not und freiwillig in die Hände eines Fremden? Wenn ich in zwei Jahren hops gehe, dann juckt das den Berater wenig, den ich heute beschäftige. Er ist fein raus: Sein Honorar hat er schon bekommen. Ich bin heftig für Outsourcing, aber niemand outsourct seinen Herzschlag. Niemand?

Tatsächlich machen das im Moment viele Unternehmen. Die Berater reiben sich die Hände. Sie machen gute Geschäfte. Es sei ihnen gegönnt. Wirklich. Ehrlich. Aber:

Myth-Busting: Hol dir lieber Leute rein, die dir zeigen, wie du es selber machst.

Wie man klein anfängt und sich dann steigert. Wie man jene Leute im eigenen Unternehmen nach vorne bringt, die schon gut in Richtung Zukunft unterwegs sind. Wie du gute Ansätze ausbauen kannst. Selber. Ohne fremde Hilfe. Denn die Zukunft ist ja auch nicht fremd. Es ist deine Zukunft. Also überlass sie nicht Fremden. Mach sie dir zu eigen.

10. Mythos: Digitalisierung ist, wenn wir unsere Produkte digitalisieren

Nein, das ist nicht Digitalisierung. Das gehört zwar dazu, aber das ist der kleinere Teil. Der größere Teil ist:

Welche neuen Produkte, Services, Business Cases und Geschäftsfelder eröffnet dir die Digitalisierung?

Das ist keine Zukunftsmusik, das passiert schon. Jene Unternehmen, die am schnellsten transformiert haben, machen das bereits. Da ist zum Beispiel der Maschinenbauer, der früher Maschinen baute. Macht er immer noch und verdient Millionen damit. Mehr als früher. Er steigert jedes Jahr seinen Umsatz. Aber den meisten Umsatz macht er inzwischen nicht mehr mit seinem „eigentlichen" Kerngeschäft, mit seinen Traditionsprodukten, sondern mit einer neuen, digitalen Plattform, die er vor drei Jahren eingerichtet hat. Die Kunden nutzen sie begeistert und bezahlen dafür gutes Geld. Sehr gutes Geld. In Summe mehr als für die Maschinen.

Aber auch Maschinen verkauft das Unternehmen jetzt wegen der digitalen Plattform mehr – weil sich Maschinen und Plattform natürlich gegenseitig ergänzen. So geht das. So geht Zukunft.

11. Mythos: Der Berater hat die Erfahrung

Wenn er gut ist, hat er die Erfahrung von anderen Beratungsprojekten. Diese Erfahrung meine ich aber nicht. Ich meine die Erfahrung aus eigener digitaler Anwendung. Erstaunlicherweise haben die viele Berater nicht.

Sie erzählen dem Kunden, wie das Digitale geht, sind aber selber noch analog unterwegs. Sie erzählen, wie Transformation geht, sind aber selber nicht transformiert. Sie raten Kunden, zum Beispiel auch ihre Kommunikation zu digitalisieren. Beispielsweise mit Evernote, OneNote, Asana oder Trello. Und was macht der

Berater? Benutzt selber nicht diese Plattformen, sondern schickt weiterhin E-Mails. Er kommuniziert eben gerade nicht mit dem, was er seinen Kunden verschreibt. Predigt X, macht aber selber U. Predigt den Einsatz moderner Collaboration-Plattformen, schreibt selber aber weiter munter E-Mails, mit denen Dokumention, Austausch und Wiederfinden relevanter Informationen nicht wirklich gut funktionieren. Erstens ist das etwas unehrlich. Und zweitens: Wie will er wissen, wie das, was er andern verschreibt, wirklich geht, wenn er es nicht selber macht?

Übrigens: Wenn ich im Gespräch mit anderen einige dieser neuen Plattformen aufzähle und miteinander vergleiche, schauen mich viele Berater wie vom Donner gerührt an. Die kennen diese Plattformen noch gar nicht, geschweige denn deren Anwendung. Kein Vorwurf! Man kann nur wissen, was man weiß. Die Verantwortung liegt wie so oft beim Kunden: Ich selber bin dafür verantwortlich, was ich mir einkaufe. Auch beim Einkauf von Beratungsleistung gilt: Keine Zitronen, bitte.

Neulich beklagte sich eine Junior-Beraterin, dass sie immer noch „drei Formulare ausfüllen muss“, um ein neues, genehmigtes und bereits abgezeichnetes Notebook für das alte, kaputte zu bestellen: „Wir sagen unseren Beratungs-Klienten, sie sollen ihren Einkauf digitalisieren und moderne Beschaffungsplattformen einrichten oder nutzen – und selber laufen wir noch mit dem Anforderungszettel durch die Gänge!“ Oder sie schicken der Sekretärin eine E-Mail mit dem Auftrag – anstatt selber auf amazon-ähnliche Beschaffungsplattformen zu gehen.

„Companies rarely die
from moving too fast
and they frequently die
from moving too slowly."
Reed Hastings

27 Kennst du die Erfolgsfaktoren?

Die Gesetze des Erfolgs

„Der Sturm gewinnt Spiele", lautet ein Erfolgsgesetz im Fußball. „Die Verteidigung gewinnt Meisterschaften." Immer wieder jedoch kaufen Vereine Superstürmer ein, die auch tatsächlich viele Tore machen. Aber weil das Geld nicht mehr für eine gute Verteidigung gereicht hat, kassiert die Mannschaft dann hinten mehr Tore als sie vorne schießen kann:

Es gibt Erfolgsgesetze. Wir ignorieren sie auf eigene Gefahr.

Für alles gibt es Erfolgsgesetze. Selbstverständlich nicht im Sinne eines Gesetzestextes oder eines Naturgesetzes. Aber eben im Sinne von Erfolgsprinzipien, welche die Wahrscheinlichkeit eines Erfolges drastisch erhöhen.

1. Erfolgsgesetz: Mach die alten Erfolge nicht mies!

„Man kann in einer digitalen Wirtschaft nicht mehr analog denken und managen!" Das sagen viele Berater. Etliche Führungskräfte ebenfalls. Das stimmt auch. Doch je öfter man solche Gedanken hegt oder solche Sprüche von sich gibt, desto stärker verfestigt sich bei einem selbst und vor allem bei anderen, bei MitarbeiterInnen und KollegInnen der Eindruck:

Unsere bisherigen Erfolge zählen nichts. Eigentlich machen wir nach heutiger Sicht alles falsch. Das Alte war alles schlecht.

Verstärkt wird diese implizite Botschaft durch Formulierungen wie: „Wir müssen erfolgreich werden!“ Wie wäre es mit: „bleiben“?

Diese ganzen negativen Gedanken und Formulierungen sind Motivationskiller. Sowohl für die Motivation von anderen als auch für die eigene. Wer strengt sich schon an, wenn er das Gefühl hat, bislang alles falsch gemacht zu haben? Also mach eure bisherigen Erfolge nicht mies. Und lass auch nicht zu, dass es andere machen. Weder die eigenen Leute noch externe Berater. Aus diesem ersten ergibt sich das

2. Erfolgsgesetz: Bau auf deinen alten Erfolgen auf!

Verwirf sie nicht, mach sie nicht mies, bagatellisiere sie nicht! Sei stolz darauf. Aber benutze diesen Stolz nicht dafür, dich auf den Lorbeeren auszuruhen. Lass dich vielmehr vom Erfolg beflügeln, es noch besser, es jetzt eben auch digital zu machen.

Verbreite Botschaften wie: „Wir waren erfolgreich, wir sind erfolgreich und wir werden erfolgreich bleiben! Denn zu jeder Zeit erfüllen und übererfüllen wir die Anforderungen, die an uns gestellt werden. Im Augenblick ist die Anforderung eben die Digitale Transformation.“ Erfolg ist kein Zustand, sondern ein Vorgang.

Es gibt keinen Gegensatz zwischen analog und digital – wie immer behauptet wird. Beides ergänzt sich tadellos. Wenn das Digitale auf dem Analogen aufbaut. Für nachhaltigen Erfolg braucht man beides.

3. Erfolgsgesetz: Speed!

Das ist eines der Erfolgsgesetze, gegen das häufig verstoßen wird. Nicht absichtlich!

Die meisten, die dagegen verstoßen, wollen sich nicht selbst ausbremsen. Sie wollen vielmehr für ihre Digitale Transformation

- erst einmal ein wasserdichtes Konzept – was natürlich Zeit kostet, was wiederum das Gegenteil von Speed ist.

- das ganz große Budget. Es zu kriegen, kostet ebenfalls eine Menge Zeit.
- eine detaillierte Phasenplanung; dito: kostet Zeit.
- die besten Leute. Diese sind jedoch meist auf Anhieb nicht zu bekommen.

Alle diese Wünsche sind verständlich und entsprechen dem typisch deutschen Qualitätsanspruch: Was wir machen, machen wir richtig. So nützlich dieser Anspruch in vielen anderen Bereichen ist – bei der Digitalen Transformation ist er es nicht. Im Gegenteil:

Wenn ihr nicht schnell transformiert, könnt ihr noch so gut transformieren – die anderen Unternehmen hängen euch ab, bevor ihr angefangen habt.

In vielen anderen Angelegenheiten gilt: Qualität vor Tempo. Nicht bei der Transformation. Hier gilt das Gegenteil: Wenn du nicht schnell machst, brauchst du es auch nicht mehr gut zu machen, weil du schon raus bist. Wie Reed Hastings (im Eingangszitat) sagt: Unternehmen sterben in der Digitalen Transformation selten, weil sie sich zu schnell bewegen. Sie bekommen häufiger Probleme, weil sie zu langsam sind.

4. Erfolgsgesetz: Customer Interaction

Je stärker der Kunde eingebunden wird, desto besser. Denn im digitalen Zeitalter bestimmt der Kunde, was er will. Und er setzt das auch meist durch. Das hört sich logisch an, doch viele Unternehmen arbeiten so nicht. Sie machen das Gegenteil.

Sie entwerfen ein – aus ihrer Sicht – ganz tolles Produkt oder einen – aus ihrer Sicht – ganz tollen Service und pushen das dann beim Kunden nach dem Motto: „Das war nicht deine Idee, wir haben dich auch nicht in die Entwicklung einbezogen – aber jetzt kauf das Ding endlich, aber zackig!“ Das Prinzip Nürnberger Trichter oder Stopfleber. Nicht gesund. Sehr mühsam. Mit hohem Frustrationspotenzial. Vor allem, weil man dabei links und rechts überholt wird von Unternehmen, die Customer Interaction machen.

Sie hören dem Kunden erst mal zu, wenn er von seinen Problemen, Wünschen, Zielen und seinen eigenen Kunden erzählt. Sie empfinden den Kunden nicht als störend, sondern als Quelle für Anregungen. Und:

Nein, der Kunde hat eben nicht immer Recht! Aber er hat meist gute Anregungen.

Warum sollte man diese guten Anregungen nicht anhören und überprüfen, gegebenenfalls nutzen? Die Alternative dazu ist: Den Kunden ignorieren. Seit der digitalen Revolution ist das nicht mehr wirklich eine Alternative. Kunden kaufen heutzutage nicht mehr automatisch das „bessere Produkt". A) Was ist – aus Kundensicht – das bessere Produkt? B) Haben sie jemals überwiegend das bessere Produkt gekauft?

Spielen nicht vielmehr noch viele andere Einflussgrößen, außer reiner Produkt- oder Servicequalität, in die Kaufentscheidung hinein? Zum Beispiel Convenience, Distinktionsgewinn, Trendiness, Statuswert, Usability oder eben auch Interaction? Wer mich ernst nimmt und meine Ideen anhören und integrieren möchte, bei dem kaufe ich auch eher. Ganz einfaches Prinzip, das nicht ganz einfach in die verbreitete Mir-san-mir-Kultur vieler Firmen eingepasst werden kann. Aber gibt es eine Alternative?

5. Erfolgsgesetz: Data Is the New Oil!

Big Data ist kein Schlagwort, sondern inzwischen Realität. Die meisten gut geführten Unternehmen sitzen mittlerweile auf einem täglich wachsenden Berg an Daten – machen aber wenig draus. In den Daten sind riesige Umsatzpotenziale verborgen. Wer deckt sie auf?

Zum Beispiel Data Scientists. Habt ihr genug davon? Sie verwandeln Big Data in Smart Data. Noch immer sitzen viele Unternehmen auf Berge von Daten, die keinen oder kaum Nutzen abwerfen. Diesen Nutzen werfen sie ja nicht nur fürs Unternehmen ab, sondern natürlich auch für die Kunden.

Es gibt Unternehmen, die machen inzwischen viel mehr Umsatz mit ihren Daten, das heißt mit Plattformen, als mit ihren ursprünglichen Produkten: Data is the new oil. Bring deine Quelle zum Sprudeln!

6. Erfolgsgesetz: Digitalisier nicht bloß Produkte!

Neulich war ich zu Besuch in einem Unternehmen, das ganz tolle digitale Produkte herstellt. Aber die Entwickler entwickeln noch am Bildschirm. Ein Entwickler meinte: „Unsere Kunden kriegen das Beste, was es digital gibt, aber wir hier müssen immer noch ohne Virtual Reality-Brille konstruieren.“ Das Prinzip zieht sich durch: In der Fertigung stehen die Maschinenführer noch mit dem Stück Papier in der Hand und programmieren ihre CNC-Fräsen ebenfalls mit der Hand. Anstatt dass man Digital Engineering and Manufacturing von vorne bis hinten einführt: Was der Entwickler entwickelt, fließt digital in die CNC-Maschinen ein. Kein Zettelwerk mehr nötig. Das spart Zeit und reduziert Fehler.

Dasselbe gilt für andere Funktionen: Viele Unternehmen arbeiten im Vertrieb und Verkauf noch mit Excel-Kundendatenbanken. Oder geben Bestellungen per Fax auf. Anstatt das von einem automatischen Bestellsystem machen zu lassen. Spart Zeit. Und Kosten. Und setzt Menschen frei für sinnvollere, produktivere Aufgaben. Natürlich kann und sollte man nicht alles digitalisieren.

Aber hast du schon einmal geprüft, welche Prozesse bei euch gut und gerne digitalisiert werden könnten? Das ist ein Projekt, das man anpacken sollte. So schnell wie möglich. Natürlich kostet das alles Geld! Also solltest du vorab kalkulieren (lassen), bei welchen Prozessen die Anschaffung mehr bringt als sie kostet. „Kein Geld!“ ist kein Argument. „Kein Profit!“ dagegen schon.

7. Erfolgsgesetz: Digital Leadership

Wer soll aus analogen Systemen smarte Systeme machen? Wer entscheidet, was digital gemacht wird und was nicht? Wer bindet die MitarbeiterInnen ein? Und wie? Wie empowere ich meine Leute, befähige sie und statte sie mit der nötigen Kompetenz aus? Wie gebe ich ihnen die dafür nötigen Entscheidungsspielräume?

Das sind Führungsfragen, die in vielen Unternehmen nicht beantwortet, ja oft nicht einmal gestellt werden. Weil es kein gemeinsam geteiltes Verständnis von Digital Leadership gibt. Viele betrachten die Digitale Transformation als eine Frage der

Technologie. Das ist sie nur vordergründig. Im Wesentlichen ist es eine Frage der Führung. Leadership ist wichtiger als Technologie. Technologie ist notwendig, Leadership ist hinreichend. Zu erwarten, dass analoge Führungskräfte auf Anweisung von oben plötzlich Digital Leadership beherrschen, ist eine Illusion, die in vielen Unternehmen mit zunehmenden Verlusten gepflegt wird. Mach das nicht. Mach dich und dein Führungsteam fit in Digital Leadership.

8. Erfolgsgesetz: Leadership Identity

Sicher ist dir schon aufgefallen, dass einige Führungskräfte erfolgreich mit der Digitalen Transformation sind – andere nicht wirklich. Das hat nur wenig mit Glück und viel mit dem eigenen Führungsverständnis zu tun.

Warum bist du Führungskraft geworden? Um Erfolg zu haben? Oder um dafür zu sorgen, dass deine Leute und du Erfolg haben? Ersteres hat in der analogen Ära funktioniert, zweiteres funktioniert im Digitalen besser, weil in der digitalen Ära die Führungskräfte sehr viel stärker von ihren Teams abhängig sind. Wer sich auf Kosten des Teams profiliert, wird durch Abstriche am Erfolg bestraft. Doch wer Führungskraft geworden ist, um eben einsam und allein zu glänzen, tut sich schwer mit diesem neuen Führungsverständnis.

Schwer tut sich ebenfalls, wer nicht von Statussicherung und Distinktionsgewinn lassen kann. Wem das Eckbüro wichtiger ist als die Einführung von Rapid Prototyping, beschneidet sich selbst in den Erfolgschancen der Digitalisierung.

Dasselbe passiert auch Führungskräften, die nur von oben herab führen können: Digital Natives, Startups und Kunden in Open Innovation oder Co-Creation lassen sich nur auf Augenhöhe führen.

Viele Führungskräfte schauen geringschätzig auf das, was Konkurrenz oder Startups machen: „Das bringt doch nichts! Das lässt sich bei uns nicht anwenden!“ Das erinnert ans Not-Invented-Here-Syndrom. Erfolgreicher sind Führungskräfte, die für jede Anregung von außen dankbar sind und sie auf Transferierbarkeit und Adaptibilität überprüfen: Welche Technologien, Konzepte,

Methoden und Arbeitsweisen könnten auch für uns interessant und übertragbar sein?

Keinem fällt die neue Leadership Identity leicht. Das ist auch nicht die Frage. Die Frage ist: Kannst du dein aktuelles Verständnis deiner Führungsrolle an die neuen Anforderungen anpassen? Wie präzise, wie umfassend, wie schnell? Und wie trainierst du deine neue Führungsidentität, damit du sie auch möglichst getreu im Führungsalltag umsetzen kannst? Denn allein von guten Vorsätzen verändert sich kein Verhalten. Niemand kann sich lediglich vornehmen, einen Tennis-Topspin-Aufschlag mit Außenrotation zu beherrschen. Training schlägt Vorsätze. Training is the breakfast for champions. Bist du einer? Ein Champion? Wo trainierst du? Wann? Wie? Mit wem?

9. Erfolgsgesetz: Transformation, nicht Revolution

Oft höre ich: „Wir müssen agile werden!“ Das verstehe ich, davon reden ja auch alle. Aber es passt eben nicht auf alle.

Meist ist es ein viel zu großer Sprung von „traditionell“ zu „agile“. Setzt man zu diesem radikalen Sprung an, dann kriegen drei Viertel der Belegschaft eine Identitätskrise und mauern, sind verunsichert und gestresst. Und wer gestresst ist, läuft vor lauter Stress automatisch wieder ins alte, traditionelle System zurück. Dann ist meist rasch Schluss mit agile.

Leider ist im Arbeitsalltag meist Stress, weshalb drei Viertel der Belegschaft sofort wieder zum alten System zurückkehren. Damit sinkt die Wahrscheinlichkeit rapide, dass sich Agilität gut entwickelt.

Natürlich gibt es eine disruptive Lösung, eine Radikallösung: Wir sind ab morgen alle total agile – und wer sich auch und gerade unter Stress nicht daran hält, wird hart zurückgepfiffen. Manche Unternehmen machen das. Aber das ist für alle Beteiligten hart und zerstört außerdem Motivation und Produktivität. Niemand mag es, wenn er hart zurückgepfiffen wird. Das ist ein Motivationskiller.

Daher ist der Radikalansatz nicht so toll: „Ab morgen sind wir alle total agile!“ Besser ist es, wenn du den Grad eurer Agilität an dein Unternehmen oder deine Organisationseinheit anpasst. Es muss nicht total agile sein. Es muss vor allem auf deine Organisation passen. Es muss tragfähig sein. Es muss für deine Leute akzeptabel sein. Oder wie mir ein Abteilungsleiter sagte: „Meine Leute sind vor 20 Jahren nicht zu uns gekommen, weil sie total agile sein wollten.“ Wer hier mit harter Hand radikal und disruptiv Agilität oder andere Anforderungen der Digitalen Transformation verfolgt, riskiert tatsächlich die Disruption: Viele Kompetenzträger verlassen entnervt und überfordert das Unternehmen. Die anderen gehen in die innere Emigration. Daher:

Transformation ist Adaption.

Es muss eben passen. Wer überfordert, trägt die Konsequenzen. Es sollte kein Bruch, sondern eine Smooth Transition werden. Ich weiß, das ist leichter gesagt als getan. Aber seit wann machen du und ich nur das, was leicht fällt?

„Man kann nicht gegen Widerstände arbeiten, aber mit.“
Therapie-Prinzip

28 Warum transformierst du nicht?

Wenn es hakt, geht es nicht mehr um Transformation, sondern um Widerstand

Wir müssen transformieren. Das wissen wir. Aber wenn du das einem Kollegen, Mitarbeiter, Vorgesetzten sagst, was sagt er dann?

„Ja, schon, aber ich muss erst noch …“ einen ganz dringenden Auftrag abarbeiten, die Jahresplanung machen, die Strategie für die nächsten fünf Jahre, ins Meeting, zum Kaffeekochen, aufs Klo, den Hund ausführen … Immer, wenn man etwas machen muss, ist plötzlich alles andere viel interessanter oder vordringlicher. Wenn ich zum Beispiel die Steuererklärung machen muss, dann wird plötzlich sogar das Speicher-Aufräumen äußerst attraktiv. Auch wenn ich es schon seit Monaten vor mir herschiebe. Wenn ich dann nicht die Steuererklärung ausfülle, sondern den Speicher aufräume, nennt man das auch neuhochdeutsch Prokrastination; Zögern, Zaudern, auf die lange Bank schieben. Das treibt in den Wahnsinn – selbst jene, die prokrastinieren.

Man möchte schon, aber man kann nicht. Oder umgekehrt: Man möchte schon, wäre dazu auch in der Lage – aber man kann den Willen dafür nicht aufbringen. Das macht vielen viel Stress. Vor allem, wenn sie dafür sorgen müssen, dass andere mit der Prokrastination aufhören. Also was tun?

Das erste, was dir hilft, ist die Erkenntnis: Hier geht es nicht mehr um die Transformation, sondern um den Widerstand der Leute. Du willst – aber die wollen nicht!

Sag dir das oft. So oft, bis es Klick macht. Das kann dauern. Weil wir vor der Erkenntnis von Widerständen meist selbst in den Widerstand gehen. Eine Bereichsleiterin fragte mich einst empört:

„Wer bin ich denn? Ich soll mich um die inneren Widerstände der Leute kümmern? Ich bin doch nicht deren Psychotherapeutin!" Sicher nicht. Sie ist Ingenieurin.

Und als Ingenieurin kennt sie die Engpasskonzentrierte Strategie. Sie weiß: Die begrenzende Instanz für jeden Vorgang ist nicht das stärkste, sondern das schwächste Kettenglied. Wieviel Bier aus einer Bierflasche kommt, bestimmt nicht der Durchmesser der Flasche, sondern der des Flaschenhalses: der Engpass. Wird der Engpass beseitigt, läuft es wieder.

Die Engpässe der Transformation sind die Widerstände der Beteiligten. Was fängst du damit an?

Widerstände behandeln

Du kannst die Widerstände der Leute ignorieren und unbeirrt einfach weitermachen nach dem Motto: Steter Tropfen höhlt den Stein. Viele Führungskräfte machen das. Und tatsächlich höhlt steter Tropfen den Stein. Irgendwann. Der Mensch ist ein Gewohnheitstier. Wenn man es ihm nur oft genug vorsagt und vormacht, wird ihm auch das Neue vertraut. Das hängt allein von der Anzahl der Tropfen und deren Intensität ab.

Andere Führungskräfte warten ab, bis ihr Umfeld oder ihre Vorgesetzten selber darauf kommen, selber die eigenen Widerstände überwinden. Bis es so weit ist, suchen sie sich Felder, in denen sie sich digital austoben können. Oder sie bereiten digitale Projekte schon vor, damit diese startbereit sind, wenn ihre Leute es endlich auch sind. Dann steht alles bereit, wenn die anderen aufwachen und mitmachen wollen.

Wieder andere Führungskräfte missionieren durch die Hintertür. Sie führen die Digitale Transformation ganz nebenbei ein. Zum Beispiel bei einem Tool-Roll-out: „Das haben wir schon so oft gemacht, das langweilt doch inzwischen. Lasst uns das deshalb jetzt mal mit einem Sprint versuchen!" Weil das ein begrenztes Projekt ist, verlieren die Beteiligten viel von ihren Hemmungen. Denn sie wissen: Wenn das schiefgeht, machen wir das nach Ende des Projektes sowieso nie wieder. Doch meist setzt nach solchen Testballons der Überzeugungseffekt ein: „Hey, das ist gar nicht so übel. Da war unsere Skepsis wohl überzogen. Das machen wir jetzt öfter!“

Was ebenfalls gut funktioniert: Wenn schon dein direktes Umfeld nicht schnell oder weit genug transformieren mag, dann such doch jenseits deiner Bürowände oder Abteilungsgrenzen nach Gleichgesinnten. Du findest immer welche. Tut euch zusammen! Sozusagen als Allianz der Willigen. Zusammen ist man weniger allein. Man erreicht auch mehr. Und es macht mehr Spaß als sich täglich mit den Widerständen der Prokrastinierer herumzuschlagen.

Was auf jeden Fall hilft und Widerstände reduziert: Tue Gutes und rede darüber! Wenn du irgendwo auch nur ein kleines bisschen erfolgreich transformiert hast, dann rede darüber. Erzähl es allen. Denn Widerstände bedeuten ja lediglich, dass jemand glaubt: „Das haut nicht hin!“ Wenn er oder sie dann wöchentlich Erfolgsmeldungen hört, hört er oder sie wöchentlich: „Das haut doch hin!“ Das überzeugt. Erfolgsmeldungen überzeugen sehr viel schneller als Appelle oder Druckmachen: Nothing succeeds like success.

Trotzdem ist das natürlich sehr frustrierend: Unbeirrt weiterzumachen, wenn viele bremsen. Glücklicherweise gibt es Management of Frustration.

„No one can make you feel inferior without your consent."
Eleanor Roosevelt

29 Management of Frustration

Wie hoch ist deine Frustrationstoleranz?

Transformation bedeutet Widerstand und Widerstand bedeutet Frust. Sich täglich mit Widerständen herumzuschlagen, ist frustrierend. Tatsächlich gibt es wenig, was frustrierender wäre. Deshalb sagen viele Leistungsträger: „Ist mir zu blöd! Muss ich nicht haben!" Sie verlassen das Unternehmen oder gehen in die innere Emigration. Das kann man machen. Beides spricht jedoch nicht für eine Frustrationstoleranz, die eines intelligenten Menschen würdig wäre. Das ist keine Charakterfrage. Wieviel Frust hältst du aus, bevor du in die Knie gehst?

Frustrationstoleranz ist nicht angeboren, sondern erworben. Wer das trainiert, stärkt seine Frustrationstoleranz enorm bis hin zum Maximum: „Den/die bringt nix mehr aus der Ruhe!" Mit so einer Frustrationstoleranz geht man/frau natürlich ganz anders mit den täglichen Frustrationen um: stark, souverän, gelassen. Diesen aktiven Umgang nennt man übrigens Management of Frustration. Heißt tatsächlich so. Noch nie gehört, gelesen, praktiziert? Das geht nicht nur dir so. Hierzulande sind die höheren Führungskünste wenig bekannt. Wir haben es hierzulande eher mit Schrauben und Bolzen. Auch gut. Aber besser eben, wenn du nicht nur mit der Hardware, sondern auch mit der „Software" umgehen kannst; zum Beispiel mit Frustrationen und anderen Brems-Affekten.

Management of Frustration, also der Umgang mit der eigenen und der Frustration anderer ist eine Fähigkeit wie Tennisspielen auch. Niemand kann das ohne Übung. Ein perfektes Übungsfeld ist der Sport – jedweder Sport.

Machen, nicht denken

Zum Beispiel Fußball. Oder jeder andere Sport, bei dem es um Ergebnisse geht. Wenn du 0:2 zurückliegst, kannst du gefrustet denken: „Oje, wir liegen zurück! So ein Mist aber auch! Wie sollen wir das je wieder aufholen?" Das nennt der Psychologe Fusion: Man verschmilzt quasi mit dem Frust. Oder man kann es machen wie Oliver Kahn, der seiner Mannschaft in solchen Situationen stets zugerufen hat: „Immer weiterspielen! Weiterspielen!" Wenn du weiterspielst, kannst du gewinnen oder verlieren. Aber wenn dir vor lauter Frust über den Rückstand die Beine schwer werden, kannst du praktisch nur noch verlieren.

Es geht bei dieser Art des Umgangs mit der eigenen und der Frustration anderer also nicht so sehr um die Frage: Wie behandle ich meinen Frust? Sondern darum, dass du vom Denken/Grübeln ins Handeln kommst. Denk nicht lange drüber nach. Mach einfach weiter! Deine halbe Abteilung und dein direkter Vorgesetzter machen mit angezogener Handbremse bei diversen Digitalprojekten mit? Vergisses! Nicht lange drüber nachdenken, von vorne herein keinen Frust aufkommen lassen, sondern einfach immer weitermachen.

Frust ist kein Dreisatz, den man lösen muss. Einfach unbeirrt weitermachen mit der Transformation ist oft das Beste. Die Alternative ist keine: Dem Frust nachgeben und die Flinte ins Korn werfen.

Fokus reduziert Frust

Du kannst deinen und fremden Frust auch mit Selektiver Wahrnehmung reduzieren. Wer frustriert ist, schaut meist auf das, was nicht funktioniert – so entsteht Frust. Nicht so sehr durch was, was nicht funktioniert. Sondern vielmehr dadurch, dass wir nur noch auf die Fehler schauen. Der Fokus steuert den Affekt.

Wenn ich mir im Internet lauter Bilder von Verkehrsunfällen anschaue, krieg ich miese Laune. Schaue ich Bilder von etwas Schönem an, kriege ich gute Laune. In beiden Fällen tue ich nichts zur Vermehrung von Gutem oder Bösem. Die Sachlage ändert sich nicht durch meinen wechselnden Fokus – aber meine

Stimmung. Und ändert sich die Stimmung, kann ich mit besserer Laune auch die Sachlage ändern. Das nennt man Motivation. Dass Motivation eine Funktion der Wahrnehmung ist, wissen nur wenige.

Also rede das, was nicht funktioniert nicht weg. Aber richte deinen Fokus nach der ersten Frust-Attacke bewusst und gezielt auf das, was funktioniert. Und mach andere darauf aufmerksam. A bissel was geht immer! Es gibt immer Sachen, die gut funktionieren. „Aber das meiste funktioniert eben nicht!" Das stimmt – aber das hilft dir nicht weiter! Das verhilft dir nicht zu einer hohen Frustrationstoleranz. Wie das Kaninchen auf die Schlange zu starren hat nur eine Konsequenz: Schlange frisst Kaninchen. Dabei könnte der Nager ungefähr zehnmal so schnell rennen wie das Reptil. Könnte – wenn er überallhin schauen würde, bloß nicht auf die Schlange. Fokus ist überlebenswichtig.

Das Wenige, was gut funktioniert, kannst du als Hebel benutzen, um den Frust über das viele, das nicht funktioniert, zu überwinden. Da, wo dein Fokus hingeht, geht auch deine Motivation hin. Diese Wahrnehmungssteuerung beherrscht niemand von Geburt an. Im Gegenteil. Wir alle werden mit dem Negativity Bias geboren. Einem Hang unserer Wahrnehmung, eher das Schlechte zu sehen. Doch dieser Bias, diese Wahrnehmungsverzerrung kann überwunden werden. Durch Übung. Alle Menschen mit hoher Zuversicht, großer Motivation und viel Mumm in den Knochen machen es so. Sie sehen das Schlechte und konzentrieren sich auf das Gute. Das ist reine Trainingssache. Du kannst das im Alltag trainieren. Täglich ergeben sich mehrere Hundert Möglichkeiten; von den ganz kleinen bis zu den ganz großen.

Bist du ein Mensch, in dessen Nähe andere Menschen wachsen?

Denise ist Vertriebsleiterin in ihrem Unternehmen. Und weil ihr Unternehmen eine Vertriebsorganisation ist, ist sie zugleich oberste Transformiererin. Sie kommt ins Coaching und könnte die Wände hochgehen: „Die sind alle so langsam! Wir könnten, nein, wir müssten schon viel weiter transformiert sein! Seit zwei Jahren predige ich denen das – aber die anderen Funktionen, ja selbst viele aus meinem eigenen Führungsteam sind so zäh und langsam!“

Ich frage sie: „Bloß weil du so schnell bist, müssen es alle anderen auch sein?“ Der Groschen fällt.

Sie überlegt eine Weile und sagt dann: „Es wäre schön, wenn das so wäre. Aber wenn es nicht so ist, nützt drüber jammern auch nichts. Ich darf nicht erwarten, dass alle so schnell sind, bloß weil ich es bin. Die anderen sind keine Kopien von mir. Und ich brauche sie. Ich kann das nicht alleine stemmen.“

Das nimmt auch jede Menge Druck von Denise selbst: „Ich muss die Welt nicht im Alleingang retten. Ich muss nicht alleine die Transformation antreiben. Und wenn mein Team mir nicht schnell genug folgt, dann muss ich sie eben mitnehmen. Vom Jammern werden die auch nicht schneller.“

Auch die 2nd-Person-Perspective, die Du-Perspektive hilft Denise: „Ich rege mich immer über die auf und wie langsam sie sind. Aber ganz bestimmt regen die sich auch genauso über mich auf, weil ich ihnen viel zu schnell bin. Die arbeiten sowieso fast alle schon am Anschlag im operativen Geschäft und dann komme ich auch noch mit dem Thema Transformation daher. Einem Thema, das keiner mag. Also ich kann verstehen, warum die nicht begeistert sind.“

Seit sie sich besser in ihr Umfeld einfühlt, managt sie die Transformation auch besser. Zum Beispiel informell. In der Kaffeeküche fragt sie manchmal: „Wo drückt der Schuh gerade?“ Und die Leute erzählen es ihr. Auf diese informelle, verständnisvolle Weise bringt sie die Transformation schneller und besser voran als wenn sie sich weiter über das mangelnde Tempo beklagt. Druck machen beschleunigt vielleicht Prozesse, kurzfristig. Aber Druck lässt Menschen nicht wachsen, langfristig.

Überzeugung ist in Abweichung vom bekannten Motivations-Mythos kein Aha-Effekt, keine Epiphanie, keine blitzartig erleuchtete Einsicht. Überzeugung ist in den meisten und vor allem in den nachhaltigen Fällen ein schleichender, ein langsamer Prozess. Mit Vortasten, Sondieren, Sensibilisieren, zwei Schritten vor und einem zurück.

„Wer sich vornimmt, Gutes zu wirken,
darf nicht erwarten, dass die Menschen ihm
deswegen die Steine aus dem Weg räumen.“
Albert Schweitzer

30 Weißt du, wie gefährlich Begeisterung ist?

Wer andere entzünden will, muss selber brennen

Fakt ist: Viele Führungskräfte sind begeistert von der Digitalen Transformation. Fakt ist auch: Treffen sie mit dieser Begeisterung auf KollegInnen, MitarbeiterInnen oder Vorgesetzte, sind diese meist überhaupt nicht begeistert. Sondern passiv bis aggressiv: „Ach lass uns doch mit deinen spinnerten Ideen in Ruhe!“

Je stärker du begeistert bist, desto weniger sind viele in deinem Umfeld begeistert. Du bist total heiß für das Thema, doch für die meisten anderen bedeutet das Thema einen Kaltstart. Die haben alles andere im Sinn als das, was dich begeistert. Aber warum springen die nicht auf deine Idee an? Warum ist deine Begeisterung nicht ansteckend? Ich würde gerne wissen, wer diesen Unfug in die Welt gesetzt hat, aber:

Wer andere entzünden will, muss selber brennen!

Das stimmt einfach nicht. Das ist ein Mythos, eine Legende, ein Märchen. Bestes Beispiel für diesen Mythos ist die Digitale Transformation: Je begeisterter du dafür brennst, desto entgeisterter bremsen dich viele andere. Begeisterung ist in relevanten Kontexten nicht ansteckend – in irrelevanten schon: beim gemeinsam Fußballgucken und Biertrinken zum Beispiel. Oder wenn fünf Mädels Mode diskutieren. Da machen alle begeistert mit, wenn eine(r) damit anfängt. Aber zwischen Bier und Beruf gibt es dann schon Unterschiede.

Einer der Unterschiede ist: Die Leute mit Kaltstart können gar nicht auf Anhieb begeistert sein. Die müssen das Thema erst einmal verstehen, verdauen, warm damit werden, ihre Skepsis, Ängste und Vorbehalte überwinden, genauer nachschauen, was es ihnen bringt, wie sie die absehbaren Probleme überwinden können und ob sie damit nicht völlig überfordert sind. Gib ihnen die Chance! Und dann noch eine. Und noch eine. Und … Wie viele, wie lange, wie oft?

So oft wie nötig. Bis sie das Licht sehen, überzeugt sind, ihre Begeisterung ebenfalls entfacht ist. Gesteh anderen Menschen zu, dass sie etwas Zeit brauchen. Zeit, die sich eher in Monaten als in Wochen bemisst. Gesteh ihnen zu, dass sie sich am Anfang ganz schön überfordert fühlen. Gesteh ihnen weiter zu, dass sie ihre Begeisterung möglicherweise ganz anders fühlen und zeigen als du. Weil sie nicht du sind. Es gibt eben ganz verschiedene Typen von Menschen. Du bist enttäuscht, weil deine Begeisterung nicht mit Begeisterung beantwortet wird? Damit tust du den meisten Menschen unrecht. Natürlich gibt es auch ewige Stänkerer und Leute, die nach dem Prinzip leben: Egal, was es ist – ich bin dagegen! Doch die meisten Menschen wechseln auf deine Seite, wenn du ihnen wiederholt die Chance gibst und nicht die Geduld mit ihnen verlierst. Aber wie kann man das?

Wie kann man immer schön geduldig bleiben, wenn die nicht in die Gänge kommen?

Nimm's nicht persönlich!

Warum sind wir sauer, wenn wir voll begeistert von der Digitalen Transformation sind und alle anderen nicht auch sofort begeistert sind?

Die meisten haben wohl noch nie über so etwas Tiefgründiges nachgedacht, doch der Zusammenhang ist einleuchtend und gut belegt:

Wir nehmen's persönlich.

Wir denken nicht: „Aha, die haben was gegen die Transformation!" Wir spüren unwillkürlich und unterbewusst: „Die lehnen mich ab!" Das ist normal:

Ein normaler Mensch kann nicht unterscheiden zwischen der Idee, die er hat, und der Person, die er ist.

Lehnt jemand die Idee ab, für die ein anderer brennt, nimmt dieser andere das instinktiv, spontan und unreflektiert persönlich. Als Ablehnung. Und persönliche Ablehnung ist für jeden Menschen eine schwere Beleidigung. Deshalb gibt es wegen der Digitalen Transformation in vielen Unternehmen so oft Streit, Zank, Frust, Stress und Konflikte. Nicht weil man sich inhaltlich streiten würde. Das auch. Aber vor allem, weil viele sich persönlich getroffen, abgewertet, beleidigt fühlen. Dabei kannst du diesen Irrtum leicht korrigieren. Sag dir einfach bei allem, was auch nur entfernt nach Ablehnung riecht:

Die lehnen weder dich noch deine Idee ab – die haben lediglich Anlaufprobleme. Oder Verständigungsprobleme. Oder schlicht Angst.

Profis sagen dazu: Die Sache von der Person trennen. Ablehnung ist für einen Profi kein Grund, beleidigt zu sein.

Nimm Personen nicht persönlich – aber Sachen

Zugegeben: ein Paradoxon. Doch auf den Imperativ „Nimm's nicht persönlich!" reagieren viele vorgefrustete Menschen mit einer Übergeneralisierung: Sie nehmen nun gar nichts mehr persönlich. Autsch – das war nicht gemeint. Vor allem, wenn man weiß, dass es herausragende Unternehmen gibt, in denen ex- oder implizit eine der obersten Maximen lautet:

Take it personally!

Nimm's persönlich! Was denn nun? Nicht Personen (wenn sie dich ablehnen)! Sondern Angelegenheiten. Du erkennst zum Beispiel einen Bug, eine Störung, einen Fehler in einem Ablauf oder Teil – aber das ist eigentlich nicht deine Angelegenheit? Doch: Nimm's persönlich.

Du sitzt an einer Aufgabe, jemand von ganz oben verändert die Rahmenbedingungen und jetzt passt nichts mehr zueinander, aber wenn die das ganz oben so wollen, sollen sie das selbst in Ordnung bringen? Nein. Nimm's persönlich und nimm es selber in die Hand. Warte nicht, bis die da oben merken, was sie angerichtet haben, sondern mach sie selber darauf aufmerksam, handle neu aus. Übernimm die Initiative. Sag nicht: „Geht mich nichts an!“ Sondern nimm’s persönlich. Das machst du schon? Dann machst du alles richtig. Abseiler gibt es schon genug.

Abgrenzungsfähigkeit

Natürlich begeistern viele Aspekte der Digitalen Revolution. Allein, was da technisch inzwischen alles möglich ist! Atemberaubend.

Und mit dieser naiven, kindlichen Begeisterung gehen wir auf andere zu und holen uns erst einmal die kalte Schulter. Das ist deshalb so gefährlich, weil: Wenn wir kindlich und naiv begeistert sind, trifft etwas Kindliches und Naives nahezu schutzlos auf die harte, unbarmherzige, humorlose Erwachsenenwelt. Das kann nicht gutgehen. Das verletzt.

Sich daraufhin jedoch nach dem Motto „Job ist Job und Schnaps ist Schnaps“ für gar nichts mehr zu begeistern und Dienst nach Vorschrift zu machen, ist auch keine Lösung. Man sollte vielmehr das eine tun, ohne das andere zu lassen:

Lass deine Begeisterung für eine Idee, ein Thema, eine Technologie, eine Methode oder ein Projekt ruhig hochgehen. Aber grenze dich gegen „Spaßbremsen“ ab. Das nennt man auch Abgrenzungsfähigkeit; ein Instrument der Mentalhygiene.

Wenn ein anderer deine Idee bescheuert findet, dann sagt sich jemand mit starker Abgrenzungsfähigkeit: „Das ist seine Meinung, nicht meine.“ Und augenblicklich geht es einem besser. Weil man sich seiner selbst vergewissert hat. Auch Abgrenzungsfähigkeit ist eine Fähigkeit wie Tennisspielen: Kann und sollte trainiert werden. Das Motto für Fortgeschrittene lautet übrigens:

Ich gestehe anderen das Recht zu, eine eigene Meinung zu haben – aber eben auch mir selber.

„Wenn es einen Konflikt zwischen den Fakten und den Wertvorstellungen eines Menschen gibt, werden die Fakten verlieren."
Per Espen Stoknes

31 Made in Germany

Qualität ist (leider) keine Erfolgsgarantie

Wir sind stolz auf „Made in Germany". Das bedeutet für uns: Top-Qualität, tolle Produkte, herausragende Innovationen. Das Problem dabei ist – Moment mal, das ist ja der Knüller: Top-Qualität soll ein Problem haben?

Ja, ein massives. Seit der Digitalisierung. Zum Beispiel: Alexa von Amazon. Die kam, grob gesagt, in der Beta-Version auf den Markt. Sie konnte nicht viel. Kein typisch deutscher Ingenieur (das ist jetzt eine stereotype Überzeichnung) hätte „so etwas Unausgegorenes, Halbgares, Unfertiges" seinen Kunden zugemutet. Warum tat es Amazon?

Weil Amazon weiß: Für den Ingenieur ist Top-Qualität entscheidend. Für Millionen Kunden nicht. Die wollen einfach das hippe neue Gadget ausprobieren. Asap – so schnell wie möglich. Für viele technisch Begabte völlig unvorstellbar, aber: Es gibt viele Menschen, denen Status, Novität und der Gag-Effekt wichtiger sind als Nullfehlertoleranz-Qualität. Wäre Amazon mit der halbgaren Alexa nicht in den Markt gegangen und hätte stattdessen auf eine Top-Qualität-Alexa gewartet, hätten die Konkurrenten zugeschlagen. Dann hätte es auch wenig genutzt, wenn Amazon später die Top-Qualität-Alexa gebracht hätte: Viele Kunden bleiben einer Marke treu, wenn sie sich einmal entschieden haben. Qualität ist wichtig, aber gerade bei wirklich neuen Innovationen nicht entscheidend. Novität ist auch ein Faktor. Oder Status. Oder Angeberei unter Freunden.

Ein Ingenieur sagte dazu: „Wir sträuben uns dagegen, 80%-Qualität an den Markt zu bringen – die meisten Kunden nicht. Die wissen ja meist noch nicht einmal, dass das 80 Prozent sind. Die freuen sich über das neue Produkt, die App, die Software, den Service. Die freuen sich und kaufen. Und wir können hinterher ja immer noch locker auf 100 Prozent aufstocken. Per Upgrade oder Update. Auch über das Upgrade freuen sich die Kunden. Also warum sollten wir verhindern, dass die Kunden sich gleich zweimal freuen?“ So geht das in der Digitalen Revolution.

Lass dich nicht verführen!

Das Problem an „Made in Germany“: Wir lassen uns davon leicht zu einem Bumerang-Qualitätsverständnis verleiten: „Qualität ist nur, was 120%-ig ist!“

So ein Qualitäts(miss)verständnis hindert uns daran, mit 80 Prozent in den Markt zu gehen. Es hindert uns daran, schon frühzeitig den Kunden einzubeziehen. Weil es auf keinen Fall perfekter wird, sobald der Kunde im Spiel ist. Es hindert uns auch daran, Services zu entwickeln, die der Kunde möchte oder gebrauchen könnte – weil wir zum Beispiel vollauf damit beschäftigt sind, das Material eines Produktes zu perfektionieren. Um auf unsere 120%-Made-in-Germany zu kommen. Anstatt darüber nachzudenken, was der Kunde an Services wünschen könnte.

Dieses Qualitätsproblem ist ein Problem für Fortgeschrittene. Man muss die Materie schon gut durchdrungen haben, um darauf zu kommen, dass überragende Qualität ein Problem darstellen könnte. Wenn Führungskräfte jedoch das Problem durchdrungen haben, führen sie völlig anders. Täglich. Stündlich. Sie fragen zum Beispiel regelmäßig, jeden Tag, jede Stunde, in jedem Meeting:

- ❑ Schießen wir gerade bei der Qualität übers Ziel hinaus?
- ❑ Wollen wir mehr als der Kunde will?
- ❑ Für wen machen wir das jetzt – für die kritischen Kollegen, uns selber oder den Kunden?
- ❑ Wer von uns bastelt gerade wieder an den 120 Prozent?
- ❑ Was wären 80 Prozent?
- ❑ Was wäre nicht die maximale, sondern die optimale Qualität?
- ❑ Was erwartet der Kunde überhaupt von uns? Und wie zuverlässig wissen wir das? Von wem? Von ihm selber?
- ❑ Lass uns mal synoptisch die Qualitätserwartungen gegenüberstellen: Was wollen unsere Ingenieure? Was unsere Kaufleute? Die Marketing-Experten? Die Kunden? Die

Konkurrenz? Und lass uns das schön unterscheiden und nicht durcheinanderbringen.

- ❑ Lass uns Qualität nicht a priori festlegen, sondern auf diese Weise immer neu verhandeln.
- ❑ Und ganz wichtig: Keiner soll bei dieser Verhandlung das Gesicht verlieren können!

Digital Battlefield

Einen Extremfall des Qualitätskonfliktes erleben wir ausgerechnet bei einer der modernsten Formen des Supply Chain Managements: bei der Zusammenarbeit von traditionellen Unternehmen und Startups. Du kannst es dir schon denken?

Natürlich: Solche Kooperationen fahren oft mit 120 Sachen vor die Wand. Nämlich mit 120 Prozent Qualität. Das ist die Qualität, die das Traditionsunternehmen wünscht. Das Startup, mit dem es kooperiert, will jedoch unbedingt schon das Produkt oder den Service mit 60 Prozent auf den Markt werfen. 120 vs. 60 Prozent?

Das ergibt endlose Probleme, von denen viele Kooperationen denn auch ge(kenn)zeichnet sind – wenn man den zugrundeliegenden Konflikt nicht (ständig neu) klärt. Man muss geradezu Welten verbinden, damit die Kooperation arbeitsfähig wird. Sonst artet das in Glaubenskriege und Kreuzzüge aus: Culture Clash.

„Aber die vom Startup pfeifen auf die Werte, die uns seit … Jahren so erfolgreich machen!" Ja, so scheint das und wenn man das so empfindet, dann kann ich das gut verstehen. Der Haken ist bloß: Findest du noch immer dieselbe Mucke klasse, die du mit 8, mit 12, mit 17 gut fandst? Dieselben Filme, Bücher, Speisen?

Früher waren wir mal alle Single und kinderlos – heute sind es die meisten von uns nicht mehr. Oder das Leben und unsere Präferenzen haben sich auf andere Weise geändert. Ergo: Du änderst doch deine Werte schon dein ganzes Leben unbewusst. Dann kannst du es jetzt auch mal ganz bewusst machen: Nicht alles, was vom Startup kommt, ist schlecht.

Man kann übrigens ganz gezielt am Wertesystem einer Organisation arbeiten. Das machen viele Unternehmen derzeit, weil Globalisierung, Digitalisierung, 4. Industrielle Revolution und die Einführung von Künstlicher Intelligenz das dringend erfordern.

Werte ändern sich von alleine in Dekaden. Wer nicht so viel Zeit hat, sollte nicht darauf warten, dass die Zeit seine Werte ändert, sondern sie aktiv und gezielt selber ändern.

Selbst wessen Werte „Sicherheit & Stabilität“ sind, kann diese inmitten Zeiten des stürmischen (Werte)Wandels wahren. Indem du zum Beispiel sagst: „Unsere Konstante ist und bleibt: Wir entwickeln uns stabil und stetig immer weiter.“ Auch Entwicklung kann stetig sein. Anders herum: Wer sich nicht ständig entwickelt, bedroht seine Sicherheit und Stabilität am heftigsten. Das, was mal war, ist kein Wert an sich, noch ist es etwas, an das man sich klammern sollte. Wer klammert, bewegt sich nicht mehr und was sich nicht mehr bewegt, ist meist schon nicht mehr sehr lebendig.

Was ist Qualität?

Das ist die Frage. Wir denken meist lediglich in jenen Qualitätsansprüchen, die wir kennen: Material, Funktionalität, Farbe, Toleranz, Standfestigkeit, Verbrauchsreserven, Wartung und Instandhaltung. Diese Qualitätsansprüche haben wir perfektioniert. Weil wie sie kennen. Was ist mit jenen, die wir nicht kennen?

Gerade in diesen digitalen Tagen finden viele Unternehmen heraus: Die Kunden schätzen zwar auch diese Qualitätskomponenten hoch ein. Doch noch höher würden sie zum Beispiel einen 24h-Support Service einschätzen, der nicht vom Ausland telefonisch geleistet wird, sich tatsächlich blendend mit den angebotenen Produkten auskennt, bei dem man nicht bei jedem neuen Anruf einen neuen Betreuer kriegt, sondern immer zum „eigenen“ Kompetenzpartner durchgestellt wird und der nicht auf jede leicht vom Üblichen abweichende Anfrage antworten muss: „Keine Ahnung, das müssen wir erst durchrechnen, das kann aber einige Tage dauern“. Sowas kriegen die Kunden bisher aber meist nicht. Weil das bei klassischen Qualitätsdiskussionen immer unter „ferner liefen“ oder „zu teuer“ kam. Weil niemand ernsthaft untersuchte, wie wichtig dieser Qualitätsanspruch dem Kunden ist und dass er – von üblichen Hotlines bitter enttäuscht – kräftig dafür zu zahlen bereit ist.

„Who's driving the car?"
Schlüsselfrage der Affektregulation; gemeint ist:
Wer steuert dein Leben? Deine ungezähmten Emotionen,
triebhaften Impulse, niederen Instinkte
und unbewussten Reflexe?
Oder du, dein Wille und dein
gesunder Menschenverstand?

32 Kannst du Impulskontrolle?

Ich kann mich einfach nicht beherrschen

Das dritte Stück Sahnetorte lacht mich an und ich greife zu. Oder wie ein Kollege mal sagte: „Ich weiß, dass das fünfte Pils meistens nicht gut für mich ist – am Morgen danach weiß ich das, mit so einem Schädel. Aber am Abend, wenn ich mit guten Kumpels nach dem fünften Bier greife, da ist der Drang stärker als dieses Wissen." Das ist mangelnde Impulskontrolle. Wenn man es besser weiß und trotzdem (wieder) schlecht macht.

Es gibt Situationen im Leben, wo die Impulskontrolle gering sein kann, sein muss: beim Brainstorming beispielsweise. Da gilt: Lass es raus! Keine Idee ist eine blöde Idee! Also brems dich bloß nicht aus! Hier wäre Impulskontrolle sogar schlecht. Oder im Fußballstadion, wenn alle jubeln.

Dann gibt es Angelegenheiten, bei denen die Impulskontrolle einfach funktionieren muss. Zum Beispiel im OP-Saal. Du willst ganz sicher nicht, dass dein Operateur an mangelnder Impulskontrolle leidet, wenn er mit dem Skalpell an dir arbeitet. Es gibt Situationen, in denen eine gute Impulskontrolle entscheidend ist. Die Digitalisierung ist so eine Situation.

Wir haben das schon mehrfach thematisiert und machen das jetzt mit einem neuen Twist – weil das so eminent wichtig ist. Wenn du zum Beispiel mit einer super Idee zu deinen Mitarbeiterinnen und Mitarbeitern, zu deinen Kolleginnen und Kollegen oder zu deinen

Vorgesetzten kommst und die winken total kurzsichtig und überheblich ab – wie reagierst du darauf?

Natürlich: gefrustet. Weil du ein Mensch bist. Leider ein Mensch mit mangelnder Impulskontrolle. Denn wer auf Ablehnung mit Frust reagiert, reagiert eben impulsiv – nicht überlegt und deshalb nicht überlegen, souverän, abgeklärt, gelassen. Die meisten spontanen Impulse im Business sind megalomane Eigentore. Das hat nichts mit dem berühmten Bauch des Managers, seinem Instinkt zu tun. Um es in simplen Worten auszudrücken:

Instinkt gut – Impuls nicht gut!

Eben weil der Impuls den gesunden Menschenverstand umgeht, bypasst, abschaltet.

Bist du auch so jemand, der jede neue Idee erst mal total geil findet?

Und auf den Zug aufspringt? Vor lauter Begeisterung? Gerade in der Digitalisierung geht das vielen Führungskräften so. Die neuen Technologien sind ja auch begeisterungswürdig! Aber dass man deshalb gleich auf jedes neue Pferd setzt, es mit Projekten und Maßnahmen sattelt – das ist keine Umtriebigkeit, sondern einfach mangelnde Impulskontrolle. Es gibt einen Unterschied zwischen Offenheit für Neues und hinter jedem bunten Hund herrennen. Der Unterschied heißt Impulskontrolle.

Das Problem ist bloß: Als Führungskräfte hat man uns anders ausgebildet, incentiviert und erzogen. An der Erziehung ist oft unser permissives Öko-System schuld: Wer setzt schon einer Führungskraft Grenzen? Das passiert viel seltener als „normalen Menschen". Deshalb müssen Führungskräfte ihre Impulskontrolle viel weniger oft bemühen. Und was geschont wird, atrophiert: Use it or lose it. Jeder Muskel, der nicht gebraucht wird, wird schwächer. Weil in der Regel gemacht wird, was der Chef sagt, leiden viele Führungskräfte unter einer schwachen Impulskontrolle. Mit schlimmen Folgen.

Denn wenn du in der Digitalen Revolution darauf vertraust, dass gemacht wird, was du als Chef sagst, fährst du vor die Wand: Die

Leute marodieren, rebellieren und sabotieren. Ganz extrem ist das in der Kooperation mit Startups: Denen sagst du nur einmal, wo's langgeht und dann nie wieder. Weil die danach dichtmachen. Weil du deinen vorgesetzten Ich-sag-denen-jetzt-mal-Bescheid-Impuls nicht im Zaum halten konntest.

Stärke deine Impulskontrolle!

Training is the breakfast of champions. Werde ein Champion der Impulskontrolle. Dafür musst du nicht im Stadion Runden drehen. Du findest immer und überall im echten Leben genügend Gelegenheiten.

Zum Beispiel, wenn ihr gerade an einem spitzenmäßigen Konzept feilt – was sagt dein Impuls? Er sagt: „Das wird das beste Konzept aller Zeiten!" Was sagt deine Impulskontrolle? Sie sagt: „Vergrab dich nicht darin! Du musst damit auch mal Geld verdienen. Also geh zügig raus aus der Konzeption und rein in die Realisation!"

Oder: Du bist ein super Ingenieur – was sonst? Du tüftelst noch die letzten drei Prozent Perfektion aus deinem neuen Gerät heraus, der neuen Anlage, was auch immer. Was sagt dein Impuls? „Ich will's behalten, nie wieder hergeben und weiter daran tüfteln!" Was sagt deine Impulskontrolle? „Ich weiß, du hast dein Baby lieb. Aber irgendwann müssen Kinder aus dem Haus, sonst wird es peinlich für Kind und Eltern."

Oder auch: Im Digitalprojekt ist grad die Nachbarabteilung drauf und dran, sich bis auf die Knochen zu blamieren. Du weißt, woran es liegt. Du weißt mehr als die Kollegen. Aber du schweigst, weil dein Instinkt was sagt? Er sagt: „Das ist doch deren Angelegenheit! Wenn die schon so tun als ob sie alles besser wüssten, sollen sie auch die Konsequenzen ihrer Torheit tragen. Wissen ist Macht und von dieser Macht gebe ich doch nichts freiwillig ab, weil ich sonst an Relevanz und Wichtigkeit verliere. Je besser die Kollegen es das nächstes Mal dank meines Wissens machen, desto schwächer stehe ich im Vergleich da! Wenn die Mist bauen und wir nicht, stehe ich immer super da." Was sagt deine Impulskontrolle?

Sie sagt: „Die Kollegen auflaufen zu lassen, ist ja ganz nett und versüßt den Tag. Aber so läuft das in der Digitalen Revolution nicht mehr. Das hat sich geändert. Wenn du dein Wissen teilst, wird es nicht weniger und du verlierst nicht an Macht und Einfluss, sondern gewinnst dazu. Weil du umso mehr Wissen und Input von anderen bekommst, je mehr du deinerseits davon abgibst. Und nur so kann unser Unternehmen überleben!"

Auch beliebt: „Jaja, wir müssen transformieren – aber jetzt noch nicht. Das hat noch Zeit!", suggeriert der Impuls. Und die Impulskontrolle sagt (hoffentlich): „Bei der Transformation ist die Geschwindigkeit entscheidend. Jeder Tag, den ich zuwarte, ist ein verlorener Tag."

Sehr beliebt auch das Gegenteil dieses Impulses: „Wir müssen transformieren! Alles! Von oben bis unten! Ohne Ausnahme! Und noch diesen Monat!" Und deine Impulskontrolle sagt: „Dann lynchen sie dich. Fang schnell an, aber mach dann Schritt für Schritt – sonst überforderst du alle; einschließlich deiner selbst."

Viele gestandene Führungskräfte trainieren übrigens Impulskontrolle daheim in der Beziehung oder Familie. Denn Familie oder Beziehungspartner kennen ihre Impulse meist am besten und sind deshalb ideale Sparringspartner – wenn sie mitmachen. Wenn das so ist, warum sind dann immer noch so viele Führungskräfte so impulsiv? Warum trainieren sich die das nicht einfach ab?

Weil viele sagen: „So bin ich halt, ich ändere mich auch nicht mehr!" Oder: „Das ist eine Charakterfrage, damit wird man geboren." Beides natürlich Unfug. Veränderungsresistent sind Menschen auch dann, wenn sie Identitätsverlust befürchten: „Aber das macht mich doch aus! Deshalb bin ich so erfolgreich!" Viele meinen: „Ja darf ich dann gar nie mehr spontan und intuitiv sein?"

Genau das ist nicht gemeint. Impulskontrolle ist nicht Impulsverbot. Kontrolle bedeutet: Ich bin nicht der Sklave meiner Impulse. Ich erlebe weiterhin alle meine Impulse uneingeschränkt – aber im Gegensatz zu früher kann ich jetzt willentlich und mit gesundem Verstand entscheiden, ob, welchen und inwieweit ich diesen unveräußerlichen Impulsen folgen werde.

Impulskontrolle ist übrigens nichts Exotisches. Wenn du jemals willentlich abgenommen, eine Sportart oder eine Sprache gelernt hast, kennst und kannst du das schon. Denn bei allen diesen

Vorhaben hast du deine Ach-mach's-dir-doch-lieber-bequem-Impulse meisterhaft kontrolliert – und nicht sie dich. Das ist ein Unterschied. Der Unterschied zwischen Erfolg und Misserfolg. Im Leben und in der Digitalen Transformation.

Fieser Fall von Verführung

Es gibt einen sehr häufigen Fall von mangelnder Impulskontrolle, der jährlich Millionen kostet und Unternehmen strapaziert oder ruiniert. Dieser Fall beginnt meist unspektakulär, ja enthusiastisch: Ein externer Berater kommt zu dir ins Unternehmen und präsentiert dir eine brandneue, mega-heiße digitale Technologie oder Methode, die dich total begeistert. Weshalb du impulsiv sagst: „Das ist toll! Das bringt uns voran! Das müssen wir haben!“

Ist dir auch schon passiert? Kein Ding. Ist uns allen schon passiert. Weil Begeisterung und Enthusiasmus zwei sehr mächtige, fast übermächtige Impulse sind. Trotzdem sind es Impulse. Wie kommst du ihnen bei? Indem du deine Impulskontrolle auflädst. Womit?

Zum Beispiel mit der empirisch erhärteten Erkenntnis: Der Berater hat dir die neue Technologie zwar gezeigt – aber natürlich, logisch unter Idealbedingungen! Das bedeutet: What you see is not what you get! Denn natürlich herrschen bei dir im Unternehmen andere Bedingungen – wie überall auf der Welt. Deshalb heißen die Idealbedingungen „Idealbedingungen“: Weil sie ein Ideal sind, das heißt in der Realität so gut wie unerreichbar.

Der Berater oder auch einer deiner eigenen Experten demonstriert dir also zum Beispiel ein Process Mining Tool und du denkst: „Wow, irre! Damit können wir sämtliche Prozesse transparent machen. Wir sehen auf einen Blick komplett alle Effizienzreserven, jede Verschwendung von Zeit und Ressourcen, alle Rückläufer, wir sehen die Verweildauer an den einzelnen Stellen, wo es hängt, wo es gut läuft – Wahnsinn!“ Ja, klar. Aber eben nur unter Idealbedingungen.

Außerdem hängt es dann immer noch davon ab, wer vor dem Bildschirm sitzt, wenn das Tool läuft. Sind deine Leute so gut wie die Experten vom Anbieter, die seit Jahr und Tag nichts anderes machen? Das sollten wir schwer bezweifeln. Bevor wir das

Portemonnaie zücken und die Scheinchen hinblättern: Impulskontrolle.

Es versteht sich von selbst, dass Sales Teams, Verkäufer und Vertriebler heftig auf deine schwache Impulskontrolle bauen: Schwacher Käufer – guter Käufer! Eine Hauptabteilungsleiterin sagte mir einmal: „Wenn meine Leute allzu enthusiastisch wegen eines neuen Tools, einer Methode oder einer Technologie sind, werde ich immer misstrauisch.“ Enthusiasmus? Verdacht auf Impulsivität. Gesunde Skepsis? Impulskontrolle.

„Satt macht faul."
Johannes Gross

33 Zu erfolgreich für Transformation?

Zu viel Erfolg

„Wir haben volle Auftragsbücher! Warum sollten wir transformieren, wenn das gar nicht nötig ist? Der Kunde will das doch nicht. Der Kunde reißt uns das Produkt auch so aus den Händen! Warum sollten wir etwas an unserer erfolgreichen Strategie ändern? Damit können wir es doch nur schlechter machen!" Das sagen viele. Du auch?

Ich vermute mal: Nein. Sonst würdest du kein Buch über Transformation lesen. Kann man zu erfolgreich für die Transformation sein? Dazu sagte mir die Geschäftsführerin eines (transformierenden) Mittelständlers:

„Du musst Erfolge genauso kritisch betrachten wie Misserfolge."

Guter Spruch. Ein Bundesliga-Trainer sagte: „Das Team, das nach dem Meistertitel aufhört, sich zu verbessern und ständig neu zu erfinden, erringt sicher keinen zweiten mehr." Champions wissen das.

Klar, die Kunden rennen uns heute noch die Bude ein. Aber wer sagt uns, dass sie das in zwei Jahren noch machen? Die Kunden? Kaum verlässlich. Wer garantiert uns, dass sie nicht schlagartig ihre Meinung ändern? Wer Erfolg hat, kann sich nicht vorstellen, dass das jemals anders sein könnte – ein mieser Impuls (s.o. Kapitel 32, Impulskontrolle).

Die Leute von Nokia konnten sich nicht vorstellen, dass Menschen „ein Handy mit Fernseher" haben wollen. „Der Kunde ist doch froh, wenn das Handy schön klein ist. Man will doch keine halbe Telefonzelle mit sich herumschleppen", wurde damals gewitzelt. Wer lacht jetzt? Den Touchscreen fanden viele Techniker albern: „Was bringt das? Das frisst doch bloß den Akku leer!" Dachten die

Experten. Die Kunden dachten anders. Nothing succeeds like success? Nothing seduces like success. Nichts verführt so sehr zum Misserfolg wie Erfolg, der satt und bequem und veränderungsresistent macht.

Der Ewig-weiter-so-Bias

Wir wissen, wie schnell die Welt sich dreht. Wir leben in dynaxen Zeiten (dynamisch und komplex). Das beklagen wir doch alle hin und wieder. Und dann bilden wir uns ein, dass ausgerechnet unser Erfolg ewig währt? Das ist keine Strategie, das ist Wunschdenken. Das Gegenteil ist der Fall: Was heute erfolgreich ist, ist es in zwei, fünf Jahren ganz sicher nicht mehr.

Auch das ist ein hinderlicher Impuls: Wenn es gut läuft, möchten wir, dass es ewig so bleibt. Das ist verständlich, vernünftig ist es nicht:

Challenge your success!

Analysiere deinen Erfolg kritisch. Oder noch radikaler erfolgsorientiert:

Burn your trophies!

Verbrenn deine Pokale – natürlich nur im übertragenen Sinne. Ein Olympiasieger sagte mal: „Eine Goldmedaille, die ich schon gewonnen habe, bringt mich nicht weiter, macht mich nicht besser. Immer nur die nächste zählt.“ Gute Einstellung, gute Haltung. So denken Sieger. Was denken sie noch?

Die 10.000-Stunden-Regel

Wir alle reden von Erfolg, wir alle wollen Erfolg. Doch nur die wenigsten wissen, dass Erfolg, Performance, Höchstleistung ein Gebiet ist, das sehr gut erforscht ist. Erfolg ist selten Zufall, sondern folgt einfachen, klaren Regeln. Eine dieser Regeln, die die Forschung aufgedeckt hat, ist zum Beispiel die 10.000-Stunden-Regel. Sie geht auf eine Studie des Psychologen K. Anders Ericsson und zwei seiner Kollegen zurück:

Du willst auf (d)einem Gebiet ein herausragender Experte werden? Dann praktiziere 10.000 Stunden auf dem Gebiet. Danach bist du einer.

Malcolm Gladwell (in: „Outliers“) belegt die Wirksamkeit der Regel an Beispielen wie Bill Gates oder den Beatles: Reiß deine 10.000 Stunden runter und du bist ein Star, Experte, ein Sieger. Warum zum Beispiel produziert Brasilien so unheimlich viele Fußballstars?

Gute Gene? Das Klima? Nein. Forscher rechneten hoch: Ein brasilianischer Jugendkicker hat im zarten Alter von acht Jahren schon unglaubliche 15.000 Stunden Fußball gespielt. Nehmen wir an, ein deutscher Junge entdeckt mit sechs Jahren seine Liebe zum runden Leder und trainiert die nächsten zwei Jahr zweimal zwei Stunden in der Woche, 30 Wochen im Jahr, ergibt – was tippst du?

240 Stunden. Verglichen mit den 15.000 Stunden des brasilianischen Jungen ist das ein Witz. Ein Wunder, dass Deutschland überhaupt noch brauchbare Fußballer produziert. Ein Wunder? Wahrscheinlich haben die als Kinder nachmittags gekickt, anstatt Hausaufgaben zu machen und sind so auf ihre 10.000 Stunden gekommen.

Was Ericson ebenfalls empirisch nachwies: Es gibt keine Naturtalente oder Genies. Nicht, wenn es um Erfolg geht. Erfolg ist schlicht und einfach und langfristig betrachtet immer das Produkt von viel (intentionaler, bewusster, gezielter und feedback-optimierter) Übung und Praxis. Das wissen leider bloß wenige. Warum wohl? Weil Übung und Praxis Überwindung und Fleiß kosten. Und wer will das schon, wenn man sich auch ohne durchmogeln kann? Leider glauben das viele, wenn es um die Transformation geht. Oft höre ich:

„Wir haben Design Thinking (oder jede andere digitale Methode) probiert. Hat nicht funktioniert.“
„Wie oft haben Sie es denn probiert? Für wie viele Stunden?“
„Bloß einmal, für drei Tage. Warum auch länger, wenn das nicht funktioniert?“
„Schon mal was von der 10.000-Stunden-Regel gehört?“

Wohlgemerkt: Nach 10.000 Stunden bist du Champion und Experte für eine Sache. So lange musst du eine einzelne digitale Methode nicht trainieren, damit sie läuft! Aber bloß drei Tage sind ein Witz. Zwischen drei Tagen und 10.000 Stunden liegt das Kontinuum deiner Expertise: Tuste was, dann wirste was. Von nichts kommt nichts. Erfolg fällt nicht vom Himmel. Übung macht den Meister, die Meisterin.

Erfolg ist das zwingende Ergebnis von (ausreichend) Praxis. Hast du diese Praxis? Gönnst du dir diese Praxis? Buchst du dir selber Zeit dafür ein? Und deinen Leuten? Jede neue digitale Methode muss man trainieren, jede neue Technologie praktizieren, bis es läuft, funktioniert, dir in Fleisch und Blut übergeht.

Die Digitale Transformation ist kein Event, sondern ein Trainingsauftrag. Transformation ist Trainingssache.

„Mit Schwung geht alles besser.“
Binsenweisheit

34 Nutz die gute Stimmung!

Was machst du auf dem Höhepunkt des Erfolges?

Na logisch: Feiern! Sich’s gut gehen lassen! Alles richtig. Was noch? Die meisten Führungskräfte vergessen was.

Transformation.

Sie transformieren erst, wenn die Stimmung im Keller ist, weil man rote Zahlen schreibt und/oder Kunden abspringen, weil die Konkurrenz überholt und/oder man Werke schließen muss. Dann erleben sie einen überwältigenden Transformationsdruck, dem sie letztendlich nachgeben (müssen). Unter Druck und Zwang jedoch ist die Stimmung im Keller und mit ihr Motivation, Volition, Commitment und Engagement.

Wenn die Endorphine und die Euphorie weg sind, ist es zu spät, um die Transformation mutig, kreativ und engagiert anzugehen. Viele merken das auch und versuchen dann krampfhaft, zäh und mühselig, die Stimmung wieder nach oben zu treiben. Ein Betriebsrat meinte dazu mal: „Stimmung machen auf einer Beerdigung? Das schafft keiner.“

Andere meinen, dass Druck, Zwang und Stress die nötige „ernsthafte Einstellung“ für die Transformation schaffen. Jetzt mal ehrlich: Welcher Weltrekord wurde jemals unter Druck, Zwang und Stress aufgestellt? Schon Jürgen Klinsmann sagte: „Wenn du Tore schießen willst, musst du locker sein im Kopf.“

Natürlich kriegt ihr auch was gestemmt, wenn ihr unter Druck steht. Aber wenn du wählen könntest: Möchtest du dann lieber unter Druck transformieren? Oder mit bester Stimmung?

Da fällt mir ein: Du *hast* ja die Wahl!

„Wer ein Wozu zum Leben hat,
erträgt fast jedes Wie.“
Viktor Frankls Variation
eines Nietzsche-Zitats

35 Warum transformieren wir überhaupt?

Das klingt jetzt wie ein Witz ...

... doch der Sachverhalt ist vielen nicht klar: Warum transformieren wir? Wir wissen, dass wir transformieren müssen – weil wir es ständig hören, lesen, von Vorgesetzten oder Gurus gesagt bekommen. Aber *warum* müssen wir das? Eine gute Frage.

Denn wenn die Auftragsbücher für die nächsten zwei, drei, fünf Jahre voll sind – warum sollten wir dann auch noch transformieren *müssen*? Sozusagen auf dem Höhepunkt unseres Erfolges?

- Weil „auf dem Höhepunkt des Erfolges“ die Kurve irgendwann unweigerlich wieder nach unten geht – deshalb heißt der Höhepunkt auch Höhepunkt.
- Weil wir selbst mit vollen Auftragsbüchern nicht unter einer Käseglocke sitzen: Die Welt dreht sich weiter, sie verändert sich, wird digital – und die Kundenwünsche ebenfalls.
- Weil inzwischen auch der letzte Skeptiker merken müsste: Die Digitalisierung ist nicht mehr aufzuhalten oder gar umzukehren.
- Das liegt auch daran, dass die technologischen Möglichkeiten sich rasant erweitert haben. Gigantische Rechnerkapazitäten kosten heute einen Bruchteil von gestern. Es gibt inzwischen auch die Cloud, es gibt die Datenwissenschaft und die sozialen Medien.
- Die technologische Entwicklung geht ja immer weiter. Viele sagen: „Wir sind immerhin als Unternehmen seit mehr als 100 Jahren erfolgreich!“ Wenn ich diesen hundertjährigen Erfolg nicht in den nächsten zehn Jahren ruinieren möchte, muss ich mit der Zeit gehen.

- Weil ein bis heute erfolgreiches Produkt, ein Angebot, ein Service nicht automatisch zukunftsfähig ist. Was heute noch läuft, muss morgen nicht mehr laufen.
- Weil alle Menschen privat längst digitalisieren – deshalb erwarten sie das auch von den Unternehmen, bei denen sie kaufen.
- Dieselben Menschen erwarten, dass sie gerade auch am Arbeitsplatz digital sein dürfen. Mitarbeiterbindung ist nicht mehr so einfach wie früher: Bezahl sie gut! Es geht eben nicht mehr allein ums Geld. Die guten Leute wollen auch einen modernen Arbeitsplatz und nicht in der analogen Ära zurückgelassen werden.
- Weil inzwischen selbst und gerade auch Facharbeiter nicht in einem Unternehmen arbeiten wollen, wo sie noch von Hand das Werkzeug wechseln müssen, während der Kollege bei der Konkurrenz an einer Maschine steht, die das vollautomatisch aus dem digitalisierten Werkzeugarsenal macht. Der Kollege erzählt das beim Feierabendbier und was soll man dann machen? Vor Scham im Kneipenboden versinken, weil der eigene Arbeitgeber noch längst nicht so weit ist?

Jede Menge guter Gründe, nicht wahr? Sozusagen aus der Perspektive der 3. Person. Inzwischen begegnen mir auch immer mehr Menschen, die solche Gründe in der ersten Person Plural aufzählen. Sie erzählen mir, dass sie transformieren:

- „Weil wir es können!"
- „Weil wir es wollen! Weil wir an der Spitze der Entwicklung stehen wollen."
- „Weil wir die Chancen sehen und ergreifen möchten."
- „Weil wir mehr Chancen sehen als Risiken."
- „Weil kein Manager 20 Jahre oder länger dasselbe machen kann oder möchte!"
- „Weil wir das, was wir machen, gut machen wollen."
- „Weil es sonst andere machen und uns disruptieren – also machen wir es lieber selber und jetzt gleich."

Wenn ich diese Gründe in Workshops oder Coachings anbringe, fallen den TeilnehmerInnen spontan eigene gute Gründe ein.

Dir auch?

„Talent Is Overrated."
Titel des Bestsellers von Geoff Colvin

36 Welche Skills braucht ihr?

Die Fähigkeiten von morgen schon heute

Es transformiert sich nicht von alleine. Wir brauchen Mitarbeiter und Führungskräfte dafür. Was müssen diese können, mitbringen? Welche Skills müssen deine Leute haben, damit die Transformation schnell und gut gelingt?

Viele Unternehmen rekrutieren aus den eigenen Reihen. Leider haben nur die wenigsten Mitarbeiter heute schon die Skills von morgen. Was sind diese Skills? „Da ist im Moment eine Arbeitsgruppe aus der Personalabteilung dran", sagen mir viele Vorstände und Geschäftsführer. Woran ist sie denn dran?

Woher weiß die Personalabteilung, welche Fähigkeiten Mitarbeiter und Führungskräfte für die Transformation brauchen? Für sie ist die Transformation doch genauso neu und undurchsichtig wie für alle anderen Abteilungen. Deshalb sind viele Unternehmen auch heute noch ohne Future Skill Set, also bei der Rekrutierung und Personalentwicklung im Blindflug unterwegs. Sie stellen Kandidaten mit einem X-Set ein, trainieren dann auf einen Y-Set hin, bräuchten jedoch einen Z-Set, den sie nicht kriegen, weil sie ihn nicht kennen. Üble Geschichte. Es kommt noch übler.

Die Immunreaktion des Systems

Selbst wer neue Mitarbeiter und Führungskräfte mit dem richtigen Skill Set einstellt, ist noch nicht aus dem Schneider. Denn die Mitarbeiter und Führungskräfte mit dem neuen Skill Set treffen im Unternehmen dann auf die Führungskräfte mit dem alten Skill Set: Knallgasreaktion!

Das Neue passt nicht zum Alten. Daraus resultieren Konflikte heftigster Intensität. Immer wieder erzählen mir Vorstände, aber auch Fachkräfte von der Basis: „Wir hatten mal einen wirklich tollen … (CDO, CTO, IT-Leiter …). Ganze … (6-15) Monate. Dann war er weg. Die haben ihn auflaufen lassen und rausgeekelt. Hat inzwischen aber schon wieder einen neuen Job. Solche Leute sind gesucht.“ Gesucht ja, akzeptiert nein.

Dafür sorgt die Abstoßungsreaktion des Systems. Der Neue kommt mit einer genialen Idee zur Transformation? Man bejubelt weder sie noch ihn, sondern lässt beide auflaufen. Die Basis kommentiert trocken: „Die alten Seilschaften gehen lieber Arm in Arm in den Untergang als sich auf was Neues einzulassen.“ Eine Vorständin meint: „Das ist wie Wundbrand. Manchmal muss man einen Arm abschneiden, um den Körper zu retten. Auch wenn das weh tut und Mut braucht. Aber ohne diesen Mut steckt der kranke Arm den ganzen Körper an.“ Diesen Mut haben nicht viele.

Viele verschleißen lieber die neuen Kompetenzträger, bis es zu spät ist, die Konkurrenz zum Überholen ansetzt oder die Neuen zu Unternehmen mit schwächerer Abstoßungsreaktion wechseln. Selbst dann kommen von ganz oben oft noch die falschen Signale: Der neue Hoffnungsträger verlässt das Unternehmen schon nach kurzer Zeit – und man interimsbesetzt die Position einfach kommissarisch mit einem alten Fachabteilungsleiter. Niemand sagt: „Das hätte nicht passieren dürfen! Wir hätten den Neuen um jeden Preis halten müssen. Eigentlich wollten wir doch transformieren!“ Das heißt: Niemand *von ganz oben* sagt das. Die Basis sagt das wohl. Und zieht den Schluss: „Wenn der Obertransformierer geht, der als Einziger den Durchblick hatte, dann ist die Transformation wohl abgesagt.“ Und schon verdoppeln sich die ohnehin hohen Widerstände gegen die Transformation.

Ergo: Es reicht nicht, wenn ihr euch die richtigen Leute mit dem richtigen Skill Set reinholt.

Ihr solltet auch die Immunreaktion managen. Die ist immer da. Selbst in Unternehmen, in denen die Neuen nicht abgestoßen werden, ist sie da. Zu Anfang. Dann wird sie behandelt. Oft mit den Mitteln der Teamentwicklung, angepasst auf die Hierarchieebene der Anwendung: Forming – Storming – Norming – Performing. Man kann geniale neue Köpfe nicht einfach so auf alte Teams aufpfropfen. Das muss moderiert, mediiert, entwickelt werden. Das muss jemand in die Hand nehmen. Jemand mit einer Persönlichkeit, die integriert, nicht spaltet. Jemand, der das nötige

Handwerkszeug zur Teambildung auf Führungsebene kennt und beherrscht. Das ist keine Raketentechnik. Das ist Handwerk.

Transformation Skill Set

Das Skill Set zur Transformation besteht aus sieben Kompetenzfeldern:

1. Digitalkompetenz
2. Datenkompetenz
3. Kollaborationskompetenz
4. Lernkompetenz
5. Change Management-Kompetenz
6. Digital Leadership
7. Problem Solving

Betrachten wir diese Felder der Reihe nach.

Digitalkompetenz

- Der ideale Kandidat (im Folgenden selbstverständlich auch: die ideale Kandidatin) sollte Digitalkompetenz mitbringen. Entweder formal per Zertifikat oder aus Erfahrung erworben. Das heißt, er muss agile, Sprint, User Experience, Blockchain und die üblichen anderen Schlagworte, Techniken und Methoden der Digitalisierung verstehen und sie idealerweise auch schon mal angewandt haben.
- Das heißt nicht, dass er oder sie ein Agile Coach oder ein Scrum Master sein muss! Es sollte lediglich so viel Kenntnis und Verständnis vorliegen, dass er und sie mitreden und die Methoden und Techniken auch anwenden können.
- Sie und er sollten aktiv an der Weiterentwicklung einer digitalen Strategie mitarbeiten können.
- Der ideale Kandidat sollte disruptiv denken à la: „Es tut weh, wenn wir alte Zöpfe abschneiden – aber lieber schneiden wir sie selber ab als das andere sie uns abschneiden!" Mut zur Disruption. Mut hinzugucken und mutig den neuen Weg zu beschreiten. Auch loslassen können.

Datenkompetenz

- Wenn Data Mining oder Process Mining Tools ihm Daten zur Verfügung stellen, dann muss der ideale Kandidat auch damit umgehen können. Das ist, wie als Kaufmann einen Betriebsabrechnungsbogen lesen zu können.
- Denn auch im digitalen Zeitalter sitzt die Entscheidung immer noch *vor* dem Bildschirm. Das Tool liefert die Daten am Bildschirm. Die Entscheidung jedoch, was aus den Daten gemacht wird, wird von dem getroffen, der vor dem Bildschirm sitzt.
- Dito Künstliche Intelligenz: Wenn die Künstliche Intelligenz einer Anlage eine Entscheidungsvorlage liefert, muss der Entscheider damit das Richtige anstellen können.

Kollaborationskompetenz

- Breaking down the silos: Der ideale Kandidat ist bereit, sich für die Ideen und Interessen der internen und externen Partner der Wertschöpfungskette zu öffnen, aber auch für die Anregungen aus der Crowd, für Open Innovation, selbst für Kooperationen mit der „Konkurrenz", mit Partnern aus anderen Branchen und natürlich mit Startups.
- Er kennt und beherrscht Sharing und handelt nicht nach der Maxime „Wissen ist Macht".
- Er hat hohe Skalenwerte für Extraversion (im Hinblick auf Personen) und Offenheit (im Hinblick auf Ideen und Themen, die nicht seine eigenen sind).
- Er ist aktiver Netzwerker mit einem breiten, tiefen, interdisziplinären und cross-funktionalen Network.

Lernkompetenz

Zur Abwechslung in der weiblichen Form? Einverstanden:

- Die ideale Kandidatin leidet bereits im Vorstellungsgespräch eindeutig diagnostizierbar weder unter dem Not-invented-here- noch unter dem Invented-here-Syndrom.

- Sie ist vielmehr neugierig auf alles, wiegelt neue Ideen nicht a priori ab, zeigt erst mal Interesse für alles Neue (abwinken kann man hinterher immer noch). Sie will jeden Tag aufs Neue wissen: Was gibt es da noch?
- Sie hat den Ehrgeiz: „Da möchte ich mehr drüber wissen!"
- Sie sammelt jedoch nicht ihr Wissen wie das Eichhörnchen die Nüsse, sondern kommt auch relativ schnell vom Wissen zum Handeln. Das heißt, sie ist transferstark (Know-how-Transfer von der Theorie in die Praxis).
- Sie kann Wissen in die Praxis ihres Führungs- oder Arbeitsfeldes transferieren und es dort so adaptieren, dass es aufs konkrete Feld passt. Da Wissen (von draußen) selten passt, kann sie es passend machen; das nennt sich Adaption.
- Sie praktiziert bewusstes Learn as you go, lebenslanges Lernen, Continuous Learning.
- Sie pflegt eine Lernende Organisation, die sich jederzeit an neue Rahmenbedingungen anpassen, das System und die Menschen darin weiterentwickeln kann sowie die Produkte und Dienstleistungen.
- Sie pflegt und genießt den Austausch mit anderen Menschen, vor allem mit jenen, von denen sie und ihre Organisation noch etwas lernen können.
- Sie muss es nicht neurotisch besser wissen als jene, die es tatsächlich besser wissen. Wissen ist für sie kein narzisstisches Futter oder Gegenstand eines Wettbewerbs.
- Sie kennt keine Fehler, nur Feedback.
- Sie ermutigt andere, ständig dazu zu lernen.
- Sie entdeckt und belohnt Lernfortschritte: Catch them being good!
- Sie hat völlig jenen Mindset überwunden, mit dem 99 Prozent der Deutschen infiziert sind: „Schule ist doof, also ist Lernen doof." Sie findet eher: „Wir sind nicht mehr an der Schule! Bei uns macht Lernen Spaß, Erfolg und wird belohnt!"

Change Management-Kompetenz

Der ideale Bewerber denkt – und handelt danach:

- Ich kann mich in der digitalen Welt etablieren und anderen Wegweiser und Leuchtturm sein.
- Ich kann andere motivieren, den Hintern hochzukriegen.

- Ich beherrsche Prozessbegleitung.
- Ich klage nicht über Hindernisse, sondern räume sie aus dem Weg oder manövriere drum herum.
- Ich weiß, wie wichtig das Affektive der Menschen ist, die ich zum Change bewegen soll. Und ich kümmere mich darum. Mein empathischer Skalenwert ist so hoch wie meine Fähigkeiten der Emotionsregulation bei mir und anderen.
- Ich brauche weder Druck noch Drohungen, weil ich echte Instrumente des Change Managements beherrsche.
- Ich weiß, dass Change kein Event und kein Projekt ist, sondern ein Work in Progress, nie zu Ende, ein Dauerzustand. Wir sind praktisch permanent im Dauer-Change-Modus.
- Ich rede die belastenden Seiten des Wandels nicht klein oder weg, aber richte den Fokus immer wieder auf die schönen Seiten.
- Ich weiß, dass Change wehtut und wie man diese „Wachstumsschmerzen“ erkennt, reframt, validiert und lindert.
- Ich kenne nur sehr wenige dämliche Sprüche zum Change Management (der Marke „Wer den Sumpf trocken legen will, darf nicht die Frösche fragen“) und verwende selber niemals welche.
- Trotz aller Soft Skills bin ich scharf zielorientiert: Ich weiß, wohin wir wollen/müssen – und ich bringe uns auch dahin, selbst wenn ich aussteigen und schieben muss (wie Scotty von der Enterprise sagt).

Digital Leadership

Sympathisch, die Ich-Form, nicht? Warum eigentlich? Weil es natürlich wichtig ist, dass neue Mitarbeiter und Führungskräfte, die zu euch kommen, transformationskompetent sind. Aber du selber sollst und willst es ja auch sein. Du willst mindestens so gut sein wie die Besten, die zu euch kommen. Also weiter so:

- Ich weiß, dass man analoge Aufgaben direktiv anweisen, aber fürs Digitale und Transformative den Leuten die lange Leine geben muss – und ich schaffe das auch. Täglich. Ich statte meine Leute mit dem nötigen Empowerment aus.
- Ich kann für Themen und Transformationsvorhaben begeistern, verstehe aber auch, wenn die Leute es auf Anhieb nicht sind.

- Ich habe die größtmögliche Frustrationstoleranz.
- Ich kann gut mit Menschen und mit Technologien.
- Ich habe ein gutes Auge für die Motive der Menschen und die Wahrung ihrer Interessen – auch und gerade in der Transformation. Die Technologie wandelt sich, die Motive bleiben.
- Ich kann das Vertrauen schaffen, das für schnellen Wandel nötig ist.
- Ich schaffe Räume, in denen Innovation und Kreativität möglich sind. Das heißt, ich laste meine Leute nicht schon mit der operativen Arbeit mit 120% aus und erwarte dann, dass sie „nebenher" auch noch transformieren.
- Vielmehr sage ich meinen Leuten: „Sie haben X Stunden pro Woche Zeit für die Transformation: Nutzen Sie sie!"
- Ich weiß, wie wichtig es in Zeiten der Ungewissheit ist, zu besänftigen, zu klären, zu moderieren, zu integrieren statt zu polarisieren.
- Ich sorge dafür, dass meine Leute alles, was läuft, nicht von Facebook oder vom Flurfunkt erfahren, sondern von mir: Transparenz.
- Ich bin in der Lage, Zuversicht zu verströmen auch und gerade angesichts von vielen negativen Begleiterscheinungen der Transformation.
- Ich kann Sicherheit in Zeiten der Unsicherheit vermitteln. Ich bin der Fels von Gibraltar.
- Ich habe aufrichtiges Interesse an meinem Umfeld und ein offenes Ohr. Ich erkenne, in welcher Situation jeder meiner Leute im Augenblick steckt und kann das nötige Verständnis dafür auch artikulieren.
- Wenn es nötig ist, nehme ich mir die Zeit, zielgerichtet mit meinen Leuten zu reden.
- Ich bin authentisch, ich verstelle mich nicht, weil das Vertrauen zerstört und zerstörtes Vertrauen Missverständnisse produziert und die Motivation kaputtmacht.
- Wenn ich authentisch etwas paranoid oder ein Kontrolletti bin, dann bedeutet Authentizität nicht, dass ich meine Paranoia bei der Führung auslebe und andere darunter leiden. Es bedeutet vielmehr, dass ich meine Eigenheiten in den Dienst der Transformation stelle und zum Beispiel frage: Wer greift uns an? Wer disruptiert uns? Es gibt einen Unterschied zwischen Authentizität und Neurose.

Problem Solving

- Wer in der Transformation erfolgreich ist, beherrscht zum Beispiel Lösungstechniken wie die 5 Why (s. Kapitel 25) und viele andere.
- Er oder sie kultiviert sein Bauchgefühl mit wissenschaftlich fundierten Problemlösetechniken.
- Er oder sie jammert nicht problemorientiert, sondern denkt lösungsorientiert in möglichen Optionen, Chancen, Auswegen, Alternativen, Laterallösungen …
- Kennt keine Bedrohungen, sondern reframt heikle Situationen immer sofort als konstruktive Herausforderungen.
- Liebt Lösungen.
- Besteht den Kobayashi-Maru-Test auf Captain-Kirk-Art: Es gibt keine ausweglosen Situationen!
- Hat Skalenwert Null auf der Skala erlernter Hilflosigkeit – oder bewegt sich täglich darauf zu.
- Überreagiert nicht und schießt nicht übers Ziel hinaus, macht keine unnötige Panik.

Ins Profil gestellt

Es sollte keiner HR-Abteilung schwerfallen, aus den obigen Merkmalen ein Anforderungsprofil, respektive einen Gesprächsleitfaden für Bewerber-Interviews zu erstellen. Echt jetzt? Leider doch. Viele Personalabteilungen verwalten lediglich die Personalakten. Dann muss die Profilarbeit eben jemand von draußen machen. Was man nicht kann, kann man einkaufen. Manchmal übernehmen das auch die Fachabteilungen – auch schön. Oder die Insel-Teams, die sich in fast allen Organisationen schon informell rund um die Transformation gebildet haben.

Wer glaubt, keine Insel-Teams zu haben, sieht sie bloß meist nicht. Selbstverständlich solltest du dein(e) Profil(e) an die Erfordernisse deiner Organisation und deines Führungsfeldes anpassen und entsprechend erweitern. Und das zügig.

In einem Unternehmen, in dem ich jüngst zu Gast war, hängt die Profilarbeit schon seit sieben Wochen. Der Technik-Vorstand sagt: „Keine Ahnung, wo das wieder hakt." Sieben Wochen lang? In dieser Zeit hat seine Konkurrenz schon ebenso viele neue

Mitarbeiter und Manager eingestellt, während sein Unternehmen noch nicht einmal Stellenanzeigen schalten kann, weil das Profil „irgendwo hängt". Kein Zustand.

„Go the extra mile.
It is never crowded.“
Sprichwort der US-Fitnessbewegung

37 Welche Werte lebst du?

Heimliche Herrscher

In einem vertraulichen Moment in der Kaffeeecke der Abteilung frage ich die Managerin, warum sich ihre Abteilung bei der Digitalisierung in vornehmer Zurückhaltung übt. Sie schaut nach links und rechts über die Schulter und sagt dann: „Der Vorstand hat uns früher schon bei Großprojekten übel im Regen stehen lassen – das passiert mir nie wieder!“ Was meinst du?

Ja, klar, nur eine Diagnose möglich: VF – Vertrauen futsch. Die Diagnose ist letal, terminal. Für jedes größere Vorhaben. Viele Führungskräfte fragen (sich und mich) immer noch: „Wie motiviere ich meine Mitarbeiter?“ Das ist längst überholt. Natürlich treiben Motive Menschen an – deshalb heißen sie so. Doch die Motive werden ihrerseits von Werten befeuert. Glaubst du, die erwähnte Managerin würde sich „motivieren“ lassen, wenn man ihr einen Bonus verspräche? Wenn sie weiterhin davon ausgehen muss, dass der Vorstand sie und ihr Team auch diesmal „übel im Regen“ stehen lässt?

Anders gefragt: Wie hoch muss der Bonus sein, damit sie es im Regen aushält? Fünfstellig? Sechsstellig? Und könnte man sich das Geld nicht auch sparen, wenn man die eigentliche Ursache des Problems beheben würde? Wer führt eigentlich dieses Unternehmen (und jedes andere)? Offensichtlich nicht der Vorstand. Es gibt etwas, das mächtiger ist als der mächtigste Vorstand.

Werte.

Vertrauen ist so ein Wert. Ist es erst einmal hinüber, kannst du machen, was du willst – Routineaufgaben laufen dann vielleicht noch, aber nichts Größeres mehr. Werte sind die heimlichen Herrscher jeder Organisation.

Kontrolle ist gut, Vertrauen ist besser

Wir leben in der VUCA-Ära: Volatility – Uncertainty – Complexity – Ambiguity. Alle wissen das, alle sagen das. Aber was bedeutet das? Welcher Wert ist am wichtigsten, wenn Führungskräfte in der VUCA-Ära von der Unsicherheit gebeutelt werden? Wenn nichts mehr sicher ist, alles sich ändert, alle Konstanten verschwinden? Kommst du drauf? Nein, wichtiger: Lebst du diesen Wert?

Wenn nichts mehr bleibt wie es war, ist Vertrauen das einzig Stabile, was es noch gibt. Wenn dein Boss „Spring!" zu dir sagt und du ihm nicht vertraust, wie springst du dann? Halbherzig. Mit Fangnetz und doppeltem Boden. Wenn überhaupt. Aus diesem Grund scheitern selbst bestfinanzierte, optimal ausgestattete und exzellent vorbereitete Digitalprojekte: Weil keiner dem andern traut. Es wird nicht transformiert, es werden Cover Your Ass, Beggar thy Neighbour und Blaming praktiziert. Man geht auf Nummer sicher. Weil das gegenseitige Vertrauen fehlt, vielleicht nie vorhanden war, kaputtgemacht wurde. Selten passiert das absichtlich.

Meist ist es ein Mix aus Nachlässigkeit, Bequemlichkeit und Kurzsichtigkeit: Es ist halt bequemer, den andern mal kurz für den eigenen Vorteil über die Klinge springen zu lassen. Das zahlt sich aus. Kurzfristig. Langfristig ist danach das Vertrauen kaputt. In vielen Unternehmen sagen mir Basis und Mittelmanagement: „Warum wir nicht mit voller Kraft transformieren? Obwohl der Vorstand das vehement fordert? Weil wir dem Vorstand nicht wirklich über den Weg trauen. Wer weiß, was die mit der Transformation in Wahrheit vorhaben. Vielleicht ist das auch nur wieder ein Vorwand, um kräftig Leute zu entlassen, Positionen zu kappen und Abteilungen aufzulösen. Also machen wir schön langsam und sichern uns nach allen Seiten ab." Vertrauen futsch, Transformation futsch. Business as usual geht meist auch ohne Vertrauen – deshalb heißt es „as usual". Herausragende Vorhaben à la Transformation sind dagegen wie die Ehe: Man kann sie ohne Vertrauensbasis eingehen, aber gutgehen tut das nicht. Nicht lange.

Vertrauen wächst nicht auf den Bäumen

Eine Hauptabteilungsleiterin wendet ein: „Aber wenn das gegenseitige Vertrauen im Unternehmen seit zwei Jahrzehnten äußerst schwach ist, dann dauert das doch Jahre, bis das Vertrauen wieder zurückkommt.“ Das glauben viele. Das stimmt doppelt nicht. Erstens kommt Vertrauen nicht zurück. Vertrauen ist kein entlaufener Hund. Es kann nicht auf vier Pfoten zurückgedackelt kommen. Wenn wir keine vertrauensbildenden Maßnahmen einleiten, kommt es nie zurück, weil eine entropische Bewegung niemals von alleine aufhört. Ein rollender Heuwagen rollt so lange den Berg hinab, bis ihn jemand aufhält. Vertrauen kommt nicht zurück, es will gebildet werden.

Zweitens stimmt die verbreitete Annahme/Ausrede nicht, dass Vertrauensaufbau Jahre dauere. Geeignete vertrauensbildende Maßnahmen bekommen das in weitaus kürzerer Zeit hin. Bei einem kleinen Mittelständler war das Vertrauen sogar schon nach zwei Monaten wieder zurück. In diesen zwei Monaten besuchte die Eigentümerin, die Tochter des Gründers, im Schnitt vier Meetings pro Woche. Und in jedem sagte sie, sobald es heikel wurde: „Leute, das könnt ihr nicht machen! Ihr könnt nicht Abteilung X (Projektgruppe Y, Schicht-Team Z ...) so behandeln. Das ist nicht ehrlich, das ist nicht sauber. Lasst uns lieber einen fairen Deal aushandeln.“ Mit der Zeit hielten sich alle daran, weil die Chefin ihnen den falschen Wert (kurzsichtiger Eigennutz) abtrainiert und die richtigen Werte (Ehrlichkeit und Fairness) anerzogen hatte. Das ist die normative Kraft einer Führungskraft.

Wer führt, normiert die Werte. Ich weiß, dass es viele Führungskräfte gibt, die sich das nicht zutrauen, Angst davor haben, sich lieber mit dem Sachlich-Fachlichen beschäftigen. Du nicht? Du traust dir das zu? Dann hast du die Bezeichnung „Führungskraft“ verdient. Wer führt, normiert.

Das große Ganze

Während eines Digitalprojektes hängt die Pflege des Projektplans fünf Wochen hinterher. Der zuständige Kollege sagt: „Das muss nicht immer ich machen! Kann ja auch mal ein anderer den Plan aktualisieren. Ich bin ohnehin lediglich ein kleines Rädchen im

Getriebe!“ Viele denken so wie er: „Da ist was liegengeblieben? Macht nix, sind ja auch noch andere da, die sich drum kümmern können.“

Tatsächlich springt eine Kollegin ein. Lustigerweise verwendet sie fast dieselben Worte – aber den diametralen Wert. Kommst du drauf?

Sie sagt: „Ich bin auch bloß ein kleines Rädchen im Getriebe. Aber es wundert mich, dass der Kollege, der doch gern schnelle Autos fährt, so wenig von Schaltgetrieben versteht: Hängt das kleinste Rädchen, hängt das ganze Getriebe. Zumindest knirscht's im Getriebe, wenn das kleinste Rädchen sich nicht dreht.“ Der Kollege fühlt sich für seine „eigentliche Arbeit“ verantwortlich, die Kollegin für das große Ganze. Auch ein Wert. Ein zentraler. Vielen Unternehmen gelang es nicht, in vordigitaler Zeit diesen Wert an der Basis zu etablieren. In normalen Zeiten kommt man damit über die Runden. In Zeiten der Transformation legt man sich damit auf die Nase.

Viele meinen, wenn jeder sich für alles verantwortlich fühlt, dann reden alle allen rein. Reinreden ist verantwortliches Handeln? Das ist das Problem mit Werten wie Vertrauen oder dem großen Ganzen: Viele sind derart ungeübt im Umgang mit den zentralen Werten, dass sie auf solche flachen Missverständnisse hereinfallen. Du nicht? Gut so.

Checkliste: Weil du es dir wert bist

- ❑ Welche zentralen Werte brauchst du für deinen Erfolg in der Transformation? Mach eine Liste. Pflege sie, aktualisiere sie.
- ❑ Welche dieser Werte werden schon recht gut gelebt?
- ❑ Welche nicht?
- ❑ Wie kannst du diese schwachen Werte stärken? Bei welchen Gelegenheiten?
- ❑ Wie anerkennst du es, wenn deine Leute die zentralen Werte leben?
- ❑ Wie reagierst du, wenn sie es nicht tun?

„Management ist trivial.
Alles Effektive ist trivial.“
Charles Handy

38 Machst du Working Out Loud?

Solltest du!

Weil alle es im Moment machen. Das ist ein Trend, denn du unbedingt aufnehmen solltest. Ich werde dich jetzt nicht mit einer Konzeptbeschreibung in sämtlichen Phasen der Durchführung von Working Out Loud (WOL) langweilen. Ich sage dir lieber die Gründe, warum du laut arbeiten (lassen) solltest.

Bester Grund: Weil Working Out Loud irre produktiv ist und die Leute, die damit arbeiten dürfen, aber sowas von motiviert arbeiten. Da kann jedes Incentive einpacken.

Die Idee dahinter ist so herzlich simpel wie der Name suggeriert: Wir reden beim Arbeiten laut miteinander. Machen wir ja sonst nie. Jeder wurstelt vor sich hin, beklagt sich und ist gestresst – aber über das eigentlich Entscheidende reden wir nie miteinander. Also wird auch nie etwas besser. Oder viel zu wenig. Oder zu langsam.

Es gibt viele WOL-Konzepte. Eines der einfachsten: Bildet einen WOL-Zirkel und trefft euch über 12 Wochen regelmäßig. Das macht ihr im Projekt auch? Nö.

Im Projekt macht ihr etwas anderes. Im Projekt knallt man dir einen Auftrag und ein Ziel vor den Latz. Beim WOL suchst du dir deine Themen und Ziele selber. Im Projekt werden dir die Leute von den Fachabteilungen zugewiesen – und du weißt ja, was das bedeutet. Beim WOL suchst du dir deine Leute selber aus. Leute, von denen du weißt, dass sie am besten zu deinem Ziel oder deiner Aufgabe passen; die sogenannten Contributors. Du rekrutierst sie praktisch abseits des offiziellen Organigramms. Du gehst auf den passenden Mann, die richtige Frau zu und fragst sie einfach.

Weil dann beide Seiten freiwillig dabei sind, ist die Motivation schon mal doppelt so hoch wie üblich. Die Leute wurden nicht ins Projekt geschickt, delegiert, zwangsbeglückt. Sie machen freiwillig mit. Und wie! Auch deshalb ist die Begeisterung in WOL-Zirkeln heftig, authentisch, nachhaltig und sehr produktiv.

Die Richtigen im Zirkel

Eine WOL-Anwenderin, sie ist im Lower Management aktiv, erzählt: „Im Projekt kriegen wir auch schon mal Experten, die lediglich nach Organigramm ausgesucht wurden: In Wirklichkeit machen die das, was wir fürs Projekt brauchen, schon seit Jahren nicht mehr. Aber wir müssen sie nehmen, weil der Lenkungsausschuss, der Auftraggeber oder der Bereichsfürst sie abkommandiert hat." Im WOL-Zirkel hat sie dagegen die richtigen Leute. Weil sie sich die Contributors selber ausgesucht hat. Ihr Boss macht da mit? Ja, seit er die Ergebnisse von WOL gesehen hat: unvergleichlich.

Noch ein Unterschied zur normalen Projekt- oder Linienarbeit: Alle Kompetenzträger teilen ihr Wissen vorbehaltlos – Working Out Loud. Keiner „sitzt" – wie oft in Projekten – auf seinem Wissen, weil er glaubt „Wissen ist Macht". Keiner verschweigt sachdienliche Hinweise, um seine Machtbasis zu sichern. Alle reden offen und laut über das, was weiterhilft, weil sie wissen: Es kommt alles wieder zurück – und mehr.

In Frankreich stehen und sitzen die Leute in der Kaffeeküche zusammen und machen Coffee Corner Talk. Sie reden laut über alles, was wichtig ist für die Arbeit. Die Forschung hat schon lange gezeigt, dass die informelle Kommunikation sehr viel effektiver und effizienter ist als große Teile der formellen Kommunikation. In Frankreich wissen sie das und praktizieren das. In Deutschland heißt es: „Was hängt ihr in der Küche rum? Habt ihr nichts zu tun?" Deshalb brauchen wir WOL – weil wir zu wenig in der Kaffeeküche sitzen (dürfen). WOL ist praktisch die deutsche Fassung der französischen Kaffeeküche. WOL ist die Formalisierung, die für Deutsche (und andere durchorganisierte Nationen) akzeptabel ist.

Fortschrittliche Firmen haben viele WOL-Zirkel: Taucht irgendwo ein Problem auf, gibt jemand Laut, anstatt im eigenen Saft zu schmoren. Hat jemand eine Lösung, wird er oder sie ebenfalls laut und macht einen Zirkel auf, wo dann Lösung und Problem zusammenkommen. Es gibt immer einen, der ein Problem und immer einen, der eine Lösung hat: Wisdom of the crowd, Schwarmintelligenz. Viele wissen mehr.

Selbstverstärkung

Wenn dir Fachabteilung X die Arbeitspakete 34 bis 39 abliefert, was machst du dann? Sie dankend in Empfang nehmen? Eben nicht. Wozu auch?

Schließlich ist das deren Job, dafür werden sie bezahlt. Wenn dir dagegen einer im WOL-Zirkel weiterhilft und du deshalb ein gutes Ergebnis einfährst, bedankst du dich dafür und lässt es alle im Zirkel wissen: „Danke, Kollege, für den Tipp – hat mein Resultat glatt um 20 Prozent verbessert.“ Der Kollege wächst spontan zehn Zentimeter und ist noch motivierter, anderen zu helfen. Eben weil der WOL-Zirkel ein freiwilliges Netzwerk ist, bedankt sich jeder artig (sonst bleibt er nicht lange im Zirkel) und befeuert auf diese Weise die Motivation im Zirkel.

Deshalb ist in WOL-Zirkeln – wenn sie richtig angelegt sind und moderiert werden – die Stimmung so phantastisch, die Motivation so stark und die Produktivität so hoch. Weil alle sich bedanken und sich höflich und respektvoll behandeln? So banal ist das? Wie gesagt: WOL ist eine herzlich simple Idee. Wenn wir nicht mehr eigenständig höflich zueinander sein können und unser Wissen vorbehaltlos teilen, sondern einen WOL-Zirkel dafür brauchen, dann soll es halt so sein.

„Nur wenige Menschen sehen ein,
dass sie letztendlich nur eine einzige Person
führen können und auch müssen.
Diese Person sind sie selbst."
Peter Drucker

39 Die 30 Fallen der Transformation

Mach nicht dieselben Fehler wie andere

Einen Fehler zu machen, ist ärgerlich. Denselben Fehler zu machen, den zig andere schon vor dir gemacht haben, ist dämlich. Völlig unnötig. Passiert aber täglich hundertfach. Weil die meisten Führungskräfte die Fallen der Transformation nicht kennen. Woher auch? Die stehen in keinem Buch (jetzt schon).

Hinterher ist man dann meist schlauer. Hinterher, wenn man bereits in die Falle getappt ist, wenn alle über einen lachen und spotten. Das ist unnötig. Fallen heißen so, weil du sie vermeiden kannst. Im Folgenden lernst du 30 der häufigsten Fallen kennen und zu umgehen.

1. Falle: „Wir kaufen uns die passende Technologie ein!"

Ja, klar, weil: Ohne geht es nicht. Mit aber meist auch nicht. Weil man vergessen hat, die Menschen mitzunehmen mit

- (ausreichend!) Sensibilisierung, Schulung, Workshops
- aber auch eng getakteter Prozessbegleitung und
- gut erreichbarem und kompetentem internen Support
- einer didaktischen Begleitung, die über die ersten Kinderkrankheiten und Verunsicherungen hinweghilft
- Führungskräften, die Mitarbeiter mitnehmen können (und wollen)
- einer Firmenkultur, die Fehler nicht nur verzeiht, sondern geradezu fordert – weil Fehler schnell machen: Fail fast!

Die Transformation scheitert in einem Prozent der Fälle an Technik und Finanzen. In 99 Prozent scheitert sie am Menschen. „Machen Sie mal, Sie haben mein vollstes Vertrauen!" ist der Leitspruch jener, die in diese Falle tappen. Vertrauen ist gut, Sensibilisierung, Schulung und Prozessbegleitung sind besser.

2. Falle: „Wir könnten durchaus digitalisieren."

Wir könnten? Nein, wir müssen. Digitalisierung ist nicht optional, sondern zwingend. Ohne Scherz: Die ganze Welt digitalisiert. Nur einige kleine Nischen bleiben analog und überleben. Bist du in so einer kleinen Nische? Bitte auf das Verb achten: Seid ihr es tatsächlich oder glaubst und hoffst du das bloß?

Vinyl-Schallplatten sind so eine analoge Nische oder der Unikate-Bau oder der Reetdach-Bau. Und selbst diese Nischen fragen sich mit Cicero: Quosque tandem? Wie lange noch? Wie lange noch gibt es diese Nischen? Wer von deinen Nachbarn hat ein Reetdach? Eben.

Es ist das Charakteristikum von Nischen, dass sie tendenziell aussterben. Also verlass dich nicht auf deine Nische. Wenn sich Manager und Menschen zu dieser bitteren Erkenntnis durchringen, sagen viele: „Okay, kapiert, wir müssen transformieren." Das stimmt und ist falsch. Natürlich „müsst" ihr. Aber es ist für Erfolg, Motivation und Werte-Pflege (Freiwilligkeit statt Zwang) besser, wenn ihr wollt.

3. Falle: „Die sabotieren uns den ganzen Laden!"

Endlich laufen ein paar Digitalprojekte oder man tut sich mit einigen Startups zusammen – und dann geraten die in üble Turbulenzen. Dann ertönt der Ausruf: „Die reißen uns noch alle runter!" Manchmal kommt es noch nicht mal so weit. Manchmal reicht schon die Angst vor dem Versagen, um ein ganzes Unternehmen von Digitalprojekten und Startup-Kooperationen abzuhalten. Genau deshalb gibt es in der Startup-Szene den geflügelten Spruch:

„Wer Schlauchboote versenkt, versenkt nicht den gesamten Tanker!“

Die Kunst besteht darin, die (ersten) Digitalprojekte und die Startup-Kooperationen eben so anzulegen, so einzufrieden und abzugrenzen, dass sie selbst im Totalschadensfall nur sich selbst versenken – und eben nicht den ganzen Tanker. Denn der Umkehrschluss passt ebenfalls:

Wer keine Schlauchboote versenkt, versenkt irgendwann den ganzen Tanker.

Die Digitalisierung ist so neu, so disruptiv, dass niemand das ohne gelegentliche Griffe ins Klo hinkriegt. Oder wie mir ein Fahrlehrer einmal sagte: „Mir ist lieber, meine Führerscheinneulinge dellen Papas Auto drei, vier Mal leicht ein oder fahren Schrammen rein, als dass mit 180 auf der Autobahn in ein Stauende krachen und tot sind.“ Seine Philosophie: An Bagatellschäden lernt man schneller und besser als wenn der Papa oder Fahrlehrer ständig „Fahr vorsichtig!“ predigt.

Außerdem ist diese Falle ein perfektes Beispiel für den Negativity Bias: Der Neandertaler wertet Negatives fünfmal höher als Positives. Wer nicht mehr im Neandertal lebt, fragt sich doch unweigerlich: „Okay, dieses Schlauchboot ging eben blubbernd unter. Doch was haben wir daraus gelernt?“ Selbst wenn einige Schlauchboote bei dem Versuch untergehen, agiler und digitaler zu werden, machen sie mit ihrem „Opfer“ den ganzen großen, lahmen und schwerfälligen Tanker mit jedem Opfer agiler und digitaler. Und dafür lohnt es sich.

4. Falle: „Wir müssen den ganzen Laden umkrempeln!“

Das ist erst mal eine gute Einsicht: Die Digitalisierung stellt wirklich alles auf den Kopf. Also müssen wir uns auch kopfstellen – ja? Nein!

Bitte bloß nicht! Das einzige, was dabei herauskommt, ist die Mutter aller Überforderung. Der ganze Laden bricht zusammen. Und das liegt nicht nur an der Überforderung von Menschen, Terminen, Kompetenzen und Ressourcen.

Es liegt vor allem am TIV, am Totalen Identitäts-Verlust. Deine Basis fragt sich (meist unwillkürlich, unterbewusst, unterschwellig): „Wenn wir nicht mehr analog sind – wer sind wir dann noch?“ Wenn die Basis sich noch traut, den Mund aufzumachen, höre ich oft: „Ich bin als … (Verkäufer, Einkäufer, Sachbearbeiter, Dreher …) eingestellt worden. Und nicht als Data Scientist! Das habe ich nie gelernt. Das will ich nicht sein. Das bin ich nicht!“ Ist er/sie nicht? Eben: Identitätskrise.

Ein kleines Unternehmen, das sich tatsächlich binnen zwei Jahren neu erfand und total transformierte, stellte danach verblüfft fest: Operation gelungen, Patient tot. Nach den beiden Jahren war wirklich alles total transformiert – aber die Hälfte der Leute waren weg oder innerlich emigriert. Natürlich genau jene Hälfte, die essenziell für die Wertschöpfung war.

Die meisten Manager und Mitarbeiter sind eben traditionell geprägt. Denen ziehst du den Boden unter den Füßen der Identifikation weg, wenn du „den ganzen Laden umkrempelst“!

Das Identifikationspotenzial mit dem Unternehmen, wie es ist, wird von oben betrachtet meist heftig unterschätzt. Der Mensch lebt eben nicht vom Brot allein, sondern auch von Anerkennung, Job Satisfaction und Identifikation. Wenn du „den ganzen Laden“ umkrempelst, dann provozierst du eine Identitätskrise galaktischen Ausmaßes. Das willst du nicht. Denn dann macht kaum einer mit. Glaub mir, die Leute lassen sich lieber die Geldbörse klauen als die eigene Identität.

Daher: Krempel bitte nicht den ganzen Laden auf einmal um. Niemand isst die Salami oder den Kürbis oder den Ochsen am Stück. Sondern eben immer Stück für Stück. Eine Vertriebsleiterin prägte dazu mal das schöne Wort: „Natürlich reißen wir nicht das gesamte Gebäude ein – worin sollen die Leute dann wohnen und arbeiten? Wir setzen einfach auf die dritte Etage noch eine vierte, fünfte obendrauf. Wie nutzen das Fundament. Das ist besser als eine Ruine zu produzieren.“ Weise Worte, kluge Strategie. Warum machen das nicht alle so?

Weil viele meinen: „Da müssen wir einen sauberen Strich ziehen und nochmal ganz neu anfangen!“ Nach einer verkrachten Ehe plus übler Scheidung ist das eine gute Strategie. Bei der Transformation nicht. Wenn du dich von Leuten trennst, kannst und darfst du scharfe Schnitte machen. Wenn du sie behalten möchtest, schneidest du dich mit scharfen Schnitten ins eigene Fleisch.

Wobei ich die Metapher mit der vierten und fünfte Etage nicht allzu wörtlich nehmen würde: Wenn du „Die Digitalen“ in einer eigenen Etage unterbringst, schaffst du damit doch wieder nur hermetische Silos, die du eigentlich abschaffen w/solltest. Hier die analogen und dort die digitalen Silos – nee, bitte nicht. Deshalb ist es besser, in kleinen Schritten und an vielen verschiedenen, geeigneten (!) Stellen in deiner Organisation den sanften Samen der Digitalisierung zu pflanzen – und täglich zu gießen.

5. Falle: „Aber das kann man doch nicht generalisieren!“

Das höre ich oft, wenn ein Startup oder ein kleiner, bereits digitaler Fleck im Unternehmen ein gutes Ergebnis erzielt oder eine wichtige Erkenntnis gewonnen hat: „Ja, das klappt bei denen – aber doch nicht im gesamten Unternehmen!“

Ich verstehe, dass man sich als Analoger gerne gegen das Digitale wehrt und abgrenzt. Das ist menschlich. Hilfreich ist es genauso wenig wie sich selbst ein Bein zu stellen. Die tollsten Erkenntnisse werden oft nicht genutzt, weil: „Aber das ist doch nicht übertragbar!“ Sagt wer? Nostradamus? Oder meine Antipathie gegen alles Neue, Digitale? Da hat man tatsächlich was Digitales gestartet – und dann lernt man nichts draus? Was für eine Verschwendung und Verkennung der eigentlichen Maxime:

Bis zum Beweis des Gegenteils im konkreten Fall gilt Übertragbarkeit!

Natürlich nicht 1:1! Aber so dämlich ist doch keiner, oder? Die Frage ist nicht, ob das aufs ganze Unternehmen übertragbar ist, sondern: Wie? Wie können wir das transferieren und adaptieren? Wie können wir das passend machen?

Was ich im Kleinen gelernt habe, kann ich aufs Große transferieren, wenn ich es hochskaliere. Natürlich müssen dann beide Seiten angepasst werden. Aber im Prinzip funktioniert im Großen, was im Kleinen funktioniert. Transformation ist eben nicht nur etwas für Kleine; das wäre absurd, dann gäbe es kein Google, kein Amazon und kein Zalando.

6. Falle: „Wir müssen alle gemeinsam anpacken!"

Ja, das ist eine Falle, die sehr tricky ist. Deshalb fallen so viele drauf rein. Denn natürlich müssen bei der Transformation alle mit anpacken! Doch diese Trivialität konstituiert zugleich ein Paradoxon: Eben wenn und weil alle davon überzeugt sind, dass alle mit anpacken müssen, warten alle auf alle, bis alle mit anpacken – und warten und warten und ...

Das ist die perfekte Verantwortungsdiffusion: Man verteilt die gefühlte Verantwortung auf maximal viele Schultern, eben auf „alle" Schultern und wartet, bis alle Schultern tragen und wartet sich auf diese Weise kollektiv zu Tode, anstatt jene Individuen und Bright Spots in der Organisation schon mal loslegen zu lassen, die schon so weit sind. „Insellösung" gilt in der IT als Schimpfwort. In der Transformation ist sie dagegen le mot juste, das richtige Wort, die richtige Strategie.

In Unternehmen, in denen die Transformation läuft und gut vorankommt, warten eben nicht alle auf alle. Sondern jeder fängt bei sich selber an und legt schon mal los, ganz gleich wie klein die Schritte sind: Kleine Schritte sind besser als keine Schritte. Auf diese Weise bleibt die Verantwortung für die Transformation da, wo sie bleiben muss: beim Einzelnen. Jede(r) nimmt sich selber in die Pflicht und fragt sich: „Was kann *ich* digitalisieren, transformieren?" So geht das. Warum machen das nicht alle?

Weil für viele Verantwortungsdiffusion schon zur zweiten Natur geworden ist. Wir erkennen das an im Tonfall der leichten Empörung vorgetragenen Aussagen wie: „In diesem Digitalprojekt muss das Engagement jetzt ganz klar von der Basis kommen!" Der/die das sagt, glaubt das wirklich. Doch tatsächlich ist es lediglich eine Variante, die heiße Kartoffel weiter zu reichen: „Macht ihr mal! Wir klinken uns aus!" Warum klinken sich so viele aus?

Der Grund für das Ausklinken hängt von der jeweiligen Persönlichkeitsprädisposition ab. Um mit dem DSM V zu reden: Perfektionistische Menschen klinken sich aus, wenn sie es nicht perfekt hinkriegen – dabei gilt in der Transformation: „Es muss nicht auf Anhieb perfekt sein. Hauptsache, es ist digital!" Narzisstisch Veranlagte klinken sich aus, wenn sie absehbar nicht der/die Beste dabei sein können. Obsessiv-Kompulsive ersticken jede digitale Initiative in obsessiver Bürokratie – und so fort. Es ist ziemlich frech, das Management nach DSM V (Diagnostic and Statistical Manual, Fassung fünf) zu kategorisieren? Ja. Frech. Aber äußerst nützlich.

7. Falle: „Das macht bei uns die IT!"

Ein beliebtes Modell: Lass mal die IT machen! Oder den Chief Transformation Officer oder den Chief Digital Officer oder den externen Berater. Und die Falle schnappt zu: Man lässt die andern machen und lernt selber nichts dabei und dazu.

Man lässt digitalisieren, ist aber selber kein Bestandteil der Transformation. Also transformiert man nicht wirklich, weil Transformation global sein muss: Entweder alle machen mit (oder zumindest die kritische Masse) oder es wird nichts.

Wer die Transformation outsourct, lagert damit auch die laufenden Entscheidungen und nötigen Abläufe aus: Auf diese Weise lernt die eigene Organisation so gut wie nichts über die Digitalisierung. Damit baut man zwei Welten auf: eine digitale und eine, die keine Ahnung davon hat. Beides passt nicht zusammen. Und dann wundert man sich, dass es an den Schnittstellen Friktionen und Konflikte gibt. Das liest sich etwas abstrakt an, aber das muss man auch nicht unbedingt lesen. Das kannst du dann jeden Tag hören.

Wenn die Leute um dich herum zum Beispiel sagen: „User Experience? Was'n das? Davon redet der Kerl von der IT (der CDO, der CTO, der Berater) gerade. Ist sicher wieder so eine

Mode. Sitzen wir auch noch aus." So läuft die Transformation dann in Unternehmen mit zwei Welten. Besser gesagt: Sie läuft natürlich nicht. Sie stockt, stottert und stirbt.

8. Falle: „Wir müssen das Organigramm anpassen!"

Klar, logisch. Wenn sich was im Unternehmen ändert, muss man das Organigramm entsprechend anpassen. Und die Transformation ändert mächtig was, also muss auch das Organigramm mächtig umgeschrieben werden? Nein.

Erinnern wir uns: In der Transformation arbeiten wir alle crossfunktional zusammen, in Netzwerken statt mit Stab/Linie, Working Out Loud, mit ganz viel Sharing. Wir reißen die Silos ein. Die Silos, die im Organigramm so fein säuberlich aufgezeichnet sind. Eigentlich müssten wir das Organigramm abschaffen.

Und dafür ein multidimensionales Flow Chart aufstellen, eine Matrix in der Matrix, ein oszillierendes Netzwerk, das anlass- und themenbezogen in immer neuen Konstellationen zusammenkommt, sich wieder auflöst, wieder neu zusammensetzt. Ein lebender Organismus! Ein Formwandler, eine Holacracy, eine Heterarchie und wie die flüssigen, selbstorganisierenden, auf Augenhöhe operierenden Organisationsmodelle heute alle heißen. Welcher Chef macht das schon mit?

Welcher Chef verzichtet freiwillig auf Command & Control bei zig „Untergebenen"? Kein Statusversessener, kein Kontrolletti, soviel ist schon mal sicher. Der Knüller ist: Solche regressiven „Führungskräfte" gibt es immer weniger. Vor allem deshalb, weil Command & Control in der Transformation nicht funktioniert. Versuch mal, ein Startup im Kasernenhofton zu führen. Geht nicht. Die Leute laufen davon. Deshalb verbreiten sich die neuen, silofreien Organisationsmodelle ohne (starres) Organigramm auch so schnell und so weit. Weil sie die beste Organisationsform für die Transformation sind. Warum solltest du dich mit weniger als dem Besten zufriedengeben?

9. Falle: „Wir haben doch die Technologie – warum läuft die nicht?“

Häufige Frage, einfache Antwort: Weil die Arbeitsprozesse nicht an die neue Technologie angepasst sind. Wer die Technologie einkauft, muss auch die Prozesse ändern, anpassen, wieder neu zum Laufen bringen. Neue Technologie – alte Prozesse? Geht nicht, läuft nicht. Die alten Prozesse be- und verhindern die neue Technologie. Die Prozesse anzupassen macht Arbeit, ja. Manche bezeichnen sie sogar als „die eigentliche Arbeit“. Eine Technologie einkaufen kann im Zweifel ein Azubi. Aber die Prozesse intelligent anpassen und dafür sorgen, dass die ausführenden Mitarbeiter sie auch schnell und gut übernehmen – das erfordert echte Führung. Du hast das drauf? Dann kann ich dir Erfolg garantieren. Dann bist du aber auch eine(r) der wenigen.

Denn die meisten toben: „Jetzt haben wir doch den Prozess angepasst – warum machen das die meisten meiner Leute immer noch nach der alten Arbeitsweise? Ich habe das doch ganz anders angewiesen!“ Weil man eine Tennis-Vorhand nicht anweisen kann. Man muss sie üben. Echte Führungskräfte stehen neben ihren Mitarbeitern und sagen: „Nee, Karl, dich zieht's schon wieder in die alte Rinne. Erinnerst du dich? Wir wollten das doch neuerdings so und so machen. Weißt du noch, wie der nächste Schritt ist? Nein, nicht der. Ja, der isses. Mach mal. Ich weiß, das Umgewöhnen fällt nicht leicht, also lass uns das mal gemeinsam machen. Was kommt als nächstes? Genau – und dann?“ – „Das mach ich nicht“, sagte mir in einem Workshop mal ein Abteilungsleiter. „Das ist ja Kindergarten!“ Nein.

Das nennt man Lernen, genauer: Learning by Doing. Mir ist natürlich auch klar, dass es viele Menschen gibt, die Lernen mit Schule verwechseln und nicht mehr wissen, wie das geht. Es geht nicht an, dass die dann auch noch Führungspositionen besetzen? Du musst dich nicht aufregen. In einer Ära, in der wirklich alles aufs superschnelle Lernen ankommt, sind das die Saurier, die auf den nächsten Kometeneinschlag warten …

10. Falle: „Wir müssen das große Rad drehen!“

„Das muss der ganz große Knaller werden“, sagt der Vorstand, „wenn wir transformieren!“ Ehrgeizig, der Mann. Also packt er die ganz großen Brocken zuerst an. Weil sie so groß sind, haut das nicht so hin. Ihn stört das weiters nicht, er ist durch und durch Erfolgstyp. Rückschläge ignoriert er einfach. Wo liegt der Fehler?

Ja, du ahnst das: Er ist ein Erfolgstyp. Seine Mitarbeiter nicht. Drei Viertel von ihnen werden durch die heftigen Rückschläge bei den großen Brocken so massiv verunsichert, dass sie allen Mut verlieren und nur noch mit doppelter und dreifacher Absicherung etwas anpacken. Damit hat sich die Transformation erledigt.

Ergo: Dreh das große Rad woanders. Fang mit kleinen Schritten an. Kleine Schritte sind erfolgreiche Schritte. Und Erfolg beflügelt. Dich, aber vor allem deine Mitstreiter.

11. Falle: „Wir müssen liefern!“

Diese Falle kennst du mittlerweile. Weil sie so häufig und so destruktiv ist, haben wir sie bereits öfter thematisiert: „Wir müssen Aufträge erfüllen! Wir haben gar nicht die Zeit, die Transformation episch durchzudiskutieren!“ Das ist die häufigste Absage an die Transformation. Weil die Leute faul sind?

Im Gegenteil. Weil sie so fleißig sind: Sie sehen, dass sie bei den Aufträgen schon im Rückstand sind – und klotzen ran. Mit den Aufträgen. Keine Zeit für Transformation und so’n Zeug. Unsere besten Führungskräfte und Mitarbeiter sind sehr effizienzfokussiert. Sie wollen Ergebnisse. Sie wollen keine ellenlangen Diskussionen. Bei der Transformation muss aber viel diskutiert werden. Effizienzorientierte Menschen hassen Fehler und Verschwendung. Bei der Transformation müssen (Fail Fast!) Fehler gemacht und Ressourcen verschwendet werden (bis man es besser weiß). Wenn dann einer mit einer kreativen, genialen, digitalen neuen Idee kommt und das mit allen besprechen möchte, was kriegt er zu hören? Eben.

Und das ist immer so, bis ein Vorgesetzter sagt: „Leute, zehn Minuten Diskussion zur neuen Idee! Die ist wirklich gut. Und wenn ihr die Zeit danach nicht aufholt, ruf ich höchstpersönlich den Kunden an und verklickere ihm das. Ich erkläre ihm, dass er sich mit zehn Minuten Investition an seiner und unserer digitalen Zukunft beteiligt hat – das freut ihn sicher auch." Merke: Es geht immer, wenn man will. Man muss nur wollen. Und können. Kannst du? „Ich kann immer!", sagt Andy Garcia in „Ocean's Thirteen".

12. Falle: „Wir fangen mal irgendwo an."

Das leuchtet unmittelbar ein. Aber wo führt das hin, wenn wir mal irgendwo anfangen? Wenn wir irgendwo anfangen, fangen wir ganz sicher mit etwas an, das wir schon kennen – logisch, nicht?

Wir fangen mit etwas an, das uns schon bekannt ist und machen das dann eben digital. Das ist weder disruptiv noch transformativ. Das ist einfach ein altes analoges Dingens mit neuen digitalen Elementen. Bei diesem Ansatz kommt höchstens durch Zufall ein komplett neues Produkt, ein ganz neuer Service, ein total neues Geschäftsmodell heraus. Mach das nicht. Mach das richtig.

Es ist schwer, aus der alten Rille rauszukommen? Ja, aber auch dafür gibt es Tricks und Techniken. Oder Methoden. Am einfachsten ist, du bearbeitest ein neues Thema eben nicht wieder mit den alten Analyse-, Lösungs- und Konzeptions-Tools, sondern mit einer neuen Methode wie Sprint oder MVP oder Customer Journey oder UX oder was es sonst noch gibt und du mal ausprobieren möchtest. Neue Methode – neue Ergebnisse. Besser. Transformativer. Kommt mehr dabei heraus als wenn du Neues mit alten Methoden zu erreichen versuchst.

Zum Beispiel mit dem klassischen Projekt. Das verschlingt viel Geld, dauert Monate und Monate – und am Ende kommt dann vielleicht nicht mal viel dabei heraus. Dann lieber eine der neuen, transformativen Methoden, die sehr viel schneller sind, sehr viel weniger kosten und sehr viel nützlichere, transformative und neue Produkte und Services produzieren.

13. Falle: „Mit den richtigen Leuten läuft das."

Nein. Aber natürlich sind wir das so gewohnt. Wir müssen Chassisteile, die vorher genietet wurden, nun plötzlich lichtbogenschweißen? Dann holen wir uns ein paar erfahrene Schweißer – und schon läuft das! Warum?

Weil die Spezialisten, die vorher genietet haben und die Spezialisten, die jetzt schweißen, sich verstehen. Die sind vom selben Schlag. Die richtigen Leute für die Transformation sind das nicht. Nicht im Entferntesten. Deshalb läuft das nicht mit den richtigen Leuten. Weil die richtigen Leute nicht laufen, sondern abgestoßen werden. Der Organisationsorganismus reagiert mit Abstoßung auf den Kulturschock. Weil die Digital Natives so total anders sind. Die „normalen Menschen" verstehen sie nicht et vice versa. Die Leute in der Linie sagen: „Die Neuen sind total chaotisch!" Die Neuen sagen: „Ihr seid alle so festgefahren und unbeweglich!" Das läuft nicht. Das gibt richtig Krach. Und nach sechs Monaten sind die Neuen weg. Abgestoßen. Warum?

Weil sie auf ein Führungsvakuum gestoßen sind. Die Personalabteilung ist einmal drübergeflogen und hat die Neuen ins Unternehmen reingebombt: „Friss oder stirb!" Weder noch. Die Neuen gehen. Weil die Alten sie rausgeekelt haben. Weil das einfach nicht passt. Korrigiere: Weil das nie passend gemacht wurde. Dafür muss man nicht studiert haben. Es reicht, wenn man führen kann (und will).

Wie zum Beispiel die Ressortleiterin, die vier Wochen nach Ankunft einiger digitaler Neuer alle 73 Mitarbeiter ihres Ressorts zusammenrief und Workshop machte. Sie holte sich dafür eine externe Moderatorin; du kannst dir denken, wen. Sie eröffnete den Workshop mit den Worten: „Leute, ihr vertragt euch nicht. Das verstehe ich, aber so geht das nicht. Wir müssen zusammenarbeiten und wenn wir das nicht auf Anhieb können, lernen wir das. Heute. Jetzt. In den kommenden vier Stunden. Also lasst uns anfangen."

Jeder erwartete, dass sich die Leute erst mal wechselseitig auskotzen und über die jeweils anderen beklagen. Weil das stundelang gehen kann und nicht wirklich hilft, griff ich zu einem

Trick aus der Appreciative Inquiry. Ich sagte: „Dass ganz vieles im Argen liegt, wissen wir alle. Dazu kommen wir später. Versprochen. Fürs erste machen wir das Gegenteil. Jeder schreibt auf, was er an den jeweils anderen gut findet. Zehn Minuten."
„Aber ich find an denen nichts gut! Das ist doch der ganze Mist! Die bringen alles durcheinander!"
„Einverstanden. Dann bleib einfach zehn Minuten vor dem leeren Blatt sitzen oder schau zum Fenster raus."

Die Technik ist hunderttausendfach bewährt: Keiner guckt raus. Allen fällt dann doch etwas Positives ein (to appreciate: etwas gut finden, würdigen, anerkennen). Danach erübrigt sich die Diskussion der Missstände. Immer. Die Leute wollen nicht mehr im Dreck wühlen und Blaming betreiben. Sie haben das Gute gesehen, ihren Verstand vom Negativity Bias befreit, sind aus der Jammertrance raus und wollen jetzt wissen, wie man beide Seiten zusammenbringt, ohne dass die Fetzen fliegen. Das findet man in vier Stunden raus. Immer. Du auch. Wie?

Man bringt den Leuten bei, wie sie miteinander umgehen sollen/können. Kein Scherz: Ein „normaler" Mensch weiß das nicht. Er hat es nie gelernt. Interkulturelles Verhalten ist nicht Bestandteil einer normalen Ausbildung/Erziehung. Also muss man den Leuten Offenheit beibringen. Warum sind sie das nicht von sich aus? Weil sie sich bedroht fühlen. Die Alten von den Neuen und die Neuen von den Alten. Bedroht in dem, was für sie wichtig und richtig ist. Also haben wir im Workshop hundertfach in Rollenspielen gepredigt: „Wenn dein neuer Kollege zum Beispiel User Experience vorschlägt, dann bedroht er dich nicht!"

Die Bedrohung könnte darin liegen, dass ein Kollege meint: „Ich kann das doch nicht!" Also zeigen wir ihm, wie er sich das aneignet, dass die befürchtete Überforderung nicht eintritt. Die Bedrohung könnte auch in der Furcht vor Statusverlust liegen. Also zeigst du den Leuten, dass nur Status verliert, wer nicht mitmacht. Die Bedrohung könnte darin liegen, dass beide Seiten meinen: „Wenn das so läuft, dann machen wir wohl was falsch!" Also zeigst du beiden, dass es nicht um Richtig oder Falsch geht, sondern dass beide Seiten richtig sind und miteinander, nicht gegeneinander, besser werden. Die Bedrohung könnte darin liegen, dass viele sich persönlich abgelehnt fühlen. Dann zeigst du ihnen, dass etwas Neues oder etwas resistentes Altes eben keine persönliche Ablehnung bedeutet, sondern lediglich der

Unterstützung bei der Anpassung oder Verhaltensänderung bedarf.

Die Bedrohung könnte außerdem im drohenden Identitätsverlust liegen. Also zeigst du den Leuten, dass das Neue die alte Identität nicht auslöscht, noch nicht einmal bedroht. Das Neue lässt sich in die alte Identität wunderbar integrieren – und beide profitieren davon. Das alles zeigst du und eliminierst so Ängste, Skepsis und Bedrohungen. Du machst das schon. Oder du lässt es machen. Jedenfalls: Gemacht werden muss es. Sonst killt/bremst der Culture Clash deine Transformation. Das passiert leider oft noch.

Weil viele Führungskräfte ihre Führung exakt in dem Moment beenden, in dem Menschen sich bedroht fühlen. Für viele hört in diesem Augenblick die Führung auf. Für starke Führungskräfte fängt sie da erst an. Viele sagen „Für sowas hab ich keine Zeit!" und machen es nicht. Jene, die es machen, sagen: „Das kost' doch keine Zeit! Das kann man doch nebenher machen! Wenn ich sehe, dass einer vom Team die Schnute zieht, kann ich ihn doch rasch beiseite nehmen und seine Bedenken klären. Das geht ratzfatz." Ja, klar, schon – wenn man das kann. Du kannst? Super, weiter so.

14. Falle: „Für die digitale Strategie ist der Vorstand zuständig!"

Das wird sauber getrennt: Die da oben machen die digitale Strategie, wir hier an der Basis kümmern uns ums Operative und darum, dass der Laden läuft. Also entwirft der Vorstand die Strategie. Das ist dann die Strategie vom Vorstand.

Es ist nicht die Strategie von der Basis. Da der Vorstand die Strategie alleine aufgestellt hat, kann er sich jetzt auch alleine darum kümmern. Denkt die Basis. Strategisches Management ist gefühlte 40.000 Jahre alt. Aber die „Großen Strategen" verstehen das immer noch nicht. Wie Yoda sagen würde: „Ein großer Stratege? Strategien machen keinen groß." Wenn der Große Stratege die Große Strategie (alleine) aufstellt, ist sie unter Garantie zu groß für die Basis, die nichts damit zu tun haben will/wird. Worauf viele Geschäftsleitungen blamen: „Wir kriegen die Strategie nicht in die Basis rein!" Richtig. Und das bleibt auch so.

Der Vorstand hat eine digitale Vision, die Basis hat eine andere, weil: „Uns hat ja keiner gefragt!" Das ist das Problem.

Und die Lösung: Frag doch mal! Wie Charles Handy sagte: „Immer erst die Eingeborenen fragen!" Ja, das macht Aufwand und Ärger. Aber sehr viel weniger Aufwand und Ärger als eine Strategie, die wie Major Tom völlig losgelöst von der Erde völlig schwerelos schwebt. Also frag. Wer fragt, der führt. Fragen kann man lernen. Echt jetzt. Im Coaching zum Beispiel.

15. Falle: „Wir haben uns auf eine Strategie geeinigt – also läuft das jetzt!"

Alle in der Geschäftsleitung haben die neue Strategie durchgewunken – da kann ja nichts mehr schiefgehen! Unfug: Da hat jemand die Augen nicht aufgemacht.

Denn selbst und gerade in der Geschäftsleitung gibt es Zögerer, Zauderer und Skeptiker. Sie alle haben zwar durchgewunken, doch hauptsächlich wegen des Konsenses und damit sie ihre Ruhe haben und schnell wieder zur eigentlichen Arbeit zurückkönnen. Richtig überzeugt oder gar voll dabei sind ein bis zwei Drittel des Topgremiums nicht. Deshalb bremst sich die Transformation zu Tode. Deshalb?

Stimmt nicht ganz. Sie bremst sich zu Tode, weil selbst und gerade in Vorstand oder Geschäftsleitung kein Raum für Bedenken, Zögern und Zweifel ist. Nicht bei den Bremsern.

In Unternehmen, in denen wie am Schnürchen transformiert wird, geben Vorstandsvorsitzender oder Geschäftsführer auch und gerade den direkten Kolleginnen und Kollegen Raum, Zeit und Aufmerksamkeit für ihre jeweiligen Bedenken. Man geht offen miteinander um. Keiner läuft ins Messer, wenn er Bedenken anmeldet. Keine(n) lässt man auflaufen. Jeder darf offen artikulieren, mit welchen Aspekten er noch nicht d'accord ist. Warum geht das in einigen Topgremien und in anderen nicht?

Das siehst du richtig: Vertrauen. Das ist kein Zustand, sondern ein Prozess. Und: Man nimmt sich Zeit füreinander. Man redet miteinander. Erstaunlich, nicht? Viele Topmanager reden nicht mehr als das Nötigste miteinander, weil man sich uneingestandenermaßen derart vor Statusverlust fürchtet, dass man wie in einer schlechten Ehe nur noch Banales redet – und natürlich Konflikte austrägt. Es gibt Ehen, die praktizieren das seit 30 Jahren. Bei der Transformation geht's schneller. Vorstände, die nicht mehr miteinander übers Wesentliche reden, fahren den Karren weitaus schneller an die Wand.

16. Falle: „Wir müssten doch schon viel weiter sein!"

Ehrgeiz ist gut! Tempo ist gut! Aber wer sich beklagt, dass die Transformation doch schon viel weiter sein müsste, erregt den Verdacht, die 7 Phasen der Veränderung nicht verinnerlicht zu haben:

1. Der Schock: „Was? Wie? Transformation? Herrjeh!"
2. Die Verdrängung: „Nee, bitte nicht auch noch. Wir haben schon genug zu tun. Keine Zeit für sowas. Ist auch nicht wirklich nötig."
3. Die Einsicht: „Okay, es geht nicht ohne. Was sein muss, muss sein."
4. Die Akzeptanz: „Ja, das kostet Zeit, Analyse, Planung, Organisation, Aufwand, Energie und Ressourcen – das investieren wir, geht ja nicht anders."
5. Das Ausprobieren: „Probieren geht über Studieren! Wir machen mal!"
6. Die Rückkopplung: „Jetzt wissen wir wenigstens, was funktioniert und was nicht funktioniert."
7. Die Integration: „Neu? Das war vielleicht mal neu. Jetzt haben wir das schon voll drauf."

Stell dir vor, du meckerst dein Team an: „Wir müssten schon viel weiter sein!" Was du nicht siehst, aber deine Leute am eigenen Leib erleben: Das Team ist in Phase 4 und hat sich eben zur Akzeptanz der Veränderung/Transformation durchgerungen. Und dann kommst du mit so einem Spruch aus dem Gebüsch gehüpft! Die Leute verlieren schlagartig die neu gewonnene Akzeptanz. Sie fallen noch in die Phase vor der Einsicht zurück. Sie denken nur noch: „Also wenn er uns schon so kommt, kann er sein Zeug auch selber machen." Aber ganz viele Führungskräfte schießen solche

Eigentore? Ja, klar, juckt dich das? Nein. Denn du weiß, dass Veränderung nicht binär, sondern phasisch verläuft.

17. Falle: „Warum kapieren die das nicht?"

In diese Falle tappen selbst Fortgeschrittene, weil sie super fies ist. Erinnerst du dich an die 7 Phasen der Veränderung (s.o.)? Wenn ein Vorgesetzter, eine Vorgesetzte wirklich gut ist, dann geht er und sie natürlich voran. Er oder sie erlebt zunächst einmal für sich selbst, ganz persönlich, solo den Digi-Schock (Phase 1), durchschreitet die Wüste der Verdrängung (2) und kommt am andern Ende bei der Einsicht in die Notwendigkeit (3) heraus. Und dann?

Dann stößt er oder sie auf Mitarbeiter, die natürlich und selbstverständlich noch nicht so weit sind. Sie stecken noch im Jammertal fest und treffen nun auf einen Vorgesetzten, der da schon lange durch und raus ist – und jetzt nicht mehr dorthin zurück möchte. Bloß nicht! Der Vorgesetzte denkt: „Was jammern die denn bloß so? Das hab ich doch alles schon hinter mir! Das will ich nicht nochmal durchmachen! Das ist zu schmerzhaft!" Seine Mitarbeiter dagegen denken: „Warum sieht der nicht, dass wir leiden?" Oder auch: „Warum versteht sie unsere Sorgen und Nöte nicht?" Leute, er/sie versteht euch nur zu gut – aber er/sie will das nicht nochmal durchmachen. Also wird er/sie ungeduldig: „Wann kapieren die das endlich?" Die Folge: Wir gegen die. Konflikt. Grabenkrieg. Und je mehr Druck Vorgesetzte machen, desto mehr Gegendruck kriegen sie. Alle Vorgesetzten?

Natürlich nicht. Es gibt auch hier, wie überall, die Best in Class. Was machen die anders? Ich denke, das liegt auf der Hand, das muss ich dir nicht erklären. Besser ist, wenn wir kurz in die Köpfe der Klassenbesten schauen. Wenn ich sie danach fragen, warum sie keine Probleme mit maulenden Mitarbeitern haben, sagen sie:

- „Ich weiß, viele Manager können nicht so gut mit Menschen. Aber wenn deine Leute leiden, hilft halt nichts anderes. Du musst erst mal mitleiden: Pacing & Leading. Erst abholen, dann rausholen."

- „Mitgefühl ist vielleicht nicht der richtige Ausdruck. Aber wenn ich ostentativ und ganz viel Verständnis für die Befindlichkeit meines Teams zeige, kommen die schneller durch ihr Jammertal."
- „Ich sage immer: Leute, ich weiß genau, wie beschissen ihr euch fühlt. Ging mir vor fünf Wochen genauso. Aber da kommt ihr wieder raus. Versprochen. Kotzt euch bei mir aus. Das ist das Mindeste, was ich für euch tun kann."
- „Ehrlichkeit hilft. Ich predige immer wieder: Natürlich tut das weh! Mir doch auch. Also druckst nicht verlegen in der Ecke rum, steht zu den beschissenen Gefühlen. The only way out is through."
- „Keiner von uns gibt seine Gefühle an der Zeiterfassung ab. Wir sind alle nur Menschen. Wer das vergisst, führt nicht wirklich und am wenigsten sich selbst."
- „Ich mag mein Team. Wie kann ich unbeteiligt daneben stehen und Business as usual machen, wenn's denen beschissen geht? Auch darum muss ich mich kümmern."
- „Eben weil ich weiß, dass ich das auch erst alles durchmachen musste und dass man bei der emotionalen Bewältigung eben keine Phase überspringen kann und darf, begleite ich meine Leute auf emotional. Etwas anderes hilft ja nicht."

Das denkst du auch? Gratulation! Natürlich gehört dazu ein gerüttelt Maß an Emotional Leadership, Affektkompetenz, Empathie, Selbstbeherrschung, innere Führung oder wie auch immer du das nennen magst. Aber wer hat denn behauptet, dass Führungskräfte keine emotionale Intelligenz hätten?

18. Falle: „Ich muss transformieren!"

Erkennst du den Fehler? Gut gemacht. Der Fehler: Transformation gibt's nicht im Singular. Es ist immer „wir", nie „ich". Aber sag das mal einem Achiever. Alle Leistungsträger tendieren dazu, es alleine reißen zu wollen, mutig voranzuschreiten wo andere zaghaft weichen – das macht sie zu Leistungsträgern: „Wenn du willst, dass es gut wird, musst du es selber machen, Vorbild sein!" Diese Einstellung funktioniert und macht Achiever erfolgreich in vielen Bereichen, nur nicht bei der Transformation.

Denn mit dieser Einstellung findet der Achiever nicht jene in seinem eigenen Unternehmen und oft sogar innerhalb seines eigenen Führungsfeldes, die digital schon weiter sind als er, die Ideen haben und sich (besser) auskennen. Schlimmer oft: Er kennt sie, ignoriert sie aber, weil – na klar! – er es (vermeintlich) besser kann. Er macht ihnen keine Angebote und holt seinerseits ihre Angebote nicht ein und das macht die Transformation sehr langsam und deshalb letztendlich erfolglos. Mit einem „Wir" wäre er viel schneller und erfolgreicher. Aber sag das mal einem Achiever, der seit 20, 30 Jahren als Solist erfolgreich ist. Vom Singular in den Plural zu kommen, erfordert etwas Überwindung und Übung. Glücklicherweise schaffen viele Achiever beides.

19. Falle: „Es kommt was Großes!"

Warum kündigt die Fed (Federal Reserve, US-Zentralbank) an, dass sie in einigen Monaten den Zinssatz hochsetzen will? Weil sie den Ankündigungseffekt nutzen möchte. Das möchten auch viele Managerinnen und Manager. Also kündigen sie die Digitale Transformation an: „Da kommt was Großes auf uns zu!" Was ist das erste, was zwei Drittel der Belegschaft denken?

„Kündigungen!" Im besten Fall: „Schon wieder so eine witzlose Restrukturierung, die nichts nützt, alles durcheinanderbringt und uns von der eigentlichen Arbeit abhält. Aber das sitzen wir auch noch aus!" Auch das ist der Ankündigungseffekt. Man sagt: 90 Prozent der Führung ist Kommunikation. Sagt man. Handelt man auch danach?

Nicht dort, wo die Transformation ordentlich in die Hose geht. Da, wo sie es nicht tut, wo sie funktioniert und reüssiert, wird anders angekündigt. Nicht abstrakt, sondern konkret: „Wir müssen und werden digital transformieren." Nicht vage, sondern spezifisch: „Alle werden mitmachen, weil wir alle dafür brauchen. Gekündigt wird nicht, weil wir eher mehr als weniger Leute brauchen werden." Wer vage ankündigt, provoziert die übelsten Gerüchte im Flurfunk. Bis sich die vagen Ankündigungen dann konkretisiert haben, ist wegen der Gerüchte die Stimmung schon so im Keller, dass kaum mehr was geht.

Wo alle mitmachen, wird anders kommuniziert. Da werden möglichst viele Mitarbeitende möglichst frühzeitig an den Tisch geholt und die wichtigsten Ideen und Vorhaben auf denselben gelegt. Fortschrittliche Manager, die den Digital Spirit aufgesogen haben, machen interne digitale Plattformen auf und bilden Netzwerke, in denen die Belegschaft sich austauschen, Ideen vorbringen, Bedenken diskutieren kann, sich beteiligen kann. So sind die Menschen das von den sozialen Netzwerken gewohnt und so erwarten sie das auch am Arbeitsplatz.

20. Falle: „Macht doch mal!“

Wann hast du Erfolg? Wichtiger noch: Wann haben deine Leute Erfolg? Es gibt zweitausend Antworten auf diese Frage. Eine der einfachsten und deshalb stark handlungsleitenden und erfolgsträchtigen Erklärungen ist:

Erfolg hat, wer will, kann und darf.

Das ist trivial? Das glauben weniger erfolgreiche Menschen. Man sieht es ihnen an: Sie wollen zwar durchaus digitalisieren, aber oft können sie nicht – es fehlt ihnen das Know-how und der Digital Spirit, es fehlen die richtigen Leute oder es fehlt die Aktivierung der richtigen Leute, die im Unternehmen bereits vorhanden sind. Und schließlich gibt es viele Manager und Mitarbeitende, die zwar wollen und können, aber nicht dürfen. Sobald ein Element des Dreiklangs fehlt, wird es schwer bis unmöglich mit der Transformation.

Wenn Führung und Belegschaft nicht motiviert sind, wollen sie subjektiv nicht – obwohl sie objektiv oft könnten und dürften. Sind die nötigen Skills nicht vorhanden, läuft die Transformation ebenfalls nicht – obwohl alle wollen und dürfen. Oft wollen und können Führung und Belegschaft, dürfen aber nicht, weil die nötigen Rahmenbedingungen nicht geschaffen wurden, die Freiräume und Ermächtigungen fehlen, kein Empowerment gewährt wurde, keine Schlauchboote (digitale Projekte mit geringem Umfang) zu Wasser gelassen wurden.

In vielen Unternehmen höre ich von ganz oben: „Wir müssen digitalisieren! Also legt los! Macht mal!“ Dann legen die Manager und Mitarbeiter, die schon so weit sind (wollen und können) wie gewünscht los, müssen aber wegen jeder Büroklammer die Erlaubnis von ganz oben einholen – schon die Beschaffung der nötigen Software für digitale Methoden dauert Wochen. Ganz zu schweigen von der Bildung abteilungsübergreifender Teams für Sprints und andere digitale Techniken: Ganz gleich, wie oft bestimmte KollegInnen angefordert werden, die Bereichsfürsten bremsen das aus und reglementieren das. Ergo: Wollen und können ja, dürfen nein. Keine Freiräume gegeben. Das ist nicht nur äußerst gedankenlos. Damit verbrennt man die guten Leute auch grob fahrlässig. Sie gehen. Entweder physisch oder psychisch: Kündigung oder innere Emigration. Im Falle der inneren Kündigung erklären jene, die innerlich gekündigt haben, dann die Transformation für beendet: „Dann machen wir halt weiter den alten Stiefel." Und kein noch so mächtiger Vorstand kommt gegen diese Absage von unten an.

Der Volksmund hat nur halb recht: Wer A sagt, muss auch B sagen? Nein, eher: Wer Wollen sagt, muss auch Können und Dürfen sagen. Was sagst du? Was sagen deine Vorgesetzten? Die sagen im Moment noch etwas anderes? Das ist so, muss aber nicht so bleiben. Wenn man vernünftig mit Entscheidern redet, erkennen sie meist die Notwendigkeit des Dreiklangs. Viele Führungskräfte holen sich für diese Überzeugungsarbeit die Unterstützung eines externen „Überzeugers".

21. Falle: „Die machen einfach weiter wie bisher!"

Das höre ich oft. Von ganz oben. Vorstand oder Geschäftsleitung haben zwar die Transformation „beschlossen" – aber die Basis macht ungerührt und schwerpunktmäßig weiter Business as usual. Böse, böse Belegschaft! Ja?

Nein. Auch fürs Management gelten die Naturgesetze: Actio = Reactio. Die Basis will, kann und darf zwar oft (s.o. 20. Falle). Aber gleichzeitig spürt sie: „Die da oben stehen doch nicht wirklich voll dahinter!" Das höre ich häufig. Von der Basis. Wenn ich diesen sachdienlichen Hinweis nach ganz oben weitergebe, verstehen das viele Topmanager nicht: „Aber wir haben doch ganz klar Anweisung erteilt, die nötigen Mittel bereitgestellt und Freiräume gegeben!" Ja, schon, aber ihr

- weist das zwar an, doch ihr lebt das nicht vor.

- erwartet das von der Basis, anerkennt jedoch nicht deren Erfolge. Leider gilt in Unternehmen wie überall: What gets rewarded, gets done. Was anerkannt wird, wird gemacht.
- verlangt zwar Transformation, aber steht nicht voll dahinter. Die Basis erkennt das zum Beispiel daran, dass nötige Entscheidungen viel zu lange dauern, dass den digital kompetenten Entscheidungsträgern unnötig oft und viel hereingeredet wird, dass selbst nach kleinsten digitalen Vorhaben der dicke Wälzer des Risk Managements geworfen wird.
- beantwortet euren Leuten nicht die zentrale handlungsleitende Frage: What's in it for me?

Kein Wunder, dass die Basis binnen weniger Wochen zum Schluss kommt: „Das sind doch alles nur Lippenbekenntnisse!“ Der passende Spruch dazu: Practice what you preach! Oder auch: Walk your talk! Oder auf gut Deutsch: „Wenn die da oben das nicht wirklich wollen – warum sollte ich mich dann dafür ins Zeug legen? Ich bin ja nicht verrückt. Dann mach ich doch lieber weiter wie bisher.“

Natürlich kriegen das die Top-Entscheider mit und machen, gelinde gesagt, mächtig Druck. Leider ist Druck, entgegen landläufiger Auffassung, kein Führungsinstrument. Schon in analogen Zeiten funktionierte er lediglich bei trivialen, repetitiven Tätigkeiten. In digitalen Zeiten ist Druck ein Witz, über den alle lachen, bloß derjenige nicht, über den gelacht wird. Wenn in der geschilderten Situation eine Führungskraft weiterhin nicht erkennbar hinter der Transformation steht, ihren Leuten aber Druck macht, dann reagieren diese wie?

Ja, natürlich, wir alle wissen das, weil wir das alle auch so machen (würden): Man füttert den brüllenden Löwen mit einigen kommoden Pseudo-Projekten, die nach viel aussehen und wenig bewegen und degradiert ihn damit zum Papiertiger. Das ist die große Führungsillusion. Eine Illusion, die besagt, dass die, die führen, führen. Tun sie nicht automatisch und vor allem nicht voraussetzungslos. Der Bürospruch weiß das: Wer glaubt, dass Führungskräfte führen, glaubt auch, dass Zitronenfalter Zitronen falten. Auch Napoleon wusste das, als er sagte, dass jeder Soldat den Marschallstab im Tornister trägt. Der große Feldherr kann noch so sehr den Sturm auf die Zitadelle befehlen (und Druck machen). Wenn der kleine Soldat mit dem Marschallstab im

Tornister „Du mich auch!“ sagt, dann passiert nichts. Oder zumindest nicht das, was der Feldherr sich vorstellt. Der kluge Feldherr macht das anders. Und nicht erst seit Napoleons Zeit.

Der kluge Feldherr weist die Transformation nicht nur an. Er zeigt auch: Ich will das, ich lebe das vor, ich anerkenne jede noch so kleine Leistung, jeden noch so kleinen Transformationserfolg und vor allem sage ich euch täglich mehrfach (bis es „sitzt“), was für euch dabei herausspringt (What's in it for me). So einfach kann Führung sein. Einfach, aber nicht leicht. Denn auch das Einfache muss man/frau erst einmal erkennen und dann auch noch umsetzen (können und wollen).

22. Falle: „Ich gebe den Leuten Freiraum!“

Ja, natürlich sollst du das! Freiraum ist gut, hilfreich und nötig. Wenn Führungskräfte jedoch diesen Satz mit dem Freiraum sagen, meinen und leben sie meist etwas anderes: Sie machen Management by Exception. Sie überlassen ihre Mitarbeiter sich selbst und greifen nur „im Bedarfsfall“ ein (den sie selbst definieren und ausrufen). Sie vereinbaren Ziele und erwarten, dass geliefert wird. Ja was denn sonst?

Sonst funktioniert das doch auch! Ja, sonst. Bei Tätigkeiten, die Mitarbeiter schon tausendfach erledigt haben. Die Transformation ist jedoch keine solche Tätigkeit. Ganz im Gegenteil. Seien wir ehrlich: Management by Exception ist keine Führung, weil „Management“ nicht gleich „Leadership“, nicht Führung ist und weil „Exception“ verdächtig nach „Entantwortung“ klingt. Führungskräfte, die tatsächlich führen und deshalb erfolgreich in der Transformation sind

- überlassen ihre Leute nicht sich selbst, weil diese das als „im Regen stehengelassen“ empfinden.
- erwarten nicht (nur), dass ihr Team sich schon irgendwie selbst motiviert, sondern ermutigen es so lange, oft und intensiv, bis die Motivation groß genug für die Transformation ist – und bleibt.
- anerkennen nicht nur die Erfolge ihres Teams, sondern auch dessen Leistung aktiv und intensiv.
- vermitteln in der Transformation ständig und nachdrücklich den Sinn des Ganzen. Denn der Sinn ist das erste, was in der Transformation verloren geht.

- fördern auch und gerade die persönliche Entwicklung ihrer Mitarbeiter in der Transformation. Das ist eine Antwort auf die Frage: What's in it for me?
- unterstützen ihre Mitarbeiter bei der Emotionsregulation, die der entscheidende Faktor bei jeder Veränderung ist.

Denn Transformation ist Stress pur. Dieser Stress provoziert Ängste, Bedenken, Sorgen, Zweifel und Skepsis. Alles sogenannte maladaptive Emotionen (Gefühle, die im konkreten Kontext nix nützen). Also greift der erfolgreich transformierende Vorgesetzte frühzeitig ein und transformiert auch diese maladaptiven Affekte. Intelligente Führungskräfte sind gut, emotional intelligente Führungskräfte sind besser. Auch Emotionsregulation ist im 21. Jahrhundert ein Instrument der Führung.

23. Falle: „Ich muss Vorbild sein!"

Inzwischen hast du es bemerkt. Oder du hast es schon lange gewusst: In der Transformation ist vieles anders, das Gegenteil dessen, was es sonst ist. Das gilt speziell für die Führung.

Viele Führungskräfte wollen Vorbild sein und sind es auch seit Jahren. Gute Vorbilder. Sie wollen ihren Leuten mutig voranschreiten, weil Führung nun eben mal „von vorne" passiert. Der Chef ist der erste, der den Rubikon überschreitet. Gut so. Überall. Nur nicht in der Transformation.

Denn in der Transformation führt diese Vorbildhaltung zu Fehlzündungen wie: „Ich schreite auch hier voran, weil ich auch hier alles mitbringe, was man dafür braucht!" Nee du, bestimmt nicht. Du bist ganz bestimmt mit allen nötigen Skills ausgestattet – aber sind das die alten, analogen Skills oder die neuen, digitalen Kompetenzen? Wer bei dieser Frage Zweifel kriegt, ist auf dem richtigen Weg. Erfolgreich transformierende Führungskräfte gehen nicht automatisch, implizit und unreflektiert davon aus, dass sie auch für die Transformation sämtliche nötigen Kompetenzen mitbringen. Sie suchen vielmehr in ihren Reihen nach jenen, die schon weiter sind als sie (es gibt immer welche) und spannen diese ein, machen sie sozusagen zu Deputys, zu Hilfssheriffs.

Wer a priori glaubt, auch in der Transformation Vorbild sein zu müssen, motiviert sein Team. Aber Motivation ist doch gut? Ja, natürlich – aber eben nicht nur. Transformation braucht sowohl Motivatoren, aber auch und noch viel nötiger Inspiratoren. Motivation im hierarchischen Kontext geht von oben nach unten. Inspiration passiert auf Augenhöhe. Das macht den Achievern Probleme.

Sie sind gewohnt, „von oben her" zu führen. Die Transformation braucht aber weniger Achiever als Katalysatoren. Führungskräfte, die andere empowern, damit diese ihre Höchstleistung erreichen.

Dieselbe Fehlzündung entwickelt das Vorbild-Paradigma beim Vordenken: Viele Vorgesetzte verstehen sich als Vordenker – was sonst ja auch gut und nötig ist. Leider weiß der Vordenker schon alles, was das Denken bei allen anderen zuverlässig abwürgt. Das darf jedoch nicht sein, da die Transformation ein Team Effort, ein Mannschaftssport ist. Wenn nicht alle mitdenken, wird das auch nichts, weil Mitdenken Mitmachen bedeutet. Also braucht die Transformation weniger Vordenker als Mitdenker. Allein das ist nicht ganz leicht zu erlernen.

Auf Workshops deklinieren wir oft zehn Minuten lang ein Rollenspiel durch, bis der vorgesetzte Rollenspieler tatsächlich den Wechsel vom Vordenk-Modus in den Mitdenk-Modus schafft. Zehn Minuten, die gut investiert sind. Viele Führungskräfte wundern sich, dass sie dafür zehn Minuten brauchen und das nicht auf Anhieb schaffen. Ein Extremkletterer, den wir mal im Workshop hatten, riss daraufhin die Augen auf und sagte: „Es gibt echt Manager, die glauben, eine Skill auf Anhieb zu beherrschen? Also ich bin El Capitan nicht auf Anhieb hochgekommen, ich hab einige Wochen trainiert dafür. Und ihr beklagt euch wegen zehn Minuten?"

24. Falle: „Die kriegen das nicht hin!"

Welcher Vorgesetzte, Kollegin oder Kollege hätte das nicht schon gedacht oder gesagt? Das ist kein Grund zum Haareraufen, das ist normal: Am Anfang läuft in der Transformation vieles schief, unrund, ruckelig. Eigentlich ist das bei allen größeren Veränderungen so und wenn wir etwas gänzlich Neues lernen, nicht wahr? Also ist der Ausruf wohl gerechtfertigt: „Die kriegen das nicht hin!" Gerechtfertigt ja, konstruktiv nein. Im Gegenteil.

Solche Äußerungen, ja schon allein der Gedanke fallen ins weite Feld des Blaming, des Fingerzeigen und Anschwärzen. Oft würden wir nichts lieber tun – aber es hilft halt nicht. Es schadet. Massiv. Gerade in so sensiblen Phasen wie der Phase der Kinderkrankheiten der Transformation: Ein falsches Wort – und deine Leute (oder du) sind drei Tage lang sauer und machen Dienst nach Vorschrift. Das kannst du dir nicht leisten! Also lass das Blaming stecken. Beiß dir auf die Zunge.

Bite your tongue, till it bleeds!, raten die Amerikaner. Was stattdessen machen? Einfach, aber nicht ganz leicht: Anstatt sie zu schimpfen, reg deine Leute lieber zum eigenständigen Problemlösen an. Das gilt übrigens auch fürs Self-Management: Anstatt Self-Blaming zu begehen – fordere dich selber zur Lösungsorientierung auf.

Mach Gehirnjogging, biete dich deinen Leuten als Sparringspartner an, lass bestehende Abläufe hinterfragen, lass alle relevanten Zusammenhänge von Anfang bis Ende komplett durchdenken, ermuntere deine Leute zum gedanklichen Tabubruch – bis sich eine Lösung abzeichnet. Das ist schwerer als gedacht. Denn wir alle stecken schon so tief in der Negativspirale, dass wir auf Bad News meist automatisch, reflexhaft und spontan mit „Was soll denn der Scheiß nun wieder!“ reagieren. Nicht gut. Anders ist besser. Haltung bewahren – Orientierung nicht verlieren: Lösungsorientierung.

25. Falle: „Ich muss mein Team auf Vordermann bringen!“

Dieser Gedanke drängt sich dir womöglich auf, wenn du die Performance deines Teams in der Transformation betrachtest: Die sind nicht fit! Die muss man erst auf Vordermann bringen!

Der Haken ist: Ein Team ist kein Mann und lässt sich deshalb auch nicht auf Vordermann bringen. „Vordermann“ impliziert Gießkannenprinzip: Das komplette Team macht einen halben Tag Sensibilisierungs-Workshop und schon läuft das wie am Schnürchen! Nein, tut es nicht.

Das Prinzip „Gleicher Dünger für alle Pflanzen“ hat nur ein Resultat: kollektives Pflanzensterben. Pflanzen und Teams lassen sich nicht über einen Kamm scheren, sprechen nicht alle auf dieselbe Medizin an; daher:

Nicht generalisieren, sondern individualisieren.

Jeder Mensch ist anders – entschuldige die Binsenweisheit, aber es wird eben permanent dagegen verstoßen. Wenn es nicht läuft, liegt es nie am Team und immer an Individuen. Diese aber benötigen eine individuelle Ansprache, damit sie „auf Vordermann“ kommen. Jeder an der Transformation Beteiligte hat eigene, individuelle, persönliche und spezielle Bedenken, Versagens- und Überforderungsängste, Sorgen, Nöte, Interessen, Positionen, Wünsche, Erwartungen und vor allem Stärken, Kompetenzen, Ideen, Anregungen, Lösungsvorschläge, konstruktive Erfahrungen. Du magst es doch auch nicht, wenn du per Kollektivansprache über einen Leisten mit allen anderen gespannt und in Bausch und Bogen abgespeist wirst.

Auch du möchtest persönlich angesprochen werden – deine Leute auch. Tu das! Manchmal haben Führungskräfte ein Problem damit. Warum? Worauf tippst du?

Ja, klar: Sie hören nicht genau genug zu. Aus gutem Grund: „Ich weiß doch, wie meine Leute ticken!“ Terrible erreur, sagt der Franzose, schrecklicher Irrtum. Aber sehr beliebt. Viele Führungskräfte reden zu viel – eben weil der Beruf das mit sich bringt: Sie müssen anweisen, kontrollieren, organisieren, nachfassen – das alles erfordert praktisch pausenlose Kommunikation. Sagt ja auch der alte Spruch: „Führung ist zu 90 Prozent Kommunikation.“ Das stimmt, hat aber einen Haken.

Wenn ich immer nur selber rede, erfahre ich immer nur das, was ich selber schon weiß. Ich erfahre so gut wie nichts über meine Mitarbeitenden in ihrer aktuellen, transformationsbezogenen Befindlichkeit – und schon geht die Sache schief.

Daher: Hör zu, wenn deine Leute sich offenbaren. Sie tun es immer. Auf der Basis dieser individuellen Selbstoffenbarung kannst du dann ganz individuell mit ihnen reden und ein großes Wunder erleben; das ganz normale Wunder gelingender Kommunikation (das zugegebenermaßen selbst in vielen Familien nicht mehr auftritt): Wenn ich Individuen individuell anspreche, dann bringen sie sich sehr schnell selber „auf Vordermann".

26. Falle: „Das machen wir jetzt alles im Team."

Das ist sozusagen die komplementäre Falle zur vorausgehenden. In diese Falle tappen vor allem Führungskräfte, Mitarbeiter und Teams, die den Digital Spirit missverstehen und jetzt meinen: „Toll, ab sofort machen wir jetzt alles als Team." Nein, machen wir nicht.

Natürlich besteht die Transformation zu einem großen Teil aus Teamarbeit. Aber deshalb muss trotzdem immer noch eine(r) jene Entscheidungen treffen, die nur ein Abteilungsleiter (Bereichs-, Sparen-, Hauptabteilungsleiter ...) treffen kann. Alles andere wäre Verantwortungsdiffusion, Entantwortung – doch die Versuchung der Verantwortungsdiffusion ist bei der Transformation besonders hoch: „Das müssen wir erst noch im Team ausdiskutieren!" Mit dieser Einstellung, die auf einem Missverständnis beruht, diskutiert man sich gegenseitig und die Transformation kaputt.

27. Falle: „Das findet sich schon!"

Es geht nicht weiter in deiner Transformation? Oder viel zu zäh? Das ist fast schon normal. Das geht vielen Führungskräfte und Unternehmen so. Woran liegt das? Betrachten wir ein 3-Zonen-Modell:

1 Ihr investiert wenig Energie, Zeit und Mühe in die Transformation, deshalb kommt wenig dabei heraus: Ihr steckt in der Komfortzone fest, in der Zone der Resignation.
2 Ihr investiert eine Menge Energie, Zeit und Mühe, aber es kommt wenig dabei heraus? Das ist die Zone der Korrosion – hier werden Leistungsträger verheizt.
3 Erst wenn man viel reinsteckt und viel dabei herauskommt, ist man in der Produktivitätszone.

Ein ganz banales Modell, das sofort einleuchtet und sofort für die nötige geistige Klarheit sorgt. Wer nämlich – wie viele – in Zone 2 feststeckt, sagt ganz oft Sachen wie: „Das regelt sich schon.

Irgendwann läuft es auch bei uns schneller." Das ist eine Hoffnung. Hoffen wir, dass wir nicht verhungern? Nein, wir hoffen nicht, wir essen. Hoffnung ist in Zone 2 etwa so hilfreich wie Seilhüpfen: minimal.

Denn in den meisten Fällen „findet sich das" eben nicht, sondern die Leistungsträger „korrodieren". Das heißt sie resignieren, das Team zersetzt sich, die Stimmung ist mies – weil eben alle Anstrengungen nicht zu entsprechenden Ergebnissen führen. Dann muss man einen harten Stopp setzen, bevor sich alles in Missgunst und Konflikten auflöst.

Setz einen harten Stopp und hol jemanden von außerhalb der Korrosionszone hinzu: einen internen Paten, Mentoren, Nestor, Coach oder einen externen Digital Coach.

28. Falle: „Die haben bloß Angst."

Viele Führungskräfte spüren, dass ihre Leute blockieren. Nicht aus vorsätzlicher Sabotage, sondern weil sie Angst haben: Angst vor Überforderung, Kündigung, Statusverlust, Verschlechterung der Arbeitsbedingungen … Was sagt also die Führungskraft?

Sie sagt: „Leute, ihr müsst doch keine Angst vor der Transformation haben! Und Kündigungen wird es absehbar auch keine geben!" Hast du Kinder? Oder kennst du welche? Oder warst du selber mal eines? Das ist gut, denn dann kannst du die nachfolgende Frage beantworten:

Frage: Nützt es jemals, einer Vierjährigen zu sagen, dass unterm Kinderbettchen kein Krokodil lauert? Ja. Den Eltern schon (falls sie das sagen). Sie sagen das und gehen raus und der Abend ist gerettet. Was macht das Kind? Es liegt schlaflos und bibbernd wach. Wenn wir uns erinnern: Solche Elternsprüche haben uns im Kindesalter nie geholfen. Inzwischen bestätigt das die moderne Gehirnforschung: Ängste sind irrational. Deshalb sprechen sie nicht auf rationale Argumente an. Wobei: So überaus rational ist das Argument „Keine Angst vor dem Krokodil/der Transformation!" nicht wirklich.

Auch das bestätigt uns der Organisationspsychologe (sofern vorhanden): Wer Ängste rational behandelt, kleinredet, vom Tisch wischt oder „mehr Sachlichkeit“ fordert, behandelt sie nicht, sondern verdrängt: Rationalisierung, Intellektualisierung, Bagatellisierung (und noch einige andere) sind alles keine Bewältigungsstrategien, sondern Verdrängungsstrategien. Auf gut Deutsch: Wer Ängste ignoriert, hat selber Angst vor der Angst. Leider unterläuft das vielen Führungskräften. Vielen, nicht allen. Was machen die anderen anders?

Sie haben keine Angst vor der Angst ihrer Mitarbeitenden, Vorgesetzten und KollegInnen. Weil sie Angst nicht verdrängen, tabuieren, intellektualisieren oder bagatellisieren, sondern als ganz normalen Bestandteil jeder Veränderung, jeder Transformation akzeptieren.

Akzeptanz, nicht Mut, ist das Gegenteil von Angst.

Erstaunlich viele Führungskräfte wissen das. Man hört das. Sie sagen Dinge wie:

- „Ist doch klar, dass einigen meiner Leute die Knie klappern – das ist ja auch eine große Veränderung.“
- „Wir sind alle bloß Menschen und Menschen haben manchmal Schiss – keine große Sache.“
- „Für alles gibt es ein Management – für Ängste eben das Anxiety Management.“

Kein Witz, das heißt so (2,5 Mio. Google-Hits). Die Amerikaner haben für alles ein Management. Ihr Credo: „Alles, was existiert, kann gemanagt werden.“ Es gibt Dutzende erprobter Anti Anxiety Tools. Das beste Tool ist immer noch dein gesunder Menschenverstand. Was sagt er dir?

Dass jede(r), der/die Angst hat, sich vor etwas ganz Bestimmtem fürchtet: Überlastung, Zeitnot, Status- oder Jobverlust, Versagen, weniger Zeit für die Familie, mehr Aufgaben, weniger Verantwortung … Sobald du diese konkreten Ängste konkret abholst (im 4-Augen-Dialog ansprichst und dann identifizierst), halbieren sie sich. Sobald du mit dem Betreffenden Mittel, Maßnahmen und Wege besprichst, wie er das Risiko reduzieren kann, dass seine Ängste wahr werden, halbieren sie sich noch einmal. Grobe Faustregel. Den Rest der Angst kann ein Mensch tragen. Das ist die Anfänger-Angstbewältigung. Die haben wir eigentlich alle drauf, wenn wir sie ein wenig trainieren.

Die Bewältigung für Fortgeschrittene hört erst mit der Angstbewältigung auf, wenn aus einer Angst mit dem, sagen wir, Skalenwert 10 (auf einer 10-teiligen Skala) dann Mut, Motivation, Gelassenheit und Engagement mit Skalenwert 10 geworden sind. Dieses Management für Fortgeschrittene diskutieren wir hier nicht – dafür bräuchte es ein eigenes Buch. Oder ein Coaching.

29. Falle: „Dafür werden die bezahlt!"

Du weist einige Maßnahmen, Arbeitsprojekte oder Aufgaben im Rahmen der Transformation an und was machen deine Leute? Nicht alle, aber ärgerlich viele mosern, meckern, stöhnen, kommen nicht vom Hocker, machen vermeidbare Fehler, trödeln rum, liefern halbfertig ab, hinterfragen offen „den Sinn von dem Ganzen" oder benehmen sich sonstwie auffällig. Und irgendein Schlaumeier sagt dann: „Naja, du solltest deine Leute auch besser abholen." Darauf gibt es nur eine Antwort!

Nämlich: „Abholen? Du hast sie ja nicht alle! Wenn ich ‚Hüpf!' sage, dann haben die zu springen. Dafür werden die schließlich bezahlt." Stimmt. Dafür werden sie bezahlt. Dass sie tun, wofür sie bezahlt werden. Nachdem wir nun diese epochale Erkenntnis proklamiert haben: Hat sich was geändert?

Natürlich nicht. Die Leute sind immer noch gleich passiv. Deutlich passiver, wenn du ihnen die epochale Erkenntnis expressis verbis um die Ohren gehauen hast: „Leute, meckert hier nicht rum, sondern kommt in die Gänge! Dafür werdet ihr schließlich bezahlt!" Wir meinen es nur gut, aber solche Sprüche sind das Gegenteil von Motivation. Wie motiviert man richtig? Überhaupt nicht.

Wenn ein Mitarbeiter in deiner Hörweite ein Transformationsprojekt kommentiert mit „So ein Mist aber auch!", dann ist Motivation kontraindiziert, fehl am Platze. Sondern?

Ja, natürlich, das wissen wir doch: Verständnis. Viele Führungskräfte fragen mich in Coaching oder Workshop: „Wie artikuliert man das?" Dann wählen wir eine für die konkrete Führungskraft passende Formulierung aus und üben das ein wenig. Zum Beispiel: „Gibt es Probleme? Kann ich helfen?" Und nein „Ich habe Verständnis für Ihr Problem" zeigt eben kein Verständnis, sondern das Gegenteil.

Wer nach dem Problem dessen fragt, der gerade schimpft, zeigt neben Verständnis auch Aufmerksamkeit, Interesse, Würdigung der Befindlichkeit und Anerkennung der Person. Das alles motiviert. Sehr viel intensiver als „Motivation" per gutem Zureden oder Incentives. Viele Führungskräfte können oder möchten weder Aufmerksamkeit oder Verständnis noch Anerkennung oder Interesse zeigen. Das geht absolut in Ordnung. In ihren Familien praktizieren sie diese sogenannten Soft Skills ja auch nicht besonders intensiv. Auch das geht völlig in Ordnung. Ich behaupte nicht, dass Führungskräfte (oder Eltern, Geschwister, Lehrer, Beamte ...) verständnisvoll und interessiert an den Befindlichkeiten ihrer Mitmenschen sein müssen. Ich behaupte und weiß lediglich aus Erfahrung: Mit Verständnis geht es sehr viel leichter und allen viel besser.

Warum kommunizieren so wenige Menschen verständnisvoll? Häufigster Grund: „Wenn ich den Meckerern auch noch Verständnis zeige, labern die mich endlos zu!" Das ist eine begründete Furcht, die sich jedoch nur dann bewahrheitet, wenn man die 30-Sekunden-Regel nicht kennt und nicht anwendet:

Nach 30 Sekunden haben sich die meisten Menschen zu 80 Prozent „ausgekotzt". Wenn du sie nach diesen (geschätzten) 30 Sekunden höflich unterbrichst, nehmen sie dir das nicht übel, sondern rechnen dir dein 30-Sekunden-Verständnis so hoch an, dass sie sich von dir wieder auf den rechten Weg bringen lassen.

Diese Technik hat sich unter dem Begriff und innerhalb der Toolbox von „Pacing & Leading" millionenfach bewährt.

30. Falle: „Die wissen schon, was erwartet wird."

Diese Falle droht dem Wanderer nicht nur auf dem Pfad der Transformation, sondern in jeglicher Führung und Kommunikation. Schon im ganz normalen Alltag (ohne Transformation) leiden Verständigung, Motivation, Commitment, Effizienz, Leistung und Produktivität oft extrem unter unklaren Erwartungen, vagen Zielvorgaben („Machen Sie mal!") und missverständlichen

Anweisungen. Ein ziemlich fieses Instrument deckt das gelegentlich auf.

Falls beim 360°-Feedback danach gefragt wird, antworten 80 Prozent der Führungskräfte auf die Frage „Wissen Ihre Mitarbeitenden, was Sie von ihnen erwarten?“ mit „Ja“. Fragt man die Mitarbeitenden, ob sie wissen, was ihr Vorgesetzter von ihnen erwartet, antworten 80 Prozent mit „Nein“. So extrem ist der Befund nicht immer, aber er ist dem Grundsatz nach seit Jahrzehnten bekannt. Aus diesem Grunde wurde ja auch das „Führen mit Zielvereinbarungen“ erfunden, das selbst heute noch erstaunlich selten praktiziert wird. Manchmal sagen mir Führungskräfte: „Ich gebe die Ziele in harten Zahlen klipp und klar vor! Also wissen meine Leute, was erwartet wird.“ Ja? Was tippst du?

Nein? Wow, nach grob 200 Seiten Buchlektüre bist du inzwischen topfit für die Transformation. Oder war dir der Fehler im Zitat eben auch so schon klar?

Der Fehler: Klare Ziele allein konstituieren noch keine Erwartungsklarheit. Mitarbeiter erwarten auch und haben ein Recht darauf, dass ihr Vorgesetzter

- die herrschenden Werte und Regeln im Umgang miteinander anspricht, daran erinnert und durchsetzt
- ebenso klar artikuliert, wie er Arbeits- und Kommunikationsprozesse gestaltet haben möchte. Zur Erinnerung: In der Transformation verändern sich viele Prozesse – sagt der Vorgesetzte klar genug, wie er sich die Veränderung vorstellt?
- die Prioritäten offen und nachvollziehbar definiert und dann auch einhält.

Und auch dafür gibt es ein Management: Expectations Management. Das ist kein Event, sondern eine Lebensaufgabe. Erwartungen müssen täglich, stündlich artikuliert und nachjustiert werden. Eben weil die meisten Mitarbeitenden und KollegInnen (noch) nicht so genau wissen oder es im Trubel des Alltags schon wieder vergessen haben, was von ihnen erwartet wird. Den Leuten ein einziges Mal mit Nachdruck zu sagen, was erwartet wird, und dann zu erwarten, dass sie das Erwartete abliefern, ist kein Expectations Management, sondern das Gegenteil.

Am Ende aller Fallen

Die gute Nachricht: Es gibt noch mehr Fallen bei der Transformation. Warum ist das eine gute Nachricht? Weil der Handwerker-Grundsatz gilt: Je mehr Werkzeuge in der Toolbox, desto besser fürs Handwerk. Wer mehr Fallen kennt, kann mehr Fallen vermeiden oder sich schneller und leichter aus ihnen befreien.

Oft rufen mich Entscheider an und sagen: „Ich glaube, wir stecken in einer Falle fest. Es geht seit Wochen nicht wirklich weiter!“ Dann suchen und identifizieren wir die Falle, entkommen ihr – und können wieder eine neue Falle an die Trophäenwand heften. Im Idealfall.

Der Idealfall hängt weniger von der Falle als von der Führungskraft ab. Viele Führungskräfte sind so von sich selbst überzeugt, dass allein schon der Gedanke daran, dass sie oder ihr Team in einer „Falle“ stecken könnten, erfolgreich verdrängt und die Verdrängung tabuiert wird. Wir alle kennen (und verwenden manchmal) Sprüche wie: „Wir haben keine Probleme! Wir lösen sie!“ Als Spruch ist das ganz nett. Doch wenn das zum Mindset mutiert, dann ist das ein Monster von einem Change-Killer: Wer keine Probleme, Fehler, Ängste und Fallen akzeptieren kann, leidet am heftigsten unter den Konsequenzen dieser mangelnden Akzeptanz. Nur was man annimmt, kann man lösen.

„Verba docunt, exempla trahunt."
Horaz, „Worte lehren,
Beispiele reißen mit"

40 Erzähl mir was!

Storytelling

Was sagen Führungskräfte, wenn sie transformieren (lassen) müssen? Sie sagen: „Wir müssen transformieren!" Was auch sonst?

Eine gute Frage. Gibt es in der deutschen Sprache sonst noch was, außer Imperativen? Dazu müssen wir nicht den Duden oder die Grammatik aufschlagen. Es reicht, sich an Führungskräfte zu erinnern, die mehr draufhaben.

Neulich sagte zum Beispiel ein Vorstand einer sehr kompetitiven Airline: „Die Digitalisierung ist ein Rennen, ein Wettkampf. Unsere Konkurrenten sind schon zehn Meter voraus, während wir gerade mal aus dem Startblock kommen. Aber es ist kein Sprint: Wir können aufholen und wir werden aufholen. Weil wir jetzt so richtig auf Touren kommen!" Hm, wo ist der Imperativ, die Befehlsform? Nirgends zu hören.

Stattdessen hören sein Führungsteam und seine Belegschaft einen Vergleich, eine Metapher, ein Beispiel, eine Geschichte, eine Story: Deshalb heißt seine Methode „Storytelling". Sie ist der üblichen Führungskommunikation 10:1 überlegen. Das wusste schon Horaz (s. Eingangszitat).

Anweisungen instruieren.
Geschichten begeistern.

Wenn Horaz das recht war, ist es für uns gerade gut genug. Sollte man meinen. Was nur wieder beweist, wie Meinen täuschen kann.

In jeder Sache steckt eine Story, die raus will

Es gibt Führungskräfte, die sagen: „Ich erzähl‘ meinen Leuten doch keine Mätzchen!“ Einverstanden. Angesichts der branchenübergreifend geringen Zahl von Führungskräften, die Storytelling beherrschen, ist diese Selbstbezichtigung verständlich. Nicht viele Führungskräfte haben etwas zu erzählen. Das Blöde ist bloß: Die wenigen, die was zu erzählen haben, sind die erfolgreichen Führungskräfte.

Man muss den Leuten, denen sie etwas zu sagen/erzählen haben, lediglich ins Gesicht schauen: Nach den üblichen, trockenen, unterredundanten Anweisungen sehen ihre Gesichter so ☹ aus. Nach einer guten Story eher so □. So sehen motivierte Menschen aus. Und Motivation ist in der Start- und jeder anderen Phase der Transformation entscheidend. Geschichten wirken.

Es gibt Führungskräfte, die von Haus aus gute Geschichtenerzähler sind. Alle anderen haben es sich beigebracht. Es gibt Workshops dafür. Und Bücher. Und 78 Millionen Fundstellen bei Google. Daran liegt es nicht. Wenn Führungskräfte staubtrocken kommunizieren, liegt es nicht daran, dass sie bei Google nichts finden. Es liegt an ihrem Mindset:

- „Wozu Geschichten erzählen? Wenn ich ‚Hüpf!‘ sag, müssen die springen!“
- „Ich bin nicht der große Laberer.“
- „Ach, die wissen schon, was von ihnen erwartet wird.“
- „Ich will mich nicht lächerlich machen. Nachher lachen die noch über mich.“
- „Mit den Profis im Geschichtenerzählen kann ich ohnehin nicht mithalten. Ich bin kein Schauspieler.“

Die Qualität der Führung fällt doch immer wieder auf die Art der Persönlichkeit zurück. Nichts hindert uns so sehr daran, exzellent zu führen wie unsere geheimen Saboteure. Ich verrate dir ein Geheimnis: Die lassen sich alle wegcoachen.

Woher Geschichten?

Führungskräfte, die sich ernsthaft mit Storytelling anfreunden wollen, fragen mich oft: „Aber woher nehme ich denn meine Geschichten?“ Nicht aus Büchern oder dem Internet. Dort gibt es viele. Aber die besten Geschichten sind jene, die direkt aus der Arbeitswelt deiner Zuhörer kommen. Ein Beispiel dazu.

Der After Sales-Leiter eines Geräteherstellers predigte monatelang: „Wir müssen unseren Kundendienst digitalisieren!“ Seine Leute antworteten monatelang: „Ja, schon – aber wir haben gerade genug anderes zu tun. Der Laden brummt! Die Aufträge stapeln sich! Die Kunden sind zufrieden!“ Auch nach der zigsten Wiederholung von „Wir müssen digitalisieren!“ änderte sich nichts (an der fehlenden Wirkung der schmucklosen Aufforderung). Eines Tages stolperte er eher unfreiwillig über die perfekte Geschichte, die er geistesgegenwärtig sofort seinem Team erzählte.

Er erzählte: „Gestern Abend rief noch Großkunde X an. Sein Warensystem war abgestürzt. Ich sagte ihm: ‚Gleich morgen kommt unser Monteur vorbei!‘ Er erwiderte: ‚Ich hab hier einen Großauftrag, fünftausend Einheiten, die müssen aber morgen schon raus. Soll ich die Etiketten etwa von Hand rausschreiben?‘“ An dieser Stelle der Erzählung schaute sein Team bereits betroffen. Jeder wusste: Wenn Kunde X sauer ist oder gar abspringt, sind fünf Arbeitsplätze weg. Minimum.

Dann erzählte der After Sales-Leiter weiter. „Also renne ich gestern Abend noch zu Harry (dem besten Programmierer). Der ist Gott sei Dank noch da. Ich frage ihn: ‚Kriegst du das auch remote hin?‘ Und er sagt: ‚Klar, wäre ja gelacht, das hab ich in einer halben Stunde, wenn der Kunde mir Zugriff gibt.‘ Das hat der Kunde gemacht. Und nachts um halb elf ruft der Kunde mich noch zu Hause an, bedankt sich überschwänglich bei Harry und bei mir und sagt noch: ‚Und warum bietet ihr so einen super Service nicht standardmäßig an?‘.“ Mehr war nicht nötig.

Monatelang hatten die Kundenbetreuer gesagt: „Nee, keine Zeit für Transformation.“ Nach dieser Geschichte sagten sie: „Okay, leuchtet ein, also bilden wir eben eine Projektgruppe.“ Was leicht verrückt ist: An der Sache hatte sich nichts geändert. Aber an ihrer Begeisterung. Die Begeisterung und Dankbarkeit des Großkunden hatte sie angesteckt. Vier Wochen danach war der letzte Kunde an den neuen Remote-Service angeschlossen: Die Macht der Story.

„Ich bin aber kein Homer!", sagen viele Führungskräfte. Musst du auch nicht sein. Es reicht, wenn du weißt, was eine gute Geschichte ausmacht. Das ist vor allem die Antwort auf eine Frage.

„What's in it for me?"

Warum schwenkten die Kundenbetreuer in unserem Beispiel schlagartig um? Weil ihnen die Geschichte ihres Vorgesetzten die Frage beantwortete „Und was hab ich davon?" Die Antwort der Geschichte: die Dankbarkeit und die Anerkennung von Großkunden, ihre fortgesetzte Treue und damit die Sicherung meines Arbeitsplatzes.

Könnte sich das die Belegschaft nicht auch so denken? Ohne Geschichte? Ja, könnte sie. Tat sie aber nicht. Gerade deshalb gibt es Storytelling: Um das, worauf die Leute nicht selber kommen wollen oder können, in eingängiger Form zu vermitteln. Max Frisch drückte es so aus: „Man sollte dem Anderen die Wahrheit wie einen Mantel hinhalten, damit er hineinschlüpfen kann – und nicht wie einen nassen Lappen um die Ohren hauen." Geschichten sind der Mantel, Anweisungen sind der nasse Lappen. Nicht für dich! Aber für die, an die du deine Anweisungen richtest.

„Was habe ich davon?" Eine Antwort, die sehr gut „zieht" ist: „Einen sicheren Arbeitsplatz." Aber wenn du das so formulierst, hört sich das für jeden Angestellten und Arbeitnehmer eher wie eine Drohung an. Deshalb erzählte der After Sales-Leiter seinem Team: „Unser Innendienstleiter sagte mir eben, dass wir einige neue Kunden mit dem neuen Remote-Service gewinnen konnten. Kunden, die von Konkurrenten kommen. Unser Berater, der viel rumkommt, meinte, dass einige der Konkurrenten bereits Stellen streichen, weil Kunden abwandern und Aufträge ausfallen." Gute Geschichte. Jeder, der sie hört, denkt dabei: „Also müssen wir weiter transformieren, damit uns das nicht passieren kann."

„Held sein, eine Minute, eine Stunde lang,
das ist leichter als
in stillem Heroismus den Alltag tragen.
Nehmt es nur auf euch, das Leben
in diesem grauen, eintönigen Alltag,
dieses Wirken, für das euch niemand lobt,
dessen Heldentum niemand bemerkt,
das in niemandem Interesse für euch erweckt;
wer diesen grauen Alltag erträgt und dennoch
dabei Mensch bleibt, der ist wahrhaftig ein Held,"
Fjodor Michailowitsch Dostojewski

41 Wer sind deine Helden?

Der Ikonen-Effekt

Elon Musk, Jeff Bezos, Richard Branson, David Marquet, Sheryl Sandberg ... Wer ist dein Held, deine Heldin der Transformation? Du musst nicht unbedingt Vorbilder haben.

Doch Vorbilder sind exzellente geistige Unterstützung. Man fühlt sich gleich viel stärker mit so einer Ikone im Rücken. Das ist ein menschlicher Mechanismus, mit dem wir geboren werden.

Kleine Jungs wollen so gut kicken können wir Ronaldo oder Messi. Kleine Mädchen wollen so schön singen können wie Rihanna oder Taylor Swift. Das mag kindisch erscheinen, doch das wirkt: Mit Vorbildern ist man erfolgreicher als ohne. Ein Vorbild, dem man/frau nacheifern kann, das einem beim bloßen Gedanken daran schon motiviert, das Kraft gibt und auffängt. Man muss seine Ikone noch nicht einmal persönlich kennengelernt haben, um vom Ikonen-Effekt zu profitieren:

Wer den Besten folgt, wird selber besser.

Wobei „folgen" wörtlich zu nehmen ist. Und digital: Wir können unseren Vorbildern in den sozialen Netzwerken folgen. Dann sind wir ihnen nahe und profitieren von ihrer Aura der Motivation. Und wir profitieren von den vielen Tipps und Kniffen, die wir dabei kennenlernen. Wir ernten jede Menge Anregung und Inspiration.

Wenn die Ikonen gut sind, dann kommunizieren sie auch auf Du und Du – das holt besonders gut ab.

Du kannst deine Vorbilder auch hin und wieder wechseln oder sie kompartmentalisieren und kombinieren: Für die (Selbst)Motivation wählst du den Branson, für den charmanten Biss in Verhandlungen die Sandberg, für ... Und: Vorbilder müssen noch nicht einmal prominent sein. Auch Väter, Mütter, Onkel, Tanten oder Bekannte können gute Vorbilder sein.

Wer sind deine Vorbilder für die Transformation? Und sonst?

„Wer neu anfangen will,
soll es sofort tun.
Denn eine überwundene Schwierigkeit
vermeidet hundert neue.“
Konfuzius

42 Quickstarter

„Was kann ich jetzt sofort tun?“

Diese Frage höre ich oft. Von motivierten Zeitgenossen. Sie wollen wissen: „Was kann ich jetzt, sofort, ohne große Planung und Aufwand tun? Ohne oder mit minimalem Budget?“ Das ist die richtige Frage. So fragen jene, die loslegen wollen. Es gibt sehr vieles, was dich und mich weiterbringt und kein/wenig Geld kostet:

- Wo finde ich Pioniere in den eigenen Reihen? Gleichgesinnte? Sparringspartner und Unterstützer im Unternehmen? Paten und Mentoren?
- Wer könnte mein externer Taktgeber sein?
- Wie komme ich aus der Komfortzone raus, um nicht nur Sachen zu finden, die ich ohnehin schon kenne?
- Wie gebe ich mir und meinen Leuten Zeit, Freiraum und Gelegenheit, neue digitale Dinge auszuprobieren?
- Ich plane mir für jeden Tag ein Zeitfenster ein, um Neues kennenzulernen und auch weiterzugeben.
- Ich stelle täglich den Status Quo in Frage und besänftige gleichzeitig die Bewahrer.
- Ich bin neugierig und probiere Neues aus – und beruhige jene in meinem Umfeld, die das Neue erschreckt.
- Ich suche aktiv nach Inspirationen und Anregungen.
- Ich schlucke nicht mehr trocken, wenn mir ein „Das geht doch nicht!“ entgegengeschleudert wird. Ich überlege mir vielmehr neue Argumente und plane den nächsten Sturm auf die Zitadelle.
- Ich interessiere mich nicht nur für unsere Kernthemen, sondern lege das Feld meines Interesses breiter an. Ich sondiere erst breit, bevor ich mich auf Spezielles fokussiere.

- Ich suche und anerkenne digitale Initiativen im Unternehmen, die es bereits gibt. Ich suche Anschluss, biete Unterstützung an.
- Ich starte selber Initiativen.
- Wenn unsere digitalen Vorhaben nicht auf Anhieb funktionieren, mache ich nicht Blaming, sondern wir probieren es einfach nochmal. Und nochmal.
- Ich melde mich für digitale Projekte.
- Ich nehme nicht alles, was die Gurus sagen, für bare Münze. Ich prüfe vielmehr erst einmal alles darauf, ob es auf unsere Zwecke übertragbar ist (Transfer) und für unsere Anwendungen angepasst (Adaption) werden kann.

Das ist eine ganze Menge, die du jetzt sofort und ohne Budget machen (lassen) kannst. Wenn du nur die Hälfte davon umsetzt, bist du gut unterwegs.

Nachwort vom richtigen Denken

Neulich klagte mir ein Spartenleiter: „Wir haben jetzt einen Sprint gemacht, fünf Tage lang – total miese Ausbeute. Für fünf ganze Tage kam viel zu wenig dabei heraus!" Was ist das?

Das ist Effizienzdenke par excellence: Wir wollen stets mit minimalem Einsatz das maximale Ergebnis erzielen. So funktioniert unsere Industrie, unsere Wirtschaft, unsere Unternehmen, unsere Managerinnen und Manager. Wir alle laufen jeden Tag mit vollem Einsatz beim Effizienz-Rennen mit. Alles muss immer noch effizienter sein, mit immer noch weniger Einsatz immer noch mehr Erfolg bringen. Was passierte beim nächsten Sprint in der besagten Sparte?

Beim nächsten Sprint kam noch weniger heraus, weil die Sprint-Schelte des Spartenleiters seine Leute erheblich demotiviert hatte. In der Nachbarsparte war es ähnlich. Auch dort brachte der erste Sprint im Vergleich zum Aufwand nicht viel ein: miese Effizienz. Doch der zweite Spartenleiter tat etwas Unerhörtes, total Ineffizientes.

Er sagte nichts. Er beklagte nicht die jämmerliche Effizienz des Pilot-Sprints, sondern ließ die Sprints munter weiterlaufen. Der nächste war auch nicht wirklich einträglicher. Doch beim dritten gelang dem Sprint-Team der Durchbruch, der Quantensprung, The Next Big Thing. Kein Wunder, sagst du jetzt vielleicht. Die Sprinter hatten sich beim dritten Sprint ja inzwischen eingelaufen. Die kannten sich aus, hatten sich warmgelaufen, die Sprint-Technik gemeistert und holten nun das Äußerste aus ihr heraus. Was heißt das?

Das heißt, dass brachiales Effizienzdenken die Transformation kaputtmacht.

Der erste Spartenleiter hat nicht nur den Sprint, sondern noch ein halbes Dutzend anderer digitaler Methoden und Tools mit dieser Effizienzdenke kaputtgemacht: „Wir haben's probiert (einmal). Hat nicht funktioniert. Weg damit!" Daran ist nicht er allein schuld.

Er dachte tatsächlich, weil viele das denken und sagen, dass die ganze schöne Digitalisierung lediglich dafür da ist, etwas Altes, Analoges nun eben digital ein bisschen effizienter zu machen. Das ist Achiever-Denke und in jedem anderen wirtschaftlichen Belang die Basis jedes Erfolges – nur nicht bei der Transformation.

Es geht bei der Transformation nicht hauptsächlich darum, neue Effizienzrekorde mit alten Prozessen, Produkten und Dienstleistungen aufzustellen. Es geht vielmehr darum, mit komplett neuen, digitalen Prozessen, Produkten und Dienstleistungen neue Geschäftsmodelle zu eröffnen und neue Geschäftsfelder zu erobern. Natürlich ist die Transformation auch ein Effizienztreiber – wenn sie mal läuft, sich eingelaufen hat, nach den ersten Versuchen mit den unvermeidlichen Kinderkrankheiten nicht im Kindsbett abgewürgt wurde. Doch hauptsächlich geht es in und mit der Transformation darum, Neues zu erschließen. Das ist so ähnlich wie in Forschung, Entwicklung und Innovation: Wer der F&E-Abteilung jede auf den Boden fallende Büroklammer als Kostenposition anrechnet, amputiert seine eigene Innovationskraft. Erbsenzählen ist weder besonders innovativ noch besonders innovationstreibend. Wer die Entwicklung von der Fertigung und anderen, eher effizienzgetriebenen betrieblichen Funktionen unterscheiden kann, ist klar im Vorteil.

Der erste Spartenleiter sagte zum zweiten: „Die Sprints haben's einfach nicht gebracht. Deshalb haben wir sie nach dem zweiten eingestellt." Der zweite Spartenleiter erwiderte: „Unsere ersten beiden Sprints haben auch nicht viel gebracht. Aber ohne diese wäre der Wahnsinnserfolg des dritten sicher nicht möglich gewesen. Wegen des dritten haben sich auch die ersten beiden gelohnt." So denkt man Effizienz richtig in Zeiten der Transformation.

Im Grunde wissen wir das alle: Wenn wir etwas Neues anpacken, müssen wir erst ein paar Mal probieren und danebenhauen, bis es richtig gut wird. Kein Spitzensportler hat jemals aus dem Stand einen Weltrekord aufgestellt. Von Ronaldo weiß man, dass er nach dem Training, in dem er schon 50, 80 Flanken und Freistöße geschossen hat, noch weitere 50, 80 Flanken und Freistöße tritt. Während seine Teamkollegen bereits im Entmüdungsbad plantschen. Er könnte auch sagen: „Ich spar mir den zweiten Satz Flanken und Freistöße. Ist effizienter." Vielleicht wäre es das. Aber es wäre nicht so erfolgreich. Ronaldo kann Effizienz und Erfolg unterscheiden. Eine nützliche Fähigkeit in der Transformation.

Effizienz ist nützlich und nötig, aber rückwärts gewandt, retrospektivisch: Wie kann ich etwas, das es schon gibt, besser machen? Was wir heute, im 21. Jahrhundert brauchen, ist: nach vorne schauen, Neues (er)finden. Effizienz findet in einem bereits vorhandenen, gesteckten Rahmen statt. Transformation durchbricht diesen Rahmen – daher kommt das „trans" in „Transformation". Der echte Transformation Mindset ist rahmen- und grenzenlos: Sky is the limit. Oder möchtest du ein Limit auf den Erfolg? Sicher nicht. Erfolg ist besser, wenn er a priori grenzenlos ist. Ich wünsche dir diesen Erfolg. Wenn ich dich dabei unterstützen kann – gerne.

26098998R00125

Printed in Poland
by Amazon Fulfillment
Poland Sp. z o.o., Wrocław